本书是安徽省高校人文社科项目《元代徽州家谱研究》（编号：SK2019A0286）的阶段性研究成果。

本书由宜春学院十三五一流优势学科"马克思主义理论"和宜春学院十四五一流学科"马克思主义理论"提供经费支持。

宋元徽州家谱研究

吴兆龙 ◎ 著

江西人民出版社
Jiangxi People's Publishing House
全国百佳出版社

图书在版编目（CIP）数据

宋元徽州家谱研究 / 吴兆龙著 . — 南昌：江西人民出版社，2022.3

ISBN 978-7-210-13754-2

Ⅰ . ①宋… Ⅱ . ①吴… Ⅲ . ①家谱－研究－徽州地区－宋元时期 Ⅳ . ① K820.9

中国版本图书馆 CIP 数据核字（2022）第 020458 号

宋元徽州家谱研究

SONG-YUAN HUIZHOU JIAPU YANJIU

吴兆龙 著

策划组稿：王一木
责任编辑：张志刚
封面设计：上尚设计
出版发行：江西人民出版社
经 销：各地新华书店
地 址：江西省南昌市三经路 47 号附 1 号
编辑部电话：0791-86898873
发行部电话：0791-86898815
邮 编：330006
网 址：www.jxpph.com
E-mail：jxpph@tom.com web@jxpph.com
2022 年 3 月第 1 版 2022 年 3 月第 1 次印刷
开 本：787 毫米 ×1092 毫米 1/16
印 张：15.75
字 数：253 千
ISBN 978-7-210-13754-2
定 价：58.00 元
赣版权登字—01—2022—40
版权所有 侵权必究
承 印 厂：南昌市红星印刷有限公司

赣人版图书凡属印刷、装订错误，请随时向江西人民出版社调换
服务电话：0791-86898820

C目录
ontents

绪　论

一、研究综述

梁启超认为"廿四史只是廿四姓之家谱"①。此语让今天从事家谱研究的学者身上的责任感和荣誉感增加了不少。笔者认为"家族产生的时候就有家谱的存在"应该不为错。文字产生以前，人们有口耳相传之家谱，结绳记事之家谱；文字产生以后，人们便把家谱记录在形形色色的器物上，如甲骨、陶器、各种金属器皿以及竹简、帛或纸张上。由于各种原因，宋元之前的家谱无论官私，留存至今的都少之又少。梁启超之语有其偏颇也有其合理之处，我们可以从二十四部正史和其他史料中，发现大量有关家谱内容的信息。笔者曾查阅相关古代遗存特别是当今学者的研究资料，发现从商代就有甲骨家谱存在；周代时期的《世本》可算是远古家谱的代表；汉代《史记》包含了大量的家谱信息：通过《太史公自序》我们可以知道司马氏之姓氏源流，司马迁之具体世系；通过《秦本纪》我们可以了解秦王的姓氏渊源及秦始皇的具体世系；通过《吴太伯世家》我们可以知道从吴太伯到吴王夫差之间的二十二代世系，这些状况不一而足。除这些文字叙述谱外，《三代世表》更是以表格的形式，记录了从黄帝到周武王之间的司马迁所能了解或知道的

---

① 梁启超：《新史学》，《饮冰室合集·文集之九》影印本，中华书局，1989年版。

所有帝王世系。可见《史记》含有文字叙述谱世系,有帝王世系图(表),含有家谱传记(本纪、列传、世家),甚至暗含有家谱家规(礼书、律书、天官书),所有的这些都含有当今家谱的某些影子,或者从某种程度上说,其就是当时的家谱。《史记》后,历代正史纷纷模仿,这样,梁启超才会有"廿四史只是廿四姓之家谱"的论断。班固《汉书》中有《扬雄家牒》的记载(本书着眼于私家谱牒,此后文章即尽量少的涉及官修谱书),已故学者陈直先生认为这是中国历史上第一部私家谱牒①。从某种程度上来说,中国古代一直是官修家谱和私修家谱同时存在,《扬雄家牒》只不过是目前人们所能发现的有记载的最早的私家谱牒。进入魏晋后,由于选官制度的制定,使得谱牒发展呈现繁荣局面,但这些众多的谱牒今已无存,我们只能从当今出土墓志中找寻当时谱牒的轨迹,陈爽先生认为"中古墓志中大量位于首尾、志阴等特殊位置,并以特殊行款书写的家族谱系记载,均可认定为两晋南北朝时期的官私谱牒"②。随后,随着敦煌文物的大量出土,人们可以部分窥见隋唐时期谱牒的踪迹。

入宋后,随着朝廷的支持,特别是欧阳修、苏洵的倡导,谱牒编修一度有"欣欣"之势,但笔者并不认为此时已经出现"向荣"的局面。我们可以从今天保存的文集中感知宋时修谱不是特别多,《四库全书》中留存的宋人谱序也只有二十多篇,我们所能知道的宋时知名学者修谱的也只有为数不多的几个人(这些正文中将有论述)。单从数量上比,这些和明清时期的谱牒编修,并不同在一个重量级别上。所以从直觉上认为宋代谱牒编修达到繁盛,笔者不敢认同。但欧阳修和苏洵修谱及他们所创立的谱法,对后世则产生了巨大的影响。

涉及徽州,具体包括歙县、休宁、婺源、绩溪、黟县、祁门,据文献资料看,宋时徽州地区确实已经有人从事修谱,如程氏的程祁、程泰、程大昌,汪氏的汪高梧,王氏的王汝舟、王炎,朱氏的朱熹等等,这些人所修之谱,由于年代久远等各种原因,原件全部无存,今天我们所能看到的只是这些人修谱时所留下的家谱谱序;不过他们所修之谱的部分内容,被后代多

---

① 陈直:《南北朝谱牒形式的发现及索隐》,《西北大学学报》1980 年第 3 期。
② 陈爽:《出土墓志所见中古谱牒探迹》,《中国史研究》2013 年第 4 期。

多少少保留在后世所修的家谱之中，如宋代朱熹所修《新安婺源朱氏世谱》，其内容被部分保存在元代朱汝贤所修谱中。影印《文渊阁〈四库全书〉》中，收录宋代属于徽州地区的家谱序言只有朱熹一篇，徽州地区的其他谱序则被保留在程敏政的《新安文献志》和各种宋元文集及后世所修的各种家谱中，如王炎谱序保存在其《双溪集》中，汪高梧序被保存在元代汪垚所修的《新安汪氏庆源宗谱》中，程祁、程大昌等程氏谱序都被完整保存在程敏政所修的《程氏统宗世谱》中。

目前各大图书馆保存的家谱中，文献编目说明是宋代徽州家谱的除了朱熹所修之谱外，还有宋方桂森纂修《汉歙丹阳河南方氏衍庆统宗图谱》、宋吴浩纂修《休宁商山吴氏重修族谱》、宋程祁传述《婺源溪源程氏势公支谱》、宋罗愿《歙县柏林罗氏族志》、宋黄天衢《祁门左田黄氏宗派图》和宋程祁修《皖绩程里程叙伦堂世谱》。这些家谱中，除程祁两部和罗愿一部笔者没有见到外，其余各部笔者都在所在的图书馆中见到，但基本都是明清时期的刻本或抄本。元代的徽州家谱保存至今的数量相比宋代应该要多些，如：詹晟《婺源庆源詹氏族谱》、汪垚《新安汪氏庆源宗谱》、汪松寿《汪氏渊源录》、佚名《新安胡氏历代报功图》、汪云龙《新安汪氏族谱》、汪炤《新安旌城汪氏家录》和陈栎《陈氏谱略》。这七部元代家谱，除《新安胡氏历代报功图》和汪云龙《新安汪氏族谱》笔者没有见到，其余五部笔者都在所在的图书馆见到，而其中陈栎的《陈氏谱略》则被保存在《四库全书》中。除此而外，安徽师范大学徽州文化研究中心谱牒库中收集了众多的明清徽州家谱，为笔者研究宋元徽州家谱提供了大量的资料来源。

对宋元家谱的研究，笔者注意到最早从事的应该是日本学者森田宪司，他 1979 年即在《东洋史研究》上发表论文《宋元时代的修谱》[①]。森田宪司依据元人文集中的族谱序言对元代的族谱进行了深入的研究。他指出，元代谱序地域分布不平衡，比宋代谱序压倒多数的增加；元代文集中谱序的增加，主要原因在于族谱序文制作的增加；元代族谱的特征是名人谱序的大量制作、刊本的出现、合族谱和续修谱的增加三项；元代族谱的增加除了通过族谱收族之外，也有部分是作为社会混乱的产物出现的，是士大夫对蒙古侵

① 森田宪司：《宋元时代的修谱》，《东洋史研究》第 37 卷第 4 号，1979 年。

入、红巾军起事以及宗族内部危机的反应。①

其次是多贺秋五郎，1981 年发表专著《中国宗谱的研究》，其第二章专门研究了宋元宗谱的形成和发展，总结了宋元宗谱的主要特点，认为欧苏谱开创了近世谱，宋代是古谱与近谱的转变期。② 林济先生根据多贺秋五郎其文内容，认为其主要观点为："宋元时期是中国宗族的转变时期，也是古谱与近世谱的转变时期"，但林氏认为其有关宋元谱系的研究大多是介绍性和概况性的，并缺乏对宋元谱系构造的深入研究，未能充分说明谱系与亲属社会的关系。③

鉴于日本学者的研究，20 世纪 90 年代初，中国谱牒学研究会相继在山西太原召开了几次大会，紧接着，《谱牒学研究》第一、二、三、四辑相继发表，其中包括多篇涉及宋元谱牒的文章，如第一辑中的刘贯文《谱牒学研究的任务》，冯尔康《宗族制度对中国历史的影响——兼论宗族制与谱牒学之关系》，常建华《中国族谱收藏与研究概况简说》；第三辑中的常建华《元代族谱研究》，邢永川《试论谱牒序跋的文献价值——兼谈中国谱学的若干问题》等文，都涉及了宋元谱序的若干问题。这些学者在重新构建谱牒学的任务下，发表了不少能够启迪后人的观点，如邢永川根据中国台湾学者盛清沂主编的《中国族谱序例选刊》中的大量谱序认为："谱牒序跋是了解前人对谱牒理论某一方面认识的依据；谱牒序跋是研究某一人物谱学思想的主要依据；一朝谱牒序跋是一朝谱学史研究的主要文献依据。"邢先生认为对某些谱序数量少的朝代，比如宋元时期的谱学史，通过对其谱序进行研究则完全有可能，并认为这方面日本学者已经取得了成功；……认为潘光旦先生著的《中国家谱学略史》，开创之功不可没，但该文的不足是明显的，其中一点是没有深入研究中国古代谱学理论，特别是宋代以后的谱学理论，这恐怕跟潘先生没有充分利用谱序有很大关系。④

---

① 转引自常建华《元代族谱研究》，《谱牒学研究》第三辑，书目文献出版社，1992 年版。

② 多贺秋五郎：《中国宗谱的研究》，上卷，日本学术振兴会昭和五十六年（1981）版，第117—164 页。

③ 转引自林济《宋元宗族谱系的构造——以徽州程氏为例》，《安徽史学》，2014 年第 3 期。

④ 邢永川：《试论谱牒序跋的文献价值——兼谈中国谱学的若干问题》，《谱牒学研究》第三辑，书目文献出版社，1992 年版。

常建华先生根据《四库全书》中所收 169 种元代别集，收集到其中 40 余部文集中的族谱序言、题跋等资料，认为元代族谱的修纂表现在："族谱功能方面元代族谱除了尊祖宗、序亲疏、辨隆杀这些明崇卑疏戚以尊尊亲亲尚敦睦的老生常谈外，还表现有：右贤德、述贵显、详婚嫁、严死生、述门望、显畜聚、表交游等；另外曾参与修史的贡师泰还认为族谱有补史的作用。"常先生认为元人对族谱功能的认识，最多的是把修谱作为医世治俗的收族手段；元人认为收族，特别是要收出了五服的亲尽族人；谱修好后，元人有时有刻石谱的习惯；对于欧苏谱与元代世系记载，常先生认为在元代，总的来说许多士大夫与宗族把欧、苏谱例作为修谱的依据，但对苏洵批评的已经见诸谱中，如郑玉说"如苏明允序其族谱者，其亦隘矣"，常先生认为这种"狭隘"主要是指《苏氏族谱》的出服族人亲尽说和族人势必途人说；元代人修谱已经对"追远"和"合异"现象提出看法；对于元代族谱体例和书法，常先生认为个别地区家谱已经有谱序、图谱、家训、墓志、子孙名次和行次等内容；综合起来看，元代族谱的体例有谱序、告身（后代族谱将此列入恩纶录）、家训、世系图、世系录、子孙排行字语（即派语）、科举、传记、墓图、先世考辨、著述等十一项，同元以前的宋代比较，欧、苏的族谱体例由谱序、谱例、世系图、世系录、先世考辨五项构成，元代谱例比它增加了告身、家训、子孙排行字语、科举、传记、墓图、著述七项内容，比宋代族谱丰富。同元以后的清代族谱体例相比，清代族谱内容可分为十七项，元代族谱未发现像赞、祠堂、祠产、余庆录、五服图、领谱字号六项内容，后世完整族谱的主要内容元代基本上出现了。①

几乎与《谱牒学研究》第三辑同时出现的论文著作还有 1992 年国内学者王善军发表的《宋代谱牒的兴盛及其时代特征》，对唐宋转折论大背景下的修谱转折情况进行了相关的论述，王善军认为：宋代是中国家谱的兴盛期，宋代的经济政治环境是此时家谱兴盛的重要原因；宋代谱牒完全由私人编撰，国家不再过问；谱牒在宋代进入寻常百姓家；为适应宋代敬宗收族宗族制度的发展，宋代谱牒呈现出体例复杂、内容丰富的趋势。②

① 常建华：《元代族谱研究》，《谱牒学研究》第三辑，书目文献出版社，1992 年版。
② 王善军：《宋代谱牒的兴盛及其时代特征》，《中州学刊》1992 年第 1 期。

绪论

就徽州地区来说，20世纪90年代末，赵华富先生的论文集《两驿集》及2004年安徽大学出版社出版的《徽州宗族研究》，其中都有《宋元时期徽州谱牒研究》一文，赵华富先生列举了宋元留存至今的14部徽州家谱，论述了宋元徽州谱牒的体例和内容，宋元徽州宗族修谱的宗旨，认为中国谱牒有一个从简到繁的历史发展过程；宋元时期徽州宗族纂修谱牒的宗旨，是奠世系、序昭穆、尊祖、敬宗、收族；谱体以欧苏为法，一图一传；内容有：谱序、恩荣、世系图、世系录、传记、祖墓、祖先考辨、谱例、支派、著述等，比较简单。赵华富先生认为明代中期以后，徽州谱牒虽然基本上仍遵循欧苏一图一传的图传体，但是绝大多数谱图的人名之下都增加了生平简介，内容包括：生卒年月、官爵、葬地、配偶、子女等，并为忠、孝、节、勋业文章有关"世教"者单独立传，这是徽州谱牒体例的一个显著变化；明中期以后，具体体例增加了祠堂、祠产、族规、村图、像赞、祭祀、行辈、余庆录、领谱字号等，有的谱牒还有书馆、庙宇、桥梁、山场水道等。赵先生还认为明代中后期徽州谱牒增加了"祠堂"这一内容，是嘉靖十五年（1536）礼部尚书夏言上《请定功臣配享及臣民得祭始祖立家庙》奏议的原因。随着民间祭祖礼仪的改革，徽州世家大族掀起大建宗族祠堂的热潮。[①]

张体云发表《论朱熹与徽州宗族文化之间的关系》，认为朱熹促进了徽州宗族谱牒的繁荣，徽州宗族通过族谱的修纂，使得朱熹理学思想在徽州宗族内部得到广泛宣传和渗透，而且依据朱熹伦理思想和道德规范规定本族的礼仪习俗，使得朱熹思想成为徽州宗族民俗传统的理论基础和精神核心。[②]

林济其后发表《宋元宗族谱系的构造——以徽州程氏为例》，林济认为：宋元时期是中国宗族的转变时期，也是古谱与近世谱的转变时期，阐述了宋元谱系的形成，族的谱系的构造。[③]

包伟民先生在《暨南史学》上发表《唐宋宗族制度的嬗变》，很有建设性，包先生通过探讨普及型家族制度的一些基本要素如族长、族谱、祠堂、族产和族规等的生长和嬗变以及宋代义门大家庭与普及型家族之间的区别，

① 赵华富：《徽州宗族研究》，第214—237页，安徽大学出版社，2004年版。
② 张体云：《论朱熹与徽州宗族文化之间的关系》，《学术界》2011年第1期。
③ 林济：《宋元宗族谱系的构造——以徽州程氏为例》，《安徽史学》2014年第3期。

分析了唐宋家族制度嬗变亦即中国传统社会后期普及型家族制度兴起的原因，指出唐宋间社会经济、政治格局的变化，社会流动性扩大是士大夫要求重建宗法组织的深刻社会根源；而唐代以来阶级结构的变化，社会各阶层在法律地位上的日趋接近为普及型家族制度的产生和发展奠定了必要的社会基础；传统氏族社会残余，尤其服亲血缘关系是宗法重建的直接前提；两宋儒学思想体系的发展和儒学孝道伦理观念的强化为普及型家族制度提供了思想根源。[1]

有关宋元谱学及其宗族研究已经深入各大高校，目前有两篇代表性的研究作品：朱开宇论文为《科举社会、地域秩序与宗族发展——宋明间的徽州》，其认为徽州的生态的贫瘠与贫富的悬殊等造成的社会不安，是该地区宗族制度强固的症结原因，而理学的渗透进一步起着辅助作用；徽州宗族制度的发展，与"流动"的社会背景密不可分。[2]

章毅著作为《理学、士绅和宗族——宋明时期徽州的文化与社会》，其在南宋至明中期的长时段内，以徽州为代表区域，深入研究了理学在地方社会的传播、士商群体的形成及宗族组织的出现，三者之间相生成的历史；认为明代徽州宗族社会的出现，根植于12—15世纪宋明时代的历史进程之中，深受王朝政治和地缘环境的影响，是理学价值观深入传播之下，士绅和商人等主导人群共同塑造的结果。[3]

笔者注意到，关于家谱定型的研究目前尚少，而对于宋元家谱的研究多限以上所列，对于（宋元）徽州家谱的研究，目前赵华富先生有涉及，其他仅限于谱序方面的研究，本书《宋元徽州家谱研究》当有很大的研究论证空间。

二、研究思路

家谱编修是内容为王，还是形式为王？笔者认为内容决定形式。现在

① 转引自包伟民《唐宋家族制度嬗变原因试析》，《暨南史学》第一辑，2002 年 11 月。

② 朱开宇：《科举社会、地域秩序与宗族发展——宋明间的徽州，1100—1644》，硕士论文，2004 年。

③ 转引自章毅《理学、士绅和宗族——宋明时期徽州的文化与社会》封面题字，中文大学出版社，2013 版。

研究家谱，往往被家谱的形式而左右，如这部家谱是欧阳修谱法还是苏洵谱法？世系图是如何编修的？而往往忽视了家谱编修的内容。其实欧苏谱法只是家谱众多编修形式或方法中的两种方法，真正决定一部家谱好坏的依据还应该是家谱编修的本身，即家谱的内容。学界往往有以家谱的形式来确定家谱内容的趋势，这确也是一种研究家谱的不错的方法。对于宋元徽州家谱的研究，目前有很大的研究空间。笔者准备以历代家谱编修的内容为线索，对家谱何时定型及定型的依据进行探讨，并以探讨宋元徽州家谱的编修为主要内容，阐述宋代以前，家谱内容皆记录家族成员之生前荣耀信息，宋代以后特别是从元代开始，家谱不但记录家族成员相关生前荣耀的内容，且逐渐增多对墓葬祭祀礼仪等方面的记载，认为家谱记录随着宋元庙制不立，特别是元代的礼制荒疏，家谱发展到元代已经趋于定型：既记录了家族成员生前荣耀内容，又记录了家族成员死后哀荣的信息，明清家谱的发展即在这两块内容的基础上继续丰富。徽州文化虽是地域文化，但它又是中华正统文化传承的典型，其集中地、典型地体现了中华传统文化的精华（叶显恩语），徽州宗族文化的发展特别是家谱编修的发展当是中国家谱编修的一个区域代表。故本书以研究宋元徽州家谱为主，通过宋元徽州家谱编修的具体内容及方法，来尽量窥探家谱发展之趋势。

本书第一部分，简述宋前家谱发展之源流，论述了欧苏的家谱编修，认为宋前家谱皆记录家族成员生前荣耀的内容，但其编修方法整体有呈下降的趋势；

第二部分，分上、下两章，论述了在家谱功能转型背景下，宋代徽州士大夫对家谱编修的探索，并以家谱编修内容为依据，论述了宋代处于家谱定型徘徊期的原因；

第三部分，分上、下两章，论述了家谱编修元承宋制，经过宋代的探索，伴随着理学的深入，元代徽州家谱中关于墓葬祭祀等方面的内容逐渐在家谱中占有重要位置，从而标志着家谱的最终定型。

本书在以上内容的基础上，得出结论。

三、相关概念

1. 官修家谱：宋前家谱编修的一种形式，汉前的世官世袭制和魏晋到隋唐时的士族制，要求政府编修家谱，以纯洁世系，便于世袭或选举。

2. 私修家谱：宋前家谱编修的一种形式，为当时贵族官僚士大夫私家所修之谱，可以和官修家谱起互补作用；宋后皆为私修家谱。

3. 中古家谱：北宋以前的家谱，包括官修和私修两种。

4. 近世家谱：指从宋开始到近代的家谱，特征是全为私人所修，不存在官修族谱。

5. 氏族谱：重世系源流之谱，特点是重姓氏而不重世系，即重视是同姓，而不重视上下两代是否为父子关系。

6. 本宗谱：重视上下两代为父子关系，多以始迁祖到编修者之间的世系为谱。

7. 家谱定型标准：既记生前荣耀内容，又记死后哀荣信息，为家谱发展成熟定型标志。这是以家谱编修的内容为角度对家谱进行分期划分的标准。一部定型家谱，内容上一般包括序跋、世系、艺文等，其中涉及宗族人物的内容一般包括人物世系、生卒年月，主要事迹、功名成就、传世文章、埋葬信息、墓祭信息、墓志信息、诰命信息、祠堂信息、祭祀信息等等。

第一章

欧苏及欧苏以前家谱述论

第一节　宋代以前含家谱信息概述

汉代以前的家谱，从当今考古遗存下来的甲骨及一些金属器皿上，我们发现此时家谱无疑应该是当时的贵族之物，没有流传至寻常百姓之家，谱牒同时兼有官修和私修的属性，这些谱牒文字稀少，世系简单，我们只能通过字里行间揣测某一家族的具体情况。

一、商代

中国现存最早的一部家谱，被记录在《库方二氏藏甲骨卜辞》一书中，该甲骨为一片牛胛骨，现藏英国大不列颠图书馆，陈梦家曾释其甲骨内容为："儿先祖曰吹，吹子曰妖（原字为'戈'加'夭'），妖子曰吴，吴子曰雀，雀子曰壹，壹弟曰启，壹子曰丧，丧子曰养，养子曰洪，洪子曰御，御弟曰□，御子曰□，□子曰□。"传十一世，共记录十三人。其谱陈梦家、李学勤、于省吾等皆认为该谱为真品；中国台湾学者张秉权从发现此甲骨时间之早来判断，认为不可能是假的。[①] 相关的例子有很多，此处只举一例，说明商代已经有了家谱的存在，其世系记录很简单。

---

① 张秉权：《中国最早的家谱——牛胛骨上的儿氏家谱》，《第三届亚洲族谱学术研讨会会议记录》，联经出版事业公司，1987 年版。

二、周代

周代谱牒之撰修为史官具体事务之一，专门记载王族家谱。据《周礼·春官》载，瞽蒙有掌"世奠系"的任务；又载有"小史掌邦国之志，奠系世，辨昭穆"，小史即瞽蒙，可见小史不但掌握王朝之谱，还掌握有诸侯卿大夫之谱系。《世本》为周代谱牒之作，其题名意思或许为追溯世系源流之本。司马迁作《史记》，当以《世本》为参考资料毋庸置疑。《史记·太史公自序》曾言"幽厉之后，周室衰微，诸侯专政，《春秋》有所不纪，而谱牒经略"，可见谱牒所记录的内容之重要。《史记·十二诸侯年表第二》曾言"谱牒独记世溢，其辞略"，可见司马迁认为周代（应包括以前）谱牒的记录方法很简略，只记载世系和人名。

后世用表格的形式记录谱系，多认为从《世本》始。《梁书·刘杳传》："桓谭《新论》云：'太史《三代世表》，旁行邪（斜）上，并效周谱。'"旁行邪（斜）上，一般指司马迁修《史记》中的《三代世表》《十二诸侯年表》等所用的表格方法，后则泛指用表格形式排列的系表、谱牒等。而《世本》当为周谱之代表。

据常建华先生综合清代各家所辑录之版本，认为《世本》主要内容包括以下几部分：

1. 帝系篇，记载二皇五帝及夏、商、周三代帝王世系及事迹；
2. 氏姓篇，记载各国的姓氏及其起源；
3. 居篇，记载各帝王诸侯卿大夫的居住、迁徙地点；
4. 作篇，记载各帝王诸侯卿大夫的发明创造；
5. 谥法篇，记载各帝王诸侯卿大夫的谥号。[①]

王鹤鸣先生认为《世本》既是我国古代集各显贵家族世系谱牒于一书的总结性谱学著作，也是后代所有总结性的谱牒所宗师、祖述的开山之作；《世本》等谱系著作的问世，表明中国谱学已脱离原始形态，标志着中国谱学已正式诞生，它在我们谱学历史上具有承前启后的作用，具有里程碑的意

---

① 转引自常建华《宗族志》，第233页，上海人民出版社，1998年版。

义。^①可见《世本》在我国谱牒史中的重要地位。

三、秦代

秦代由于国祚不长且年代相距久远，目前未曾见留下任何一部此时的家谱著作。不过秦灭六国，迁天下豪族于咸阳，后至于如巴蜀之地以便于管理，其中包括六国的贵族，还有新崛起的大贾，这些本属于社会的上层势力，远离自己的旧宗族，失去了原来的政治地位；朝廷又多征发下层民众服劳役，守五岭、筑长城、建陵墓等，同时又鼓励子女自立门户，这些都有瓦解当时宗族的作用，谱牒特别是私人谱牒，便很难有生长的土壤。

四、汉代

(一)《史记》中含家谱信息略举

1.司马迁家族世系：《史记·太史公自序》^②曰："昔在颛顼，命南正重以司天，北正黎以司地……在秦者名错，与张仪争论，于是惠王使错将伐蜀，遂拔，因而守之。错孙靳，事武安君白起。而少梁更名曰夏阳。靳与武安君坑赵长平军，还而与之俱赐死杜邮，葬于华池。靳孙昌，昌为秦主铁官，当始皇之时。蒯聩玄孙昂为武信君将而徇朝歌。诸侯之相王，王昂于殷。汉之伐楚，昂归汉，以其地为河内郡。昌生无泽，无泽为汉市长。无泽生喜，喜为五大夫，卒，皆葬高门。喜生谈，谈为太史公。……太史公既掌天官，不治民，有子曰迁。"

引文可见司马迁世系：重、黎→……→绍→…………程伯休→……→司马氏→……→错→（　）→靳→（　）→昌→无泽→喜→谈→迁。此是司马迁家族世系，先叙述得姓来源，可见司马氏历代之荣耀，然后近世谱叙述九代世系，同时夹叙祖先年代、官职、事迹以及个人小传等，可以说此序是融合家族世系及家族人物小传于一体的文字叙述谱代表。

2.吴太伯家族世系：吴太伯，太伯弟仲雍，皆周太王之子，……太伯卒，

---

① 转引自王鹤鸣《中国家谱通论·经编·中国家谱的诞生》，第63页，上海古籍出版社，2010年版。

② ［汉］司马迁：《史记卷一百三十·太史公自序第七十》，影印《文渊阁〈四库全书〉》本。

无子，弟仲雍立，是为吴仲雍。仲雍卒，子季简立。季简卒，子叔达立。叔达卒，子周章立。是时周武王克殷，求太伯、仲雍之后，得周章。周章已君吴，因而封之。乃封周章弟虞仲于周之北故夏虚，是为虞仲，列为诸侯。周章卒，子熊遂立，熊遂卒，子柯相立。柯相卒，子彊鸠夷立。彊鸠夷卒，子馀桥疑吾立。馀桥疑吾卒，子柯卢立。柯卢卒，子周繇立。周繇卒，子屈羽立。屈羽卒，子夷吾立。夷吾卒，子禽处立。禽处卒，子转立。转卒，子颇高立。颇高卒，子句卑立。是时晋献公灭周北虞公，以开晋伐虢也。句卑卒，子去齐立。去齐卒，子寿梦立。寿梦立而吴始益大，称王。自太伯作吴，五世而武王克殷，封其后为二：其一虞，在中国；其一吴，在夷蛮。十二世而晋灭中国之虞。中国之虞灭二世，而夷蛮之吴兴。大凡从太伯至寿梦十九世。①

笔者按上文可列出如下世系：1 仲雍（太伯无子）→ 2 季简 → 3 叔达 → 4 周章 → 5 熊遂 → 6 柯相 → 7 彊鸠夷 → 8 馀桥 → 9 疑吾 → 10 柯卢 → 11 周繇 → 12 屈羽 → 13 夷吾 → 14 禽处 → 15 转 → 16 颇高 → 17 句卑 → 18 去齐 → 19 寿梦（→ 20 诸樊 → 21 光 → 22 夫差）

因吴太伯为周王姬昌的伯父，所以太伯以前的祖先源流当可由追寻周王室而得到。这里简略的语句叙述了太伯奔吴的原因，为下文孔子评价太伯有"至德"做了铺垫。此处可见，有太伯的小传，有太伯的世系。

3.《史记卷五·秦本纪第五》讲述了春秋和战国时期秦国从兴起、发展到称霸天下、秦王嬴政统一全国的历史，由此文我们可以得出秦始皇氏族谱系：颛顼→……→女修→大业→大费（大费被舜赐姓嬴氏）→大廉、若木→……→费昌……秦仲（《十二诸侯年表》，秦国从秦仲开始记录）；秦始皇本宗世系：秦孝公嬴渠梁→秦惠文王嬴驷→秦武王嬴荡、秦昭襄王嬴稷（武王异母弟）→秦孝文王嬴柱→秦庄襄王嬴子楚→秦始皇嬴政。

4.由《史记·三代世表》第一列可知黄帝到周武王之间的历代帝王世系：②

① ［汉］司马迁：《史记卷三十一·吴太伯世家第一》，影印《文渊阁〈四库全书〉》本。
② 按：《史记三代世表》实际此表的效果图应该是此图顺时针转移九十度而成的结果图，因行文方便，故此。我们可以想象到：司马迁的《三代世表》为横向制表，世系是从右到左的顺序。第一行（此图为第一列）记录了从黄帝一直到周武王之间的世系；最后一行（此图为最后一列）记录了周属，即属于周代的所有帝王世系。

《史记》黄帝到周武五之间的历代帝五世系表

帝王世国号	颛项属	喾属	尧属	舜属	夏属	殷属	周属
黄帝 号有熊	黄帝生 昌意	黄帝生 玄器	黄帝生 玄器	黄帝生 昌意	黄帝生 昌意	黄帝生 玄器	黄帝生 玄器
帝颛项 黄帝孙 起黄帝至 颛项三世 号高阳	昌意生 颛瑞	玄器生 蟜极	玄器生 蟜极	昌意生 颛项 颛项生 穷蝉	昌意生 颛项	玄器生 蟜极 蟜极生 帝喾	玄器生 蟜极 蟜极生 帝喾
帝泄							
……	……	……	……	……	……	……	……
帝辛，是为纣，弑。 从汤至纣二十九世， 从黄帝至纣四十六世。							
周武王，代殷。从黄 帝至武王十九世。							

（二）《汉书》含家谱信息略举

1. 班固叙传："班氏之先与楚同姓令尹子文之后也，子文初生弃，于梦中而虎乳之……"[1]可见班氏姓源也充满了神话色彩，本宗世系记录了从秦代班一到汉代班固的八代世系。

2.《汉书·孔光传》[2]为我们提供了自孔子而后的十四代世系。《汉书》注家谓此传中各人名字皆"先言其字者，孔氏自为谱牒，示尊其先也"，可知道此传的资料来源确切是孔氏所自撰的谱牒：孔光字子夏，孔子十四世之孙也，孔子生伯鱼鲤，鲤生子思伋，伋生子上帛，帛生子家求，求生子真箕，箕生子高穿，穿生顺，顺为魏相，顺生鲋，鲋为陈涉博士，死陈下，鲋弟子襄，为孝惠博士，长沙太傅，襄生忠，忠生武及安国，武生延年，延年生霸，字次儒，霸生光焉。

3.《汉书·扬雄传》[3]有扬雄谱牒世系，中间有言此乃"雄之自序云尔"。

---

① ［东汉］班固：《汉书卷一百上·叙传第七十上》，影印《文渊阁〈四库全书〉》本。

② ［东汉］班固：《汉书卷八十一·匡张孔马传第五十一》，中华书局，1962 年版。

③ ［东汉］班固：《汉书卷八十七上·扬雄传上第五十七上》，中华书局，1962 年版。

可见此应该是扬雄做的自序家牒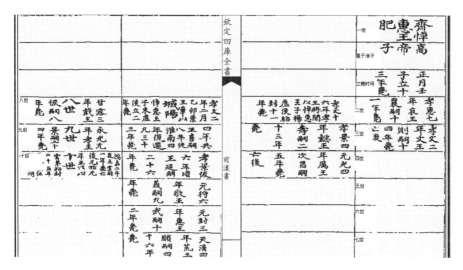①，唐代《汉书》注家也把此文称为扬雄的"自序谱牒"。由于扬雄出身微贱，之前家族遗留家族资料可能不多，致使后人考证其自序谱牒有史实错误，晋灼和颜师古为《汉书》作注释时已经点明了原委。

有意思的是，汉代扬雄作过以上自序谱牒，而且其过世后还有另外的人为其另作谱牒，其"曾为《七略》所征引，《文选》卷四六《王文宪集序》注引《七略》曰：'《子云家牒》言以甘露元年生'，是同时之刘歆已及见之，……按汉以前之谱，均为帝王所作，其为一家一族所作者，当以此书为始"。②

以上为《汉书》的文字叙述谱，下面见表格谱：

4.《汉书卷十四·诸侯王表第二》中《刘肥世系简表》③：六世一提（本卷有超过七世者则均六世一提）。

（此图表见《汉书卷十四·诸侯王表第二》中《刘肥世系简表》，影印《文渊阁〈四库全书〉》本。）

《汉书》刘肥世系简表影印图

---

① 按：陈直先生认为汉代的《杨雄家牒》为中国最早的私修谱牒，见陈直《南北朝谱牒形式的发现及索隐》，《西北大学学报》，1980 年第 3 期。

② 杨殿珣：《中国家谱通论·中国谱学之沿革》，载《图书季刊》新第 3 卷。

③ ［东汉］班固：《汉书卷十四·诸侯王表第二》，中华书局，1962 年版。按此《刘肥世系简表》之名史书中本没有（命名），为方便，笔者暂命名，下同。

为方便起见，笔者特制以下简图：

《汉书》刘肥世系简表

	齐悼惠王肥	号谥（一世）
	高帝子	属
	正月壬子立十三年薨	立、薨时间
八世……	……	子（二世）
九世……	……	孙（三世）
十世……	……	曾孙（四世）
	……	玄孙（五世）
	……	六世（六世）
	……	七世（七世）

（此简表见《汉书卷十四·诸侯王表第二》中《刘肥世系简表》，影印《文渊阁〈四库全书〉》本。）

可见齐悼惠王刘肥世系表为横格制表，共九行，第一行为其谥号，第二行为其属于谁的儿子，第三行为其立王和死亡的时间，第四行为其儿子立薨情况，第五行为其孙子立薨时间，……然后九行结束，另起一表，表头空三行，把第八世的立薨时间写于其上……此刘肥世系表共记录了十代世系，注重表头排列，注重书写规范，特别是另起一表时的三行空格，很有立表思想，笔者可以把它表述为六世一提（可与下几图作对比）。毋庸置疑，此表已经接近于现在的世系图了！

5.《汉书卷十五上·王子侯表第三上》中《德哀侯广世系简表》[1]：四世一提（本卷有超过五世者则均为四世一提）。[2]

《汉书》德哀侯广世系简表

	德哀侯广	号谥
	……	属
	……	始封1

---

[1] ［东汉］班固：《汉书卷十五上·王子侯表第三上》，影印《文渊阁〈四库全书〉》本。

[2] 按：四世一提还有《汉书卷十六·高惠高后文功臣表第四》；《汉书卷十七·景武昭宣元成功臣表第五》等，这里不再一一列举。

续表

	德哀侯广	号谥
6世……	……	子 2
7世……	……	孙 3
	……	曾孙 4
	……	玄孙 5

（此简表见《汉书卷十五上·王子侯表第三上》中《德哀侯广世系简表》，影印《文渊阁〈四库全书〉》本。）

以上几个表格，《三代世表》世系为从右到左，其余《汉书》诸表，世系皆为从上到下，只不过表头有的占三栏有的占四栏，若出现世系代数较多，有的六世一提，有的四世一提，提头时不占表头栏，皆从儿子那一栏另提（另提时不占表头应该是对第一世人物的尊敬使然）。

从以上所列，我们可以看到，汉代两大官修史书《史记》和《汉书》中包含了大量家谱世系、传记等内容。这些世系，前段往往追述得姓源流，上追到颛顼或黄帝，中间往往有大量神话传说内容，反映了氏族谱在早期的自然现象中，人类无法解释生身寿命、繁衍生息，而寄托于远古神力的愿望，如秦始皇的祖先可以吞鸟蛋而生子，又可以同性而结合生子等，这些都是古代氏族谱的典型代表；在有明确的世系后，人们也会详细一代一代记录，相当于现在的本宗谱。这些氏族谱，在一篇人物传记中，一般在文章（谱）的开始部分叙述，然后再叙述本宗谱，中间夹叙人物事迹、生卒官职、相互交往情况，属于典型的文字叙述谱。可见那时家谱以人物叙述谱为主。

除人物叙述谱之外，我们还可发现，表格谱系已经初露端倪，在《史记》中《三代世表》详细记录了从黄帝到周武王之间的帝系，这些表格按当时的行文习惯，世系由右向左读，横格制表；到东汉班固时，用以表达世系的表格则变为从上到下读，已经和今人排列世系的习惯相一致了。

小结：汉代谱牒，私修和官修并存。此期一个特别重要的现象即是，私修家谱被征引、甚至直接写入正史之中。汉前家谱往往仅记录世次人名，这里则开始记录姓氏渊源、居住地方及人物事迹等，既有文字一贯到底的叙述，又有"旁行邪上"的表格，显示了谱牒学在汉代发展得很活跃。

五、魏晋南北朝隋唐

"谱牒之作，盛于中古"①，这一时期的家谱今已无存，然而，从时人对这一时期重要文献的注释中，还能窥探一些谱名信息，如：《世说新语》刘注：《吴氏谱》《李氏谱》《周氏谱》《祖氏谱》《桓氏谱》《郝氏谱》《索氏谱》《郗氏谱》《袁氏谱》《荀氏谱》《曹氏谱》《张氏谱》《陆氏谱》《许氏谱》《庾氏谱》《冯氏谱》《虞氏谱》《贾氏谱》《温氏谱》《卫氏谱》《谢氏谱》《戴氏谱》《韩氏谱》《魏氏谱》《谢车骑家谱》《袁氏家传》《褚氏家传》《裴氏家传》《太原郭氏录》。②

幸运的是，此期从敦煌出土文献中，收集到了三部家谱，简介如下：

（一）敦煌文书《氾氏家传》

《氾氏家传》首先详叙氾姓得姓经过，指出：

氾氏之先，出周凡伯之后也。当周之世，或为诸侯，或为丞庶。遭秦避于范国，中间遗漏绝灭无依。自氾敢已下，至于氾璜、氾毓，毓徙。虽传芳已久，绝而不录。（汉）成帝御史中丞氾雄，直道见惮，河平元年（按：汉成帝河平元年，公元前28年）自济北庐县徙居敦煌，代代相生，遂为敦煌望族。孝廉纪世，声誉有闻，略述宗枝。

以下记载了十一位氾姓人物的事迹，他们是：

氾目，字孔明，蜀郡太守吉之第二子。

氾孚，字仲夏，蜀郡太守吉之孙。

氾续，字和基，昭武令光之吉孙。

氾帏，字休藏，晋实安太守。

氾毗，字公辅，西海太守帏之弟。

氾存，字世震，西海太守帏之孙。

氾咸，字宣合，侍御史辅之玄孙。

氾昭，字嗣光，处士之孙。

氾曼，晋时凉人。

氾绪，字叔纵，西域长史洋之曾孙。

---

① ［唐］刘知己：《史通卷三·书志》，影印《文渊阁〈四库全书〉》本。
② 转引自钱杭《论通谱》，《史林》，2000年第1期。

氾瑷，字彦玉，晋永平令宗之孙。[1]

《敦煌氾氏家传》据钟书林先生考辨认为其创造时间可能早在前凉时期，晚在隋唐初期。[2] 笔者通过以上人物世系认为其创造年代应该为北朝某一时期。钱杭先生认为：据该家传所叙的氾氏历史，从氾氏始迁祖氾雄到最后一位活跃于西凉武王时代的氾瑷，至少达三百年。这些人以及他们的父、祖、兄、弟大多为朝廷命官，是所谓敦煌名士，但传中提到的大部分人物之间的血缘关系不明确。换言之，说他们是同姓者，固无疑问；说他们是同宗、同族者，却缺乏足够的系谱证据。始迁祖以前的世系"传芳已久，绝而不录"，当然可以理解；但始迁祖以后"代代相生"，已号称"敦煌望族"，却仍在世系上出现如此多的缺漏，似乎说不过去。这显然并非个人责任，而是时代特征。可见即使号称家谱和家传，实际上也与望族谱一样，其遵循的编纂原则，是"重姓系"而"轻世系"。[3]

（二）高昌某氏残谱[4]

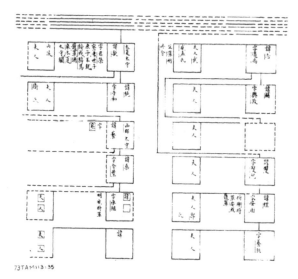

高昌某氏残谱影印图

---

[1] 转引自钟书林《〈敦煌氾氏家传〉与先周世系》，《中南大学学报》2015 年 2 月，第 21 卷第 1 期。同见《敦煌社会经济文献真迹释录》第一辑，104—108 页。

[2] 钟书林：《〈敦煌氾氏家传〉与先周世系》，《中南大学学报》2015 年 2 月，第 21 卷第 1 期。

[3] 钱杭：《论通谱》，《史林》，2000 年第 1 期。

[4] 转引自郭峰《晋唐时期的谱牒修撰》，《中国社会经济史研究》1995 年第 1 期。同见《高昌某氏残谱》，《吐鲁番文书》第三册第 64 页。

（三）某氏族谱（只引一图）①

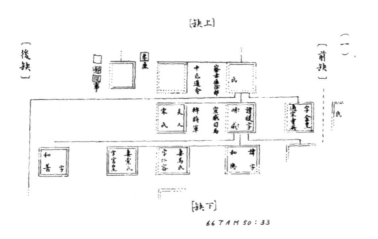

某氏族谱影印图

郭峰先生从文书学的角度对两份家谱进行了复原研究，总结出二谱的主要特点：1 以世系和历官为主，有官者皆注之；2 男女皆记，已嫁之女，仍收录本族谱中，女父有官则注出；3 家族成员皆入谱。②

社科院陈爽先生认为中古出土的墓志，有些即可看成是当时的谱牒。对此笔者持保留意见。敦煌出土的《氾氏家传》等已经明确，当时家谱是家谱、墓志是墓志，是截然分开的。

但陈先生认为中古谱牒重官爵、重外裔、重格式等特点，非常明确地反映出中古谱牒浓厚的政治色彩，与选官相联系，与婚姻相联系，即所谓"别选举，定婚姻，明贵贱"，与宋元以后的家谱格式和内容有着显著的差别。③陈先生的这些理论成果很有建设性，特别是其"引谱入志"的观点。

另外，我们还可以从当时的部分文集及后人对其进行的注释中窥见当时家谱体例及所包含的部分内容等，如：《文选注·王文宪集序》中有"故吕虔归其佩刀，郭璞誓以淮水"之语，其旁注释如：……《王氏家谱》云："初，王导渡淮，使郭璞筮之，卦成。璞曰：'吉，无不利，淮水绝，王氏

---

① 转引自郭峰《晋唐时期的谱牒修撰》，《中国社会经济史研究》1995 年第 1 期。同见《吐鲁番文书》第三册第 179—184 页

② 郭峰：《晋唐时期的谱牒修撰》，《中国社会经济史研究》1995 年第 1 期。

③ 陈爽：《出土墓志所见中古谱牒探迹》，《中国史研究》2013 年第 4 期。

灭。'"①《世说新语·排调第二十五》中有：（王浑）妇笑曰："若使新妇得配参军（王浑弟王沦），生儿故可不啻如此。"此语旁有注如：王氏家谱曰："沦字太冲，司空穆侯中子，司徒浑弟也，醇粹简远，贵老庄之学，用心淡如也。为《老子例略》《周纪》。年二十余，举孝廉，不行，历大将军参军，年二十五卒，大将军为之流涕。"②

《王世家谱》中有人物传记，《袁氏家谱》也有，如《世说新语·谗险第三十二》篇首第二个注释：袁氏谱曰："悦字符礼，陈郡阳夏人，父朗，给事中，仕至骠骑咨议。太元中，悦有宠于会稽王，每劝专揽朝权。王颇纳其言。王恭闻其说，言于孝武，乃托以他罪，杀悦于市中，既而朋党同异之声播于朝野矣。"③

可见，南朝家谱今天虽然已经不得而见，但从后世留存的文集中我们还是可以知道，南朝家谱一般都有人物传（其余则不得而知）。

隋代家谱，现在只存在于目录学的编目里，如：《隋志·谱系篇》著录家谱八种：《京兆韦氏谱》二卷，《谢氏谱》十卷，《杨氏血脉谱》二卷，《杨氏家谱状并墓记》一卷，《杨氏支分谱》一卷，《杨氏谱》一卷，《北地傅氏谱》一卷，《苏氏谱》一卷。④

郑樵认为"姓氏之学，最盛于唐"⑤，瞿林东先生认为《新唐书·艺文志》乙部《谱牒类》著录，谱系之书凡二千零五十卷，内中属唐代者近半数。所以郑樵之语是有根据的。⑥唐代的谱学名家很多，据瞿先生介绍唐前期主要有李守素、路敬淳、柳冲；唐中期主要有韦述、孔至、柳芳；唐后期主要有柳芳之孙柳璟、李衢、林宝。其中唐中期的柳芳，对谱学源流研究脉络分明、论著甚详，《新唐书》录有其《姓系录》。⑦但唐代家谱现在也只存在目

① ［唐］李善：《文选注卷四十六·王文宪集序》，影印《文渊阁〈四库全书〉》本。
② ［南朝宋］刘义庆：《世说新语·排调第二十五》，卷下之下，影印《文渊阁〈四库全书〉》本。
③ ［南朝宋］刘义庆：《世说新语·谗险第三十二》，卷下之下，影印《文渊阁〈四库全书〉》本。
④ 转引自钱杭《论通谱》，《史林》，2000 年第 1 期。
⑤ ［南宋］郑樵：《通志》卷二五之《氏族略》之《氏族》序，影印《文渊阁〈四库全书〉》本。
⑥ 瞿林东：《唐代谱学简论》，《中国史研究》，1981 年第 1 期。
⑦ ［宋］欧阳修等：《新唐书》卷一九九《儒学传中·柳冲传》，影印《文渊阁〈四库全书〉》本。按：柳芳之《姓系录》附录于《柳冲传》文后，笔者认为柳芳之文题为《姓系录》比《氏族论》更好些。

录学的编目里，如：《旧唐书·经籍志》杂谱牒类著录二十七种：《褚氏家传》一卷，《殷氏家传》三卷，《桂氏世传》七卷，《邵氏家传》十卷，《杨氏谱》一卷，《苏氏谱》一卷，《韦氏家传》三卷，《王氏家传》二十一卷，《江氏家传》七卷，《暨氏家传》一卷，《虞氏家传》五卷，《裴氏家记》三卷，《孙氏谱记》十五卷，《诸葛传》五卷，《曹氏家传》一卷，《荀氏家传》十卷，《诸王传》一卷，《陆史》十五卷，《明氏世录》五卷，《庚氏家传》三卷，《韦氏谱》十卷，《尔朱氏家传》二卷，《何妥家传》二卷，《令狐家传》一卷，《裴若弼家传》一卷，《敦煌张氏家传》二十卷，《裴氏家牒》二十卷。[①]

值得注意的是《全唐文》中有两篇唐代的谱序，分别是颜真卿《世系谱序》和于邵《河南于氏家谱后序》。这里先介绍于邵之序，颜真卿序见后文介绍。

《河南于氏家谱后序》：邵高叔祖皇朝尚书左仆射侍中太子太师燕国定公讳志宁，博学多闻，徇忠秉直，为秦十八学士。……今请每房分为两卷，其上卷自九祖某公至玄孙止，其下卷自父考及身已降，迭相补注。即令邵以皇考工部尚书为下卷之首，此其例也。且诸房昭穆既同，寻而绎之，可以明矣。后能代习家法，述作相因，从子及孙，从孙及子，孙孙子子，兴复宗祧，岂唯两卷乎？将十部而弥盛矣。其文公第四子安平公房，此建平公已上三房，衣冠人物全少，今与文公第五子齐国公，文公第六子叶阳公，文公第七子平恩公，文公第八子襄阳公，文公第九子恒州刺史，并以六房，同为一卷。就（旧）中第五卷已下，子孙皆名位不扬，婚姻无地，湮沈断绝，寂尔无闻，但丰旧卷而已。后有遇之者、知之者，以时书之。其五祖、九祖分，今叙三卷，并录之于后。时贞元八年（792）岁在壬申八月朔日，金紫光禄大夫太子宾客上柱国袭恒山郡开国公于邵述。[②]

由谱序可知：

第一次修谱：唐宰相于志宁，"又述作之外，修集家谱，其受姓封邑，衣冠婚嫁，著之谱序，亦既备矣"。由此可知，于志宁谱体例分为序和世系，序

① 转引自钱杭《论通谱》，《史林》，2000 年第 1 期。

② ［唐］于邵：《河南于氏家谱后序》，见［清］董诰《全唐文》卷 428，第 1931 页，中华书局，1983 年版［按：此题目为《全唐文》编者所加，实际上于邵一系自魏周起，已自称京兆万年人，谓出自姬姓，不称河南于氏（虏姓）。此见《新唐书》卷 104《于志宁传》，及《新唐书·宰相世系表》卷 72 下于氏条］。

记叙了于氏受姓源流、封邑及婚宦情况；世系记录情况不知。

第二次修谱：于邵，内容包括谱序、世系及后录。谱序叙述了此次修谱的体例即编法：因人口繁衍，一房之内，上下分卷；上卷从九祖中的某一祖记录起，一直记录到其玄孙，下卷从第六世开始记起，记录到身后诸子孙；因四至九房六卷之人"名位不扬，婚姻无地，湮沈断绝，寂尔无闻"，所以把这以前的六卷合为一卷，纯粹是为了"但丰旧卷而已"；而五祖和九祖以后若有相关资料，可以随时记录到谱后。

笔者曾认真追寻过于志宁到于邵之间的世系，但对于文公于谨所生九子的名字，一直没有得到确切的答案。后来，笔者从沈文凡教授的《唐代河南于氏家族文学辑录》[①]的附录处，看到于谨家族世系列表（见下图）后，对此文为于邵所作的真实性，产生了怀疑。如果于谨只有三子的话，则此文所说部分情况就可顺理成章地得到解释：于谨只有三子，后人（有可能是明代人）在此基础上，又虚构了另外六子，构成于谨九子九房的架构，但后六房的虚构应该为后世所累，所以后世续修于氏谱时，把后六子的情况合为一卷，把五祖和九祖的相关情况（应该还包括其他子）后录于谱。由此，笔者认为此序为伪。

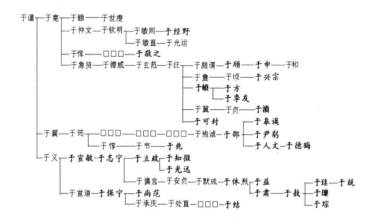

（按：此于谨世系图，转引自沈文凡、孟祥娟《唐代河南于氏家族文学辑考》，《古籍整理研究学刊》，2010 年 3 月第 2 期。）

于谨家族世系列表

---

① 沈文凡、孟祥娟：《唐代河南于氏家族文学辑考》，《古籍整理研究学刊》，2010 年 3 月第 2 期。

第二节　宋前家谱编修水平呈下降趋势

有家族的时候，应该就有家谱。远古时候，文字发明以前，人们有口头家谱，结绳家谱。从目前的文字资料及出土文物看，学者们已经确定商代时人们已经在甲骨上记录家谱。常建华《宗族制》认为："甲骨卜辞反映出，商人宗族有自己的宗庙制度，祭祖也有一套规则。……谱系记录分氏族谱系和家族谱系。"[1]

周代《世本》的出现，可以说是中国远古时期谱牒著作的一个高峰，不但对前期家谱编修进行了汇编与总结，也对后世修谱起到了很大的借鉴作用。司马迁作《史记》，有很多内容来自《世本》（当然还有部分来自《左传》等书）。从后来东晋桓谭认为《史记》仿《世本》"旁行邪上"的说法可以推断出，《世本》应以表格为主。这样，司马迁《史记》就会无可非议地含有大量的家谱信息的内容，这在前文已经有所论述。同样，班固《汉书》也有大量此类内容。此两部正史中，含有家谱的内容，有的包含了氏族谱系，有的包含了家族的本宗谱系，这些纯文字叙述家谱的内容，我们可以暂定它们为文字叙述谱。当然，除了这些文字叙述谱外，此两正史还用了表格的形式简单直观地记录了部分家族的部分世系、部分内容，表格形式源于周代《世本》，也奠定了后世修谱的基调。笔者认为汉代的这两部正史，正是近世家谱编修的滥觞。

须特别注意的是，此时已经出现了私修家谱的明确记录，即西汉《杨雄家牒》的出现。此家牒的出现，应该是当时众多家谱中的一个特例，被明确记录入史书中。此时及以前皆属于公修家谱及私修家谱并列存在的时期，以后也是。家谱虽曰私修，但私修之人则皆非富即贵；由于经济基础的匮乏，穷苦百姓是没有机会编修家谱的。家谱的编修，对于上层建筑来说很是重要，对于维护贵族的统治很是重要。为了更好地维护贵族的血统，下等人是不可能有机会染指的。可见，此时的家谱功能主要是纯洁血统，维护贵族统治。

汉代，随着社会的发展，武帝时开始实行察举、征辟制度，孝顺、才学

---

[1]　常建华：《宗族志》，第20页，上海人民出版社，1998年版。

及声望逐步进入王朝选官的范围；曹丕时则施行九品中正制，上上、上中、上下、中上、中中、中下、下上、下中、下下之九品，一开始还用来评定人物的才学品行，但不久就用来评定家族的等级，家谱的存在是家族尊贵与否的重要标准，从而士族便以特殊的身份登上了中国的历史舞台。可以进行合理推测的是，士族社会形成后，家谱的编修应该在一开始还会像《史记》那样追述远古，但随着社会的越来越现实，谱中氏族世系将明显减少，代之而来的是简简单单、纯纯正正的本宗谱系。当然，研究姓氏的学者肯定还会多有论及氏族世系。西北大学陈直教授曾经总结过这一时期谱牒特征，汉代（应可以包括以后）分为三种：一为横格制表，分代分格顺序写，《史记·三代世表》《王子侯表》《高惠以来功臣表》是其例；二为以姓为单位，先叙得姓的起源，再叙世系及官位，王符《潜夫论·氏族篇》，应劭《风俗通义·姓氏篇》是其例；三为一贯连叙，除上述《史记·自序》《汉书·叙传》外，汉《孙叔敖碑阴》等是其例。[1] 陈直先生的论断很有启发意义，笔者认为汉后谱牒的发展，有横格制表样式的（后文笔者多有论述），有以姓氏为主的（纯研究姓氏，而发展成姓氏书），有一贯连叙的，即接近于笔者所描述的文字叙述谱。陈直先生认为《史记·自序》《孙叔敖碑阴》等当是家谱。陈爽先生也有类似的论断，其认为中古出土的大量的墓志，其中很多即是当时的家谱（或者可看成是当时的家谱）。[2] 因所据资料的不同，笔者部分赞同二位前辈的观点，敦煌出土的几部家谱，显然和墓志墓碑是有区别的，但笔者赞同前辈们论述的中古家谱和当时的墓志等有很大的联系，家谱的内容被大量引用在墓碑或墓志上，即大量存在引谱入志的情况。

宋前纯粹的谱牒，今天已经无存。随着研究的不断深入，我们在汉后的文集中，特别是对相关文集的注释中，发现了大量关于家谱存在的资料信息。如从《世说新语》及相关的《世说新语注》中可以发现，魏晋时期的谱牒，已经有了相关人物小传的描述及记载，当然这些皆以文字叙述为主。随着敦煌文物的不断出土，纯粹表格谱的形式也已经出现。可以简单地说，汉后的士族社会，家谱的发展较简单，修谱要么以文字叙述形式，要么以表格

---

① 陈直：《南北朝谱牒形式的发现及索隐》，《西北大学学报》1980 年第 3 期。

② 陈爽：《出土墓志所见中古谱牒探迹》，《中国史研究》2013 年第 4 期。

的形式，而两者结合于一部家谱中的情况，在唐以前的资料中还没有出现。

唐代是中国谱牒发展的一个高峰期，官修大型《氏族志》《姓氏录》及《姓系录》的出现，就是明显证明。此期私修家谱也同样繁多，笔者文中已经有相关论述。之所以说唐前目前还没见到文字叙述谱和表格谱的结合，是因为《全唐文》中于邵谱序的出现。不过于邵谱序应该为伪，这里就不再赘述。

但唐代确实出现了比如柳冲、刘知几这样的谱学专家。刘知几最先提出了家谱为家史的概念："高门华胄奕世载德，才子承家思显父母，由是纪其先烈，贻厥后来，若杨雄家牒殷敬世传，孙氏谱记陆宗系历，此之谓家史者也。"① 认为周代的家谱即有表："盖谱之建名起于周氏，表之所作因谱象形，故桓君山有云'太史公三代世表旁行斜正，并效周谱'，此其证欤②（谱名最初来源于周代，有谱的时候，谱中就有表，因现实生活中谱系由上到下排列像表格，由右向左排列也像表格，所以才有太史公效周谱，旁行斜上，有《三代世表》，甚至有十二诸侯年表等。）"认为谱牒之作，盛于中古："谱牒之作，盛于中古，汉有赵岐《三辅决录》，晋有挚虞《姓族记》，江左有两王《百家谱》，中原有《方思殿格》，盖氏族之事尽在是矣。"③《旧唐书》本传："知几自负史才，常慨时无知己，乃委国史于著作郎吴兢，别撰《刘氏家史》。"《刘氏家史》认为汉王为陆终苗裔，丛亭里诸刘为刘恺之后，二刘非一刘："长安四年，凤阁舍人刘知几撰《刘氏》（指《刘氏谱考》）三卷，推汉为陆终苗裔，非尧之后；彭城丛亭里诸刘，出自宣帝子楚孝王嚣曾孙司徒居巢侯刘恺（应作殷）之后，不承楚元王交。皆按据明白，（正）前代所误。虽为流俗所讥，学者服其该博。"④

瞿先生认为：柳芳的《姓系录》"人无所守则士族削；士族削则国从而衰……隋氏官人，以吏道治天下，人之行，不本乡党……故亡"的观点是错误的，柳芳把国家的衰落与士族的衰落归结在一起，认为隋亡于"以吏道治天下"，没有仅仅依靠士族；并认为六朝以前，谱学在官，唐宋而下，谱在

---

① ［唐］刘知几：《史通》卷十，《内篇·杂述》第三十四，影印《文渊阁〈四库全书〉》本。

② ［唐］刘知几：《史通》卷三，《内篇·表历》第七，影印《文渊阁〈四库全书〉》本。

③ ［唐］刘知几：《史通》卷三，影印《文渊阁〈四库全书〉》本。

④ 参见［宋］王溥《唐会要》卷三六，影印《文渊阁〈四库全书〉》本。

私家，唐代实谱学转变的关键时期之一；在唐代，"官之选举必由于簿状"已越来越不管用了，而"家之婚姻，必由于谱系"则叙述贴切；并认为唐史学大家刘知几和现实主义大诗人杜甫都不能摆脱庸俗门阀气味的影响；刘氏花巨大气力撰写《刘氏家史》十五卷和《刘氏谱三考》，虽为流俗所讥，学者服其该博；杜甫在诗中以东晋杜预为远祖而自豪，并反复吟咏自己作为陶唐后裔而骄傲；认同《宰相世系表序》"唐为国久，传世多，而诸臣亦各修其家法，务以门族相高"；认为唐宰相三百六十九人，凡九十八族，士族出身的宰相有一百二十五人，其余多为庶族出身的宰相；认为不仅士族地主热衷于修其家法，就是出身于庶族而登宰相之位者同样如此。这正是唐代私家谱牒能得到发展的社会根源，也是唐代之所以成为谱学由官谱向私谱转变的关键时期的历史原因之一。①

当然，唐代的私家谱牒中除了记录大量的本宗世系外，应该还会有相关氏族谱系的记载，《元和姓纂》虽是姓谱，但毋庸置疑参考了大量谱牒的内容，其中就包含了众多的远古世系的记载，如朱姓：颛顼之后，周封曹挟于邾，为楚所灭，子孙去"邑"以为氏；②吴姓：周太王子太伯、仲雍封吴，后为越所灭，子孙以国为氏。③颜真卿《世系谱序》也是如此："颜氏之先，出自黄帝之孙安，为曹姓；其裔邾武公，名仪父，字伯颜；子友，别封郳，为小邾子，遂以颜为氏，世为鲁国卿大夫。孔门达者七十二人，颜氏有八，回居四科之首。其后战国有率躅，秦有芝贞，汉有异肄、安乐，魏有斐盛。盛字叔台，历青徐二州刺史、关内侯。其后子孙咸著宦族，有若宏都之德行，巴陵记室之书翰，特进黄门之文章，秘监华州之学识。肇自鲁国，格于圣代，纷纶盛美，举集于兹。述遵前人，不敢失坠，建中元年（780）岁次庚申秋七月癸亥序。"④颜真卿从颜回开始，历数古代祖先有在书翰、文章、学识、德行方面有突出表现的人物，而对当时其本宗谱，在序中却少有提及，当是氏族谱的反映。

此时期因选官用人制度的需要，家谱可别选举，同时辨婚姻，家谱的

① 瞿林东：《唐代谱学简论》，《中国史研究》1981年第1期。
② ［唐］林宝：《元和姓纂》，卷二，十模，二五三页，岑仲勉校记，中华书局，1994年版。
③ ［唐］林宝：《元和姓纂》，卷三，十一模，二八三页，岑仲勉校记，中华书局，1994年版。
④ ［清］董诰等：《全唐文》卷337，中华书局，1983年版。

记录上，往往不像先秦时期，只记录父系世系，而往往把女子家的荣耀世系也记录家谱中以炫耀。虽然此时的家谱皆已经失传，但通过学者的研究，如上文所举晋朝的《华芳墓志》，当时的墓碑、墓志当大量引谱入志（碑）（陈爽先生语）①，墓碑上都记录有女方家的官职及显赫家世，家谱中笔者料想应该也有。家谱中除可记录女方的显耀外，唐代家谱当还记录有大量考辨的内容。以刘知几为例，刘知几修自家族谱，其探寻了汉王刘和丛亭里诸刘的姓氏来源不同，可见谱中当有考辨性质的内容出现，即谱辨。

笔者认为唐时的那些所谓的谱学大家，其平时用功之处当着于官修谱牒之中，尤其于姓氏理论、姓氏源流、姓氏考辨、地望考辨等见长，是为当时的别选举、辨婚姻服务的。后世皆言他们参与了修某某大型谱，而笔者认为这些则往往是变相的重复劳动，只不过是政治上的压力抬高一姓而压低另一姓并为其准备理论根据而已，而其真正落实到私家谱的编修时，水平应该少有发展进步。除刘知几谱中确切知道有谱辨而同时被记录于四库之中外，其他家谱编修，皆只能以目录学的形式存在于各种目录之中，我们提到唐代谱牒，也往往只提到唐代的大型官修谱，而很少有闻唐代私家修谱，包括其体例有没有创新，有没有新谱法的提出等等。如果把士族社会开始的时间确定为曹丕确定施行九品中正制时，而到唐朝结束，中间有七百多年的士族发展时间，社会是有了长足的发展，但就家谱编修水平来说，基本呈文字叙述及表格直列的交错发展中。一篇家谱，要么为纯文字叙述谱，要么为纯表格谱，发展算是平稳，但相较汉时《史记》《汉书》的文字和表格综合用在一块的高规格，其发展水平应该是呈下降趋势的，如欧阳修所言："唐之遗族，往往有藏其旧谱者，时得而见之，而谱皆无图，岂其亡之，抑前世简而未备欤？"②在欧阳修看来，唐代谱学编修水平，应该是下降的，编修方法太简单，从《世本》《史记》开始出现的表格图，竟然在唐谱中不存在（那些所谓的谱牒大家应该名不副实）。之所以出现这种情况和整体社会发展进步而不符的原因，肯定和宋前长达七百多年的士族选官用人制度有关，而这种

---

① 陈爽：《出土墓志所见中古谱牒探迹》，《中国史研究》，2013 年第 4 期。

② ［宋］欧阳修：《欧阳文忠公集·集本〈欧阳氏谱图序〉》（《欧阳氏谱图》为外集卷第二十一，《欧阳文忠公集》七十一），宋庆元二年周必大刻本，中国国家图书馆藏。同见于中华再造善本数据库。

选官用人制度的存在，必须使家谱编修尽量简单化、纯净化、实用化，从而容易甄别，便于选举，甚至便于引谱入史或引谱入志（墓志、墓碑）。可以说，唐代以前，很少能见到鸿篇巨制的家谱，其记录内容单一，记录方式要么世系图或者即是文字叙述（表格图谱较少，目前只见敦煌出土的三篇，其余皆为纯文字叙述谱），其中记录有小传，后期也会有谱辨，最多还会有谱序（笔者未曾在任何正史或文集中见到引用过唐前的家谱谱序，笔者推测唐前家谱应该谱序很少，但之前又有司马迁的《太史公自序》，故笔者相信唐前家谱中可能会偶尔有。当然明清时期编修的家谱中，会有众多唐前名人所作的谱序，这又另当别论），当然，入宋后，情况就大不一样了（唐前只是引谱入史或引谱入志，从不见反过来的情况，从不见引史入谱、引志入谱、引墓入谱、引祭入谱等；入宋后，随着庙制不立，礼制松弛，文人又处于宽松的政治环境，这些内容皆被逐渐引入到家谱之中），这一点，请看笔者在后文中论述。

第三节　宋代家谱编修的时代背景及家谱功能的转型

一、宋代家谱编修时代背景

自隋唐而上，官有簿状，家有谱系。官之选举必由于簿状，家之婚姻必由于谱系。历代并有图谱局，置郎令史以掌之，仍用博通古今之儒，知撰谱事。凡百官族姓之有家状者则上之，官为考定详实，藏于秘阁，副在左户。若私有滥，则纠之以官籍，官籍不及，则稽之以私书。此近古之制，以绳天下，使贵有常尊，贱有等威者也。所以人尚谱牒之学，家藏谱系之书。自五季以来，取士不问家世，婚姻不问阀阅，故其书散佚而其学不传。[①]

郑樵的论述为后人所认可，但笔者以为"故其书散佚而其学不传"之语有待讨论，对于谱牒之学，宋初可能处于短暂的适应期，但很快随着正史的编撰，特别是《新唐书·宰相世系表》的深入编修，逐渐显示出了政府对士大夫谱牒编修的重视。

---

① ［宋］郑樵：《通志》卷25《氏族略·氏族序》，影印《文渊阁〈四库全书〉》本。

常建华在《宗族志》里引用了江西宜春《袁邑刘氏族谱》卷一所载《宋真宗敕文武群臣修家谱诏》：

朕闻古者因生赐姓，故有著姓氏之书，别类分门，爰命司姓氏之职，其有关于世教之大者，莫若谱也。皇帝二世，而颛顼三世，而高辛四世，而尧、舜、禹之先出于昌意，汤之先出于契，文武之先出于稷，帝王世系固已甚明。汉起沛中，出帝尧之苗裔，秦发陇西，实皋陶之派系。迨至我朝，源于伯益，振于涿郡，太祖皇帝肇造区夏，应天生圣人祝；太宗皇帝继登大宝，符太平天子之祥。仙源积庆，天派攸分。膺前代禅授之宜，接上世统历之正。尔在朝文武百官，亦必各有源委，宜各述祖宗本末，以进朕省览，以知我朝人物之盛。呜呼，源之深者流必长；叶之沃者光必华。秩秩昭穆，则知祖宗之有自；绳绳世系，实衍谱牒于无穷。故此昭示，咸使闻知。

天禧五年（1021）辛酉□月□日谱诏[①]

这则谱诏的真伪有待论证，但考虑到宋真宗时阶级矛盾已经显露，农民起义已经爆发，民族矛盾已经突出，其不得已为维护国家的统治而东封西祀，这则谱诏之来也不应该是空穴来风，不久欧阳修、王安石、苏洵等即修谱，应该是得到政府的鼓励；同时，宋代以前的家庙制度，经过五代时期的战乱，遭到破坏。宋朝政府曾努力修复家庙制度，但因时过境迁，始终未能建立符合实际的庙制，可以说，整个有宋一代，应该说是庙制不立[②]，而尊祖敬宗又是人心所向，且宋朝施行重文轻武，重视文官，政治生活环境相对宽松，于是士大夫们纷纷有限度地尝试各自尊祖敬宗的方式，编修族谱即是其中之一。

二、宋代家谱功能的转型及家谱以内容记录为角度的定型标准

（一）宋代家谱功能的转型

日本学者多贺秋五郎关于"宋元时期是中国宗族的转变时期，也是古谱

---

① 转引自王鹤鸣《中国家谱通论·经编》，第110页，上海古籍出版社，2010年版。

② 常建华：《宗族志》，第82页，上海人民出版社，1998年版。

与近世谱的转变时期"的观点，笔者深以为许。宋元在敬宗收族的功能下，随着宋元庙制不立，特别是元代时的礼制荒疏，家谱编修内容逐渐加入了墓制及祠堂祭祖方面的内容而逐渐趋于定型。笔者认为古谱与近世谱功能的变化才引起了记载内容的变化，原来家谱是服务选举与婚姻，只要血缘清楚即可；宋后为了敬宗收族，专注于宗族内部事务，从而扩大了家谱内容收录范围，逐步涉及墓制丧礼系统及祠堂祭祀系统，但这一切的根本是因为古谱发展到近世谱其功能由"别选举、辨婚姻"而转变为"敬宗收族"的原因。

（二）体例创新与家谱定型

无可否认，宋代欧苏谱例（谱法）为以后历代修谱典范，甚至以现在系统论的科学观来看，正是因为欧苏谱法的出现，才史谱牒修撰方法有较好的现成的套路可寻、可依靠。这其中，欧苏居功至伟。

但欧苏对谱牒的巨大贡献应该有很多夸大的成分，一方面是因为欧苏作为古代典型的士大夫编修族谱本身有很大的号召力，另一方面更重要的是其二人保存族谱的方法很特别，别人都是把家谱放在家中柜子里或家庙龛物上，而其二人则把它们放入自己的文集中，随着文集影响力的不断扩大，欧苏谱法相应也影响更深入。

从实质上看，欧苏体例（谱法）只是众多编修家谱方法中的两种体例（谱法），即欧阳修谱法和苏洵谱法，我们完全可以相信宋代还有其他士大夫编修的族谱，可能其族谱编修方法很好，甚至超过欧苏，但可惜没有流传下来。

即编修族谱的方法不但很多，更是可以不断改变不断创新，欧苏谱法只是其中的两种，换句话来说只是两种编修形式而已，我们不能因为编修方法的创新而就认为是家谱的转型，宋元明清时期我们即可发现多种家谱编修方法，现在家谱的编修方法更多！所以笔者认为家谱的定型与转型，当以家谱编修所记录的内容来决定，即是形式与内容的关系谁更重要的问题，是形式为王、还是内容为王的问题。

另外欧苏谱法汉代时《史记》《汉书》中已有之，其二人只是在具体的编修细节上做了规定，严格起来并不算创新，这些将在正文中论及。

笔者认为家谱编修内容为王，故笔者论证家谱的定型当以家谱编修所记录的内容为判断标准。

（三）编修方式与家谱定型

家谱的编修方式分为官修和私修，若以此方式来判断宋代为中国家谱的定型期，简明易懂：宋前官私皆修；宋后官谱废、私谱兴。但此法没有多少实用价值。

（四）家谱编修内容与家谱定型

一部家谱，其核心应该是对其宗族史的记录。宗族史毋庸置疑是以宗族中的人物为主，可以说，一部家谱既是这支宗族的宗族史，也可以说是这支宗族的人物史。既然是人物史，肯定有其生前荣耀、死后哀荣的记录，但宋前家谱往往将生前状况列为家谱，而将死后哀荣列为祭祀系统而分开进行，即生前相关内容用家谱记载，死后用墓祭、祠堂、墓表、墓志铭、敕封等单门的一套系统来进行（或为丧礼系统，或为祭礼系统）。

这样显然和近世家谱是不一样的。这中间的明显分水岭即宋元之际。但宋代处于把生前和死后情况融合为一体（而成家谱）的徘徊期。以欧阳修为例，其家谱第一版记录了几处相关人物的埋葬信息，但第二版却对所有墓葬信息没有任何文字记录及介绍，表现了家谱记录生前和死后情况的徘徊思想。当然，宋代也出现了家族修谱中记录了相关埋葬信息，但这是个别的、为数不多的情况，到元代后，随着大规模、群体性的出现家谱中既记录宗族人物生前状况，又记录相应人物死后信息，特别是以徽州为代表，为后世家谱内容编修提供了思想方向，元代属于家谱定型期当之无愧。当然元代家谱由于是定型初期，其家谱中记录相应人物死后的情况内容还不是很多，但已经占有重要位置（见论文），进入明清后，随着墓表、墓图、墓志铭、墓记甚至墓谱等等新体例的不断涌现，从而表现了家谱繁盛时期的面貌，此时的家谱内容几乎无所不包，俨然成了家族史的百科全书，但皆可划分为两部分，一部分为"生"的部分，一部分为"死"后的部分。而此种标准的发轫当起于宋，成熟定型于元。

由此笔者认为判断家谱的定型标志，应该以家谱所记录的内容为主，此家谱定型标准是在宋代家谱功能由之前的"别选举、辨婚姻"而到宋时转变为"敬宗收族"时才发生的，是在宋元庙制不立，家谱扩大编修内容的基础上最终实现的。

（五）家谱发展分期划分

关于家谱发展的分期划分，目前学界主要有以下几种方式：

罗香林《中国族谱研究》中认为中国家谱经历了四个时期：周代至汉代的肇始与初创时期；魏晋至隋唐的官修主流时期；宋明谱学地位外表降落，而内容日富的趋向转变期；清代谱牒名位已衰而修撰盛兴时期。[①]

冯尔康《中国宗族制度与谱牒编纂》中认为中国谱牒发展经历了六个时期：一、先秦官修谱牒的萌生；二、两汉私家谱书的出现；三、魏晋南北朝官修谱牒的黄金时代；四、隋唐官修谱牒的转型过渡时期；五、宋元时期私修谱牒体例的定型；六、明清私修族谱的发展。[②]

常建华《宗族志》中认为可分三个时期：一、谱牒的起源（1.氏族谱系；2.家族谱系；3.周代的谱牒）；二、官修姓望合谱与私修家谱的盛行（1.汉代谱牒的兴起；2.魏晋南北朝时期的合谱；3.唐代的姓望氏族谱）；三、新型私修家谱的发展（1.宋代出现的新型族谱；2.元代族谱的内容充实；3.明代族谱体例的完善；4.清代族谱的形态）。[③]

王鹤鸣《中国家谱通论》为皇皇巨著，值得笔者把其主要内容全部罗列如下：

一、中国家谱的起源（1.中国家谱起源于母系氏族社会；……6.青铜家谱），二、中国家谱的诞生（1.周代完整系谱的出现；……4.汉代谱学的发展）；三、中国家谱的兴盛（上）（1.魏晋南北朝家谱兴盛的原因；2.谱学著作和谱学世家；3.家谱内容和特点）；四、中国家谱的兴盛（下）（1.唐代官修谱牒发展的原因；……7.唐代皇族谱牒）；五、中国家谱的转型（1.宋代官修公谱废绝、私修家谱兴盛；……7.呈过渡形态特征的元代家谱）；六、中国家谱的完善（1.明代家谱数量大幅上升；……7.程敏政的谱法与谱辨）；七、中国家谱的普及（1.清代、民国时期家谱体例与明代比较；……8.孙中山的三篇谱序）。

显然，罗香林先生是从家谱发展有关名教盛衰趋势上来划分的；冯尔康先生是从古代官府和民间编纂的角度，即家谱的编修方式上提出的划分法；

---

① 转引自冯尔康《中国宗族制度与谱牒编纂》，第16页，天津古籍出版社，2011年版。

② 冯尔康：《中国宗族制度与谱牒编纂》，第253—276页，天津古籍出版社，2011年版。

③ 常建华：《宗族志》，第221—300页，上海人民出版社，1998年版。

常建华先生是从官私修的角度，即也是家谱编修的方式上提出的划分方法；王鹤鸣先生是从家谱产品推广角度（姑且把家谱当作企业生产的产品，笔者认为这样容易理解）来对家谱分期进行了划分，此四位大学者，由于站在不同的角度、不同的立场上，持不同的标准，而提出了各自不同的划分方法。笔者深受启发，因长期从事家谱具体编修内容的研究，在家谱编修内容的角度上来看家谱，笔者发现了和前四位大家划分不同的另一种方法（朝代对应记录内容及定型期）。

1. 汉前	2. 魏晋南北朝隋唐	3. 宋元	4. 明清
1. 生前荣耀	2. 生前荣耀	3. 生前荣耀，引入丧祭，定型（宋探索期，元定型期）	4. 承接宋元，成百科全书

第四节　欧苏对家谱编修的探索

一、苏洵谱法探析[①]

众所周知，欧（阳修）苏（洵）谱法在中国谱牒史上占有重要地位，对后世影响深远。欧苏谱法中，欧法的探讨较多，而苏法研究尚未见过专文。清初万斯大曾言"世之为谱者，多从欧阳而不从苏氏"[②]。鉴于此，笔者尝试通过分析苏洵所著族谱[③]和后世其他家族用其法所修多部族谱为资料，探讨苏洵谱法之具体内容及后世修谱时模仿苏洵谱法不多的原因，以期方家指正。

（一）苏洵与"高祖之子孙家授之谱"

苏洵所修之族谱中，"高祖之子孙家授之谱"最主要体现在其《族谱后录·上篇》一文内：盖高祖之子孙家授一谱而藏之，其法曰：凡嫡子而后得为谱；为谱者，皆存其高祖而迁其高祖之父；世世存其先人之谱，无废也；而其不及高祖者，自其得为谱者之父始；而存其所宗之谱，皆以吾谱冠焉。[④]

---

① 转引自拙作《苏洵谱法探析》，《安徽史学》2016 年第 6 期。

② ［清］万斯大：《宗法（八）》，《学礼质疑》卷 2，清刻本。

③ ［宋］苏洵：《嘉祐集》卷 13，宋刻本，上海图书馆藏。同见于中华再造善本数据库。

④ ［宋］苏洵：《族谱后录上篇》，《嘉祐集》卷 13，第 4 册第 12 页，宋刻本，上海图书馆藏。同见于中华再造善本数据库。

由此可知其修谱方法包括五项内容：凡嫡子而后得为谱；为谱者皆存其高祖而迁其高祖之父；世世存其先人之谱；其不及高祖者，自其得为谱者之父始；所宗之谱，皆以吾谱为冠。苏洵自己的族谱，是否按照此法修纂呢？答案是否定的。可对此五条逐一分析。

首先是"凡嫡子而后得为谱"，就是只有嫡子才可以修谱。由苏洵《谱图》可知，苏洵不是嫡子[①]。苏洵父为苏序，生子三，长子澹、次子涣、三子为洵。洵为庶子，按此条，他可以不修谱。

但是苏洵修族谱有其自己的理由，直接原因是担心自己族人会有相视如途人的危险："无服则亲尽……吾之所与相视如途人者，其初兄弟也，兄弟其初一人之身也。悲夫，一人之身分而至于途人，此吾谱之所以作也。"[②] 其次是认为其乡俗以前很好，现在不复有，不修族谱无以示乡党邻里："乡有庠、里有学，而学道者赴于其家……今吾族人，犹有服者不过百人，而岁时蜡社不能相与尽其欢欣，爱洽稍远者至不相往来，是无以示吾乡党邻里也，乃作苏氏族谱。"[③]

苏洵修族谱也是其作为士大夫的情怀使然。宋代的士大夫，往往都有胸怀天下的情怀。苏洵曰："自秦汉以来，仕者不世，然其贤人君子犹能识其先人，或至百世而不绝，无庙无宗而祖宗不忘、宗族不散，其势宜亡而独存，则由有谱之力也"，而"盖自唐衰……谱遂大废"[④]。谱废的结果势必会造成贤人君子不能识其先人，祖宗会忘记，宗族会散失，从而对社会不利。这是苏洵所不愿看到的。他在修成族谱之前，应深受欧阳修《题刘氏碑后》[⑤]

① ［宋］苏洵：《谱图》，《嘉祐集》卷13，第4册第11页，宋刻本，上海图书馆藏。同见于中华再造善本数据库。

② ［宋］苏洵：《苏氏族谱（引）》，《嘉祐集》卷13，第4册第11页，宋刻本，上海图书馆藏。同见于中华再造善本数据库。

③ ［宋］苏洵：《苏氏族谱亭记》，《嘉祐集》卷13，第4册第18页，宋刻本，上海图书馆藏。同见于中华再造善本数据库。

④ ［宋］苏洵：《谱例》，《嘉祐集》卷13，第4册第10页，宋刻本，上海图书馆藏。同见于中华再造善本数据库。

⑤ 按：据笔者考证，《题刘氏碑后》即《后汉太尉刘宽碑阴题名》（苏洵后还没有学者发现《题刘氏碑后》之文的具体内容）。见欧阳修《集古录·跋尾》卷2，《欧阳文忠公集》一百三十五卷，宋庆元二年周必大刻本，国家图书馆藏，第38册第17页。同见于中华再造善本数据库。

文影响，他赞同欧阳修文中观点：士生于世，仅能识其父祖，其无异就是禽兽。自己作为典型的士大夫，当然不能昧世德之远近，而让宗族散失，对社会不利，所以他才同欧阳修一起，"将（修谱事业）天下举，不可无也"，并在自己族谱末"附以欧阳公《题刘氏碑后》之文，以告当世之君子，盖将有从焉者"①。

其次是"为谱者皆存其高祖而迁其高祖之父"，即族谱五世则迁，第六世溢出。事实上，苏洵自己所修的《谱图》②上第六世没有溢出。《族谱后录上篇》中上追先祖至高阳之子苏称，然后至苏老童，然后至祝融之弟吴回，"盖自昆吾樊至司寇忿生……自益州长史味道至吾之高祖，其间世次皆不可纪"。这句话可看成是介绍苏氏族姓来源，告诉我们从唐武则天时的宰相苏味道至苏洵之高祖，其间世系不知道，不可纪。类似的还有"高祖之上不可详矣"。可见苏洵族谱谱自高祖，高祖之父（第六世）不是故意溢出，而是因为高祖之上的世系"不可纪""不可详"而没法谱。而且苏洵也没有按照此法修谱。苏洵认为："始可以详之矣！百世之后，凡吾高祖之子孙得其家之谱而观之，则为小宗。得吾高祖之子孙之谱而合之，而以吾谱考焉，则至于无穷，而不可乱也。"把众多高祖之子孙所修的家谱合起来，用吾所修的家谱作为参考，可以至于无穷。既然能拿来用作众高祖之子孙合谱的参考，很显然苏洵之谱本身也应至于无穷，而不可能是五世则迁，第六世将溢出。

再次是"世世存其先人之谱"。苏洵（家族）很显然没有做到这一点。苏洵自言"洵始为族谱"③，"昔吾先子（即洵父序）尝有言曰：'吾年少而亡，吾先人先世之行，吾不及有闻焉，盖尝闻其略。'"④苏洵所修之谱，应是此门苏氏的始修谱，其世系是在其父亲的回忆下完成的，但其父亲一次也没提到其家之前有族谱。

---

① ［宋］苏洵：《谱例》，《嘉祐集》卷13，第4册第10页，宋刻本，上海图书馆藏。同见于中华再造善本数据库。
② ［宋］苏洵：《谱图》，《嘉祐集》卷13，第4册第11页，宋刻本，上海图书馆藏。同见于中华再造善本数据库。
③ ［宋］苏洵：《族谱后录上篇》，《嘉祐集》卷13，第4册第14页，宋刻本，上海图书馆藏。同见于中华再造善本数据库。
④ ［宋］苏洵：《族谱后录下篇》，《嘉祐集》卷13，第4册第15页，宋刻本，上海图书馆藏。同见于中华再造善本数据库。

"其不及高祖者，自其得为谱者之父始"，由苏洵《谱图》可知苏洵世系：苏釿→苏祐→苏杲→苏序→苏洵→苏轼、苏辙。显然苏洵明确知道高祖及高祖以下的世系，而高祖以上的世系不知道而没法谱。

"所宗之谱，皆以吾谱为冠"，由"盖高祖之子孙家授一谱"之语可知，高祖之子孙家授之谱，是作者苏洵在怀疑、猜测的语气下说出的，此谱或许有，或许只是出于作者虚构。从上下文的行文看，苏洵压根就没见过此谱，所以也就不可能以那个谱为冠了。

由此可见，苏洵"盖高祖之子孙家授之谱"的谱法有五条，而苏洵修自家族谱时，一条也没遵照此五条谱法。

（二）苏洵修谱所用之谱法

苏洵曰："苏氏族谱，小宗之法也，凡天下之人，皆得而用之。"[1] 他的小宗谱法和上文高祖之子孙家授之谱的小宗谱法是不一样的。

首先分析苏洵《谱图》。从其《谱图》我们可以得出苏洵世系图为横向制表，共六行，每行记一世，每世记录此世的所有男性，世系为纵向，从上往下记录了六世，每子必录，没有儿子的记为无嗣。

其次，苏洵言："谱为苏氏作，而独吾之所自出得详与尊，何也？谱吾作也"[2]，意思是家谱虽曰苏氏族谱，但是"我"苏洵自己作的，所以就"吾之所自出得详与尊"，或"详尊吾自所出"（《苏氏族谱（引）》中有"详吾之所自出"和"尊吾之所自出"之语）。具体表现是《谱图》中生下他的这一支，既"得详"又"得尊"。"得详"是把所记之人的仕宦、娶妻、享年、卒日等情况都在谱图中用小字注出；"得尊"是把他这一支的名字前面都用"讳"字。如：（高祖）讳釿，不仕，娶黄氏，享年若干，七月二十六日卒；（曾祖）讳祐，不仕，娶李氏，享年五十四，七月三十日卒；（祖）讳杲，不仕，娶宋氏，享年五十一,六月八日卒；（父）讳序，仕至大理评事，娶史氏，享年七十五,五月十一日卒。当然，除了这几人得详与得尊外，其余人只是简单记录下名字而已。

---

① ［宋］苏洵：《大宗谱法》,《嘉祐集》卷 13，第 4 册第 16 页，宋刻本，上海图书馆藏。同见于中华再造善本数据库。

② ［宋］苏洵：《苏氏族谱（引）》,《嘉祐集》卷 13，第 4 册第 10 页，宋刻本，上海图书馆藏。同见于中华再造善本数据库。

同时，苏洵认为："高祖之上不可详矣，自吾之前而吾莫之知焉，已矣；自吾之后而莫之知焉，则从吾谱而益广之，可以至于无穷。"①高祖之上的世系，到现在已经不知道了；自吾之后的世系，如孙子辈、重孙辈等的世系，目前无法知道（可能还没出生），现在修谱只能从所知道的高祖这一世开始谱起，至第六世结束。但"从吾谱而益广之"，顺着此谱修下去，"可以至于无穷"。可见苏洵修谱，目的即是奔着无穷世系去的，而不可能仅仅考虑眼前的五世或六世。由此，我们发现"洵始为族谱，以纪其族属。谱之所记，上至于吾之高祖，下至于吾之昆弟"这句话有误，"昆弟"当为"子弟"，族谱不可能只记录于自己所在的那一代。概论起来，苏洵的小宗谱法应是：从所知道的第一世开始向下谱起，分代记录所有世系的所有儿子，并且把自己这一支记录得详且尊。此即欧苏谱法中的苏法。很显然此谱法不是五世则迁，第六世溢出，也不可能从这些世系中溢出一世。

（三）"谱之所记，上至于吾之高祖，下至于吾之昆弟"辨

苏洵曰："洵始为族谱，以纪其族属，谱之所记，上至于吾之高祖，下至于吾之昆弟。"②苏洵此语简明易懂，但此语和前后文有矛盾，值得商榷，不应是苏洵小宗谱法中的内容。

汪时鸿《旌德板桥派汪三省堂第三房谱序》中有"东坡年已二十老泉不列于谱"③的记载，此应是苏洵"谱之所记，上至于吾之高祖，下至于吾之昆弟"最有力的佐证。笔者可以断定汪时鸿此处理解错误。以常识判断，苏洵修谱时苏东坡年已二十，他不可能不把他列入自己所修的谱中。上海图书馆藏宋刻本《嘉祐集》卷十三之《谱图》中明确记载洵子：轼、辙。当然，汪时鸿的理解不是孤例，影印《文渊阁〈四库全书〉》本《嘉祐集》卷十三之《谱图》中苏洵二十四个侄子分别被清楚记载，但苏洵自己朝下的世系却为空格，没有记其二子。这很让人费解，或许这也是后世误解苏洵谱法的原因之一。

① ［宋］苏洵：《族谱后录上篇》，《嘉祐集》卷13，第4册第12页，宋刻本，上海图书馆藏。同见于中华再造善本数据库。

② ［宋］苏洵：《族谱后录上篇》，《嘉祐集》卷13，第4册第12页，宋刻本，上海图书馆藏。同见于中华再造善本数据库。

③ ［宋］汪时鸿：《旌德板桥派汪三省堂第三房谱序》，《旌德板桥汪三晖堂家乘》，民国十六年（1927）铅印本，上海图书馆藏。同见于中华再造善本数据库。

但无论如何，苏洵此语应为苏洵的误句，错误之处上文已多有论述，应改为"上至于吾之高祖，下至于吾之子弟"。其实，遍览苏洵之谱，我们还可发现其他前后意思不一致的地方，如："唐神龙初，长史味道刺眉州，卒于官。一子留于眉，眉之有苏氏自是始，而谱不及焉者，亲尽也。亲尽则曷为不及？谱为亲作也。"[①] 这句显然和上文分析的"自益州长史味道至吾之高祖，其间世次皆不可纪"和"高祖之上不可详矣"两语相矛盾。如上文分析，苏洵之所以修谱，其中一条重要原因，即怕由当初一人之身而分的众后代成为途人，而这一句"谱为亲作也"，显然和此原因（或可理解为"谱为怕兄弟成途人而作也"）前后又相矛盾。是无服亲尽就不谱，还是把由一人之身而分的众后代全部谱，这很容易让后人纠结。如果认为苏洵修谱只修五世，则"谱为亲作也"顺理成章，但苏洵修谱不可能这样（光其《谱图》就记载了六世）。我们不能因为苏洵认为"无服则亲尽"就认为他修谱只修高祖至昆弟的五世。他确实认为"无服则亲尽"，但作为无服的五代以上的世系他还是想修的，不然就会任由他们成途人了！所以"谱之所记，上至于吾之高祖，下至于吾之昆弟"不能作为苏洵小宗谱法的内容。笔者认为苏洵之《苏氏族谱》中几部分内容，作者应作于不同时间，有时文章随性而起，实属正常，但其小宗谱法的大致方向、基本内容是不会变的，偶尔两处的前后不　致，并不能影响苏洵所修之族谱在谱牒史中所占的重要地位。

　　（四）苏洵大宗谱法

　　苏洵在《谱例》中说道："而其本出于赵郡苏氏，以为《苏氏族谱》，它日欧阳公见……洵于是又为大宗谱法，以尽谱之变。"由此可知，苏洵的《大宗谱法》[②]之文是在其修完族谱后（补）著的，其谱法具体内容是：大宗之法，冠以别子，由别子而列之，至于百世而无穷；皆世自为处，别其父子而合其兄弟；父子者无穷者也，兄弟者有穷者也，无穷者相与处，则害于无穷，其势不得不别；然而某之子、某某之子，某则是犹不别也，是为大宗之法云尔。

　　苏洵认为，一族之中，兄弟关系是有穷的，父子关系则是无穷的；若族

---

① ［宋］苏洵：《苏氏族谱（引）》，《嘉祐集》卷13，第4册第10页，宋刻本，上海图书馆藏。同见于中华再造善本数据库。

② ［宋］苏洵：《大宗谱法》，《嘉祐集》卷13，第4册第16页，宋刻本，上海图书馆藏。同见于中华再造善本数据库。

谱只记载无穷的父子上下纵向关系，则会对横向的兄弟关系表现出轻视，甚至忽略，这样反过来会对上下纵向的父子关系产生不好的影响（如缺漏、紊乱等），所以"其势不得不别"。

反映在具体的谱图中，其大宗谱法为横排向左无限延伸，记录所有世系及每一世系的所有儿子，并严格区分适子和庶子。可想此法表面上看很容易，纵向的父子关系、横向的兄弟关系都能照顾到，但实际操作起来却很难，不符合世系朝下发展的心理趋势；更由于"凡今天下之人，惟天子之子与始为大夫者，而后可以为大宗，其余皆否。独小宗之法犹可施于天下，故为族谱，其法皆从小宗"。① 所以后世家族修谱没有一家用其大宗谱法，目前为止笔者连模仿的都未曾见过。当然后世族谱中若有修谱依欧、苏（体例）者，其模仿苏洵谱法皆应是指模仿苏洵之小宗谱法。

（五）后世模仿苏法不多的原因

苏洵大宗谱法后世没有家族模仿，其小宗谱法后世模仿的也不多。从其小宗谱法的具体内容可以看出，要求所有世系、所有儿子都要记录，随着世系的推衍，势必越没法记录，操作起来太难。其实综合起来看，苏洵小宗谱法和其后（补）写的大宗谱法，有太多的相似之处，只不过其大宗谱法是向左无限延伸以至于无穷，而其小宗谱法是向下无限延伸以至于无穷，大宗谱法更难具体操作而已。

不过后世还是有模仿苏法进行修谱的，只是在用苏法时往往都参照欧阳修"别而自为世者，各系其子孙"② 的方法对其进行了改进后才用，即把自己的近亲重点记录，把其他不重要的支系要么另记，要么不记。用此变体改进后的谱法比较典型的例子是清代的《蔡氏族谱》③，其谱图第一面记录了十一世，底部太大，成大的金字塔形，几乎记录不下；然后第二面从第十一世中重新选定一人，又记录了八世，显然又记不下；然后又重新记录一人，第

---

① ［宋］苏洵：《族谱后录上篇》，《嘉祐集》卷13，第4册第14页，宋刻本，上海图书馆藏。同见于中华再造善本数据库。

② ［宋］欧阳修：《（集本）欧阳氏谱图序》附录小字末尾部分，《欧阳文忠公集》外集卷21，第19册第68页，宋庆元二年周必大刻本，国家图书馆藏。同见于中华再造善本数据库。

③ ［清］《蔡氏族谱》，清嘉庆二十二年（1817）蔡佛赐钞本，安徽师范大学徽州文化研究中心谱牒库藏。

三面接着记（其实是为了单表这一支）。另外由于想更容易记录小传的原因，有的族谱甚至每页只记录一行，第一页从右到左可能记录从一世到八世，第二页有可能记九世到十三世不等，每世只记录一人，每人都记录小传，世系一掼到底，这是把苏氏谱法变体用得最凝练的一种（当然这种一世只记一人的记录世系方法是极不科学的，往往会造成上代不是亲爹或下代不是亲子的情况），如清代的《碧山李氏宗派谱》①。

当然，后世学者可能会认为苏洵文中高祖之子孙家授之谱，应是苏洵托物言志的用法，此谱是不存在的；或者其就是苏洵所修之谱，且实际并没有与昆弟之子对话，所有的对话只是苏洵自言自语而已，目的就是借这些形式，告诉世人他所修的家谱谱法即是"凡嫡子而后得为谱……皆以吾谱冠焉"。笔者从事家谱研究以来，还真没有发现一部家谱是像高祖之子孙家授之谱"五世则迁，六世溢出"的。苏洵修谱是想修至无穷世的，他不可能用的是高祖之子孙家授之谱的谱法。

清人万斯大曾对苏洵谱法与欧阳修谱法进行比较和评价：

自宋以来，为族谱者首欧阳氏、苏氏。……苏谱明言从小宗之法，故其谱自高祖而下，而高祖之父遂迁。两家所本则同，而其异者，欧谱则别为世者，上承高祖为玄孙，下系玄孙为高祖，凡世再别，而九族之亲备，是其谱世增而不世变；苏法，凡族人嫡子，易世皆自为谱，同高祖者其谱同，迁高祖之父而世存先谱，子孙得和而考之，其谱世迁而世变。要而观之，欧谱合收而易考，苏谱散见而难稽。故世之为谱者多从欧阳而不从苏氏②。

其实这种评价有多处错误。首先是"其谱自高祖而下，而高祖之父遂迁"。苏洵因高祖之上的世系"不可纪"，只能从高祖开始谱起。这不是苏洵为小宗谱法而特意为之的；"高祖之父遂迁"也是如此，他不是想"迁"高祖之父，而是高祖之父"不可纪"。其次是"凡族人嫡子，易世皆自为谱，同高祖者其谱同，迁高祖之父而世存先谱，子孙得和而考之，其谱世迁而世变"。这是苏洵"高祖之子孙家授之谱"的谱法，而不是苏洵自己所修族谱的谱

---

① ［清］《碧山李氏宗派谱》，清宣统元年（1909）李培芳钞本，安徽师范大学徽州文化研究中心谱牒库藏。

② ［清］万斯大：《宗法（八）》，《学礼质疑》卷二，清刻本。

法。当然，凡族人嫡子皆修谱，无论放在哪个朝代、哪个姓氏，都是不可能实现的。最后是"苏谱散见而难稽"。资料的"散见"对任何家族修谱都是一样的情况，"难稽"应改为"难录"。世系繁衍越多，实在难录；而如果全部子孙都录上之后，只需一谱即可稽查所有世系，相比较应是"易稽"而非"难稽"。

但是"世之为谱者多从欧阳而不从苏氏"倒是真的，安徽师范大学徽州文化研究中心谱牒库中仿照苏法所修的族谱就很少，上文提到的《蔡氏族谱》和《碧山李氏宗派谱》算是典型代表。

总之，在我们后世的学者中，经常提到古代流传下来的谱法范式有"欧法"和"苏法"，此"苏法"不是指苏洵之大宗谱法，也不是指苏洵"高祖之子孙家授之谱"的谱法，而是指苏洵修自修家族谱时所用的小宗谱法。此小宗谱法具体操作时很难，后世模仿此法修谱的不多，而这些"不多"中，也都是对此谱法进行相应变体改进后才用的。

二、欧阳修谱法及其对家谱编修内容的探索

对于《欧阳氏谱图》中欧阳修修谱谱法的研究，目前学界已多有研究[①]，有些学者认为欧阳修谱法为"五世一提，各详其亲"，有些学者认为只有"五世一提"，有些学者认为"非为五世一提，而主要是用表以记世次，以牒注行实，做到详近疏远，注重始迁之祖"。笔者部分赞同这些学者的观点，现拟在占有大量材料的基础上，提出自己的看法。

（一）欧阳修族谱主要内容

欧阳修（1007—1072），字永叔，号醉翁，又号六一居士，谥文忠，庐陵人。其既是伟大的文学家、史学家，又是位卓著的谱学专家，其谱学思想最主要体现在其所修的《欧阳氏谱图》中。笔者查南宋庆元二年周必大刻本《欧阳文忠公集》，[②]发现《欧阳氏谱图》共有两部，分为石本谱和集本谱。

---

① 相关论文有，王鹤鸣：《国宝〈欧阳氏谱图序〉简介》，《图书馆杂志》2003 年第 4 期；余敏辉：《〈欧阳氏谱图〉初探》，《淮北煤炭师范学院学报》2003 年 10 月；李红：《欧阳修与谱牒学》，《档案》2009 年第 1 期；安国楼：《中国家谱中的"欧苏法式"探讨》，《郑州大学学报》1998 年 9 月；鲍永军、仓修良：《论欧阳修的谱牒学贡献》，《社会科学战线》2007 年第 6 期。
② ［宋］欧阳修：《欧阳文忠公集》，《欧阳氏谱图》为外集卷第二十一，《欧阳文忠公集》七十一，宋庆元二年周必大刻本，现藏国图。同见于中华再造善本数据库。

影印《文渊阁〈四库全书〉》本中《欧阳氏谱图》为欧阳修石本谱,内容包括：石本《欧阳氏谱图序》《谱图》《谱后小传》(即谱后世系录,笔者暂命名)和《谱例》共四部分。集本谱在南宋周必大刻本《欧阳文忠公集》中,内容包括：集本《欧阳氏谱图序1》(笔者暂命名)、集本《欧阳氏谱图序2》(笔者暂命名,此为序1后附录的小字部分)、谱图、《欧阳氏谱图后跋》(笔者暂命名)和《谱例》共五部分。① 此两部家谱都存在于南宋周必大的刻本中,石本在前,集本在后。笔者猜测,清人在编辑《四库全书》、录入欧阳修著作时,因其两部家谱内容多有相同,故选石本谱入四库,而舍去了集本谱。笔者认为欧阳修两谱内容差别很大,《四库全书》未选录集本谱,很让人遗憾!

石本谱和集本谱,谁编修时间在前、谁编修在后的问题,笔者曾认真追寻过。周必大刻本中,石本刻录于前,集本刻录于石本之后;苏洵《族谱引》曾言"其本出于赵郡苏氏,以为《苏氏族谱》,它日欧阳公见而叹曰：'吾尝为之矣。'出而观之,有异法焉"。② 由苏洵此语可知,欧阳修在苏洵修谱之前,已经修成了一部家谱(石本),欧阳修认为苏洵之谱在编修方法上有创新之处,有所启发,回去后则又重修了一遍自家的族谱,即后来的集本。这种推理我们完全可以从现存欧阳修集本谱后,有两段欧阳修后裔写的谱考(或谱论)得到证明："前贤遗文往往集本异于石本,……(或)云：'以集本校济源石刻,或小不同,疑刻石误。'窃谓非误也,后或改定尔。"③

(二)欧阳修引史入谱及是否采于太史公《史记·表》

1. 欧阳修认为唐代修谱水平不如汉代

集本《欧阳氏谱图序2》中,欧阳修曰："自唐末之乱,士族亡其家谱,

---

① 按：集本后还有欧阳修后裔写的考辨：前贤遗文往往基本异于石本,按公《集古录跋》、《盘谷诗序》,(他人)云："以集本校济源石刻,或小不同,疑刻石误。"窃谓非误也,后或改定尔。故此谱不敢专以碑为正,而存集本于后。另附：谱图二本,其甚不同者,如集本载宽四子素一子皆不名晓,而石本则谓宽之第四子素之第二子皆名晓,岂晓尝出继耶? 又集本肃生一子颙,《唐书》世系表亦同,而石本无之,其间次与表又多殊,二书皆经公手,不应异同如此。当考。——见［宋］欧阳修：《欧阳文忠公集》,《欧阳氏谱图》为外集卷第二十一,《欧阳文忠公集》七十一,宋庆元二年周必大刻本,现藏国图。同见于中华再造善本数据库。
② ［宋］苏洵：《苏氏族谱(引)》,《嘉祐集》卷13,第4册第10页。同见于中华再造善本数据库。
③ ［宋］欧阳修：《欧阳文忠公集》,《欧阳氏谱图》为外集卷第二十一,《欧阳文忠公集》七十一,宋庆元二年周必大刻本,现藏国图。同见于中华再造善本数据库。

今虽显族名家，多失其世次，谱学由是废绝。而唐之遗族，往往有藏其旧谱者，时得而见之，而谱皆无图，岂其亡之，抑前世简而未备欤？因采太史公《史记·表》、郑玄《诗谱》，略依其上下旁行，作为谱图。"

我们不论欧阳修"谱学由是废绝"是否合理，重点分析"而唐之遗族，往往有藏其旧谱者，时得而见之，而谱皆无图，岂其亡之，抑前世简而未备欤"之语，从此语可见欧阳修应该见到了唐时的大量谱牒，这些谱牒可能当初是作为修《新唐书宰相世系表》之用的，对它们的总体评价是：谱皆无图，太过简单。有此评价后，唐代家谱就不会是自己模仿的对象了，可以肯定的是，模仿的对象一直向前追溯，最终一直回溯到汉代，具体模仿的是"因采太史公《史记·表》、郑玄《诗谱》，略依其上下旁行，作为谱图"。

2. 欧阳修是否采于太史公《史记·表》

东汉郑玄《诗谱》是《诗经》的研究性著作，其根据《春秋》《史记》等有关史料，分别介绍了《国风》《雅》《颂》产生的地域、社会背景等，除此之外，还专门列出了谱系。虽然西汉时已经把谱和牒联系在一起成"谱牒"，但把诗和谱联系在一起成"诗谱"一词，郑玄当属首次。据《诗谱序》说："欲知源流清浊之所处，则循其上下而省之；欲知风化芳臭气泽之所及，则傍行而观之：此《诗》之大纲也。"[1]《诗谱》有图，已亡佚。今人所见《诗谱》，和先秦时期谱牒著作《世本》一样，为后人的辑本，已非全貌，故笔者不知欧阳修具体采《诗谱》的具体哪些谱法，但笔者可以肯定：欧阳修自言其谱图采自太史公《史记·表》是其自己违心的说法。先见下表：

《史记》三代世表简易表

周武王	……	5世	4世	3世	2世	1世	黄帝号有熊
							……
		……		3世	2世	1世	喾属
							……
			周武王	……	2世	1世	周属

此图为《史记·三代世表》的简易表，由表可知，《三代世表》的世系皆为横向关系，纵向上下可以说没有关系，上下不相属，即第一行记录的是

---

① ［东汉］郑玄：《诗谱序》。

黄帝到周武王之间的帝系，第三行记录的是喾之派的帝系，第五行记录的是周代的帝系。

同样，《表》中的其他表，如《十二诸侯年表》《六国年表》等等，皆是横向关系，纵向上下没有关系。

由《欧阳氏谱图》可知，谱图中上下皆为父子关系，横向为兄弟关系，和太史公《史记·表》区别是很大的。所以欧阳修说其采太史公《史记·表》当为违心。

3. 欧阳修当采自《汉书·诸侯王表》

班固的《汉书》也有《表》，本书开始部分已经举出几例，再转引部分如下：

《汉书》卷十四，《诸侯王表第二》刘肥世系简表：

《汉书》刘肥世系简表

	齐悼惠王肥	号谥（一世）
	高帝子	属
	正月壬子立十三年薨	立、薨时间
八世……	……	子（二世）
九世……	……	孙（三世）
十世……	……	曾孙（四世）
	……	玄孙（五世）
	……	六世（六世）
	……	七世（七世）

《汉书》卷十五上，德哀侯广世系简表：

《汉书》德哀侯广世系简表

	德哀侯广	号谥
	……	属
	……	始封 1
6世……	……	子 2
7世……	……	孙 3
	……	曾孙 4
	……	玄孙 5

《汉书》卷十六，平阳懿侯曹参世系简表：

《汉书》平阳懿侯曹参世系简表

	平阳懿侯曹参	号谥姓名
	……	侯状户数
	……	始封
	……	位次1
6世……	……	子 2
7世……	……	孙 3
	……	曾孙4
	……	玄世5

我们可以注意到：所选三个图，世系皆是上下父子关系，从一世顺势朝下记录，而且关键是前一图刘肥世系表为"六世一提"，后两个图皆是"四世一提"。笔者认为欧阳修谱图和汉代的这些上下垂直的父子世系，"六世一提"及"四世一提"表应该有关系。通过上文可见，《史记》中的《三代世表》皆为横向的宽泛的父子世系关系，各年表也都是横向关系连接，上下纵向没有关系。所以欧阳修言采《史记·表》应为随意而言之，其真正采之的应该是《汉书》中的《表》。

（三）欧阳修谱法"上自高祖，下止玄孙"辨

集本序2中下面的话特重要，特引如下："因采太史公《史记·表》、郑玄《诗谱》，略依其上下旁行，作为谱图。上自高祖，下止玄孙，而别自为世。使别为世者，上承其祖为玄孙，下系其孙为高祖。凡世再别，而九族之亲备。推而上下之，则知源流之所自，旁行而列之，则见子孙之多少。夫惟多与久，其势必分，此物之常理也。凡玄孙别而自为世者，各系其子孙，则上同其出祖，而下别其亲疏。"①

① ［宋］欧阳修：《（集本）欧阳氏谱图序1》附录小字末尾部分，见《欧阳文忠公集》外集卷21，南宋庆元二年周必大刻本，国家图书馆藏，第19册第68页。同见于中华再造善本数据库。（按：此小字部分即为《欧阳氏谱图序2》的部分内容，读者看到原刻本后即可明白，此两序共用序的前半截。）

有些学者根据这段话，特别是其中"上自高祖，下止玄孙""凡世再别，而九族之亲备"这两句，认为欧阳修谱图应该为九族图。但笔者认为"上自高祖，下止玄孙"，高祖到玄孙之间确实有九世，但欧阳修的"九族之亲备"的礼法模式，是通过两图表现的，欧阳修的谱图是经过他精心设计的，谱图非为表现九族图之内容。欧阳修若想表达"九族之亲备"完全可用"九世一图"，其是完全有条件的，看欧阳修所修《新唐书·宰相世系表》中宰相欧阳通世系表：[①]

《新唐书》宰相欧阳通世系表

				纥，字奉圣，广州刺史	1 世
				询，字少信，率更令，渤海县男	2 世
		通，字通师，相武后	肃	长卿	3 世
		幼明，字仲廉	颖		4 世
		昶，字子愿，渤海子			5 世
	琮，吉州刺史	璟，字崇文，便官令			6 世
	琮八世孙万，安福令				7 世
					……
	雅，字正言				16 世
	效，字德用，邵阳簿				17 世
讬，字远明	谟				18 世
鄂	业				19 世

（此唐宰相欧阳通世系表格见欧阳修《新唐书·宰相世系表》，卷七十四下，影印《文渊阁〈四库全书〉》本。）

欧阳修的此张表格，可容纳十九世，要想在一张图里容纳九世，还是容易做到的。欧阳修设计其谱图为五世一图，显然是有理论根据的，应该是倾向古代礼法"五世则迁"的内涵。但此处不是"溢出"，而是"特选"，特选某一支另作一图，这样两图则"九族之亲备"。

---

① ［宋］欧阳修：《新唐书·宰相世系表》，卷七十四下，影印《文渊阁〈四库全书〉》本。

（四）欧阳修谱法

笔者所说的谱法，重点指欧阳修的谱图之法。先从欧阳修的《谱例》和谱图研究欧阳修谱法。

石本谱例曰："姓氏之出其来也远，故其上世多亡不见。谱图之法，断自可见之世，即为高祖下至五世玄孙，而别自为世，如此世久子孙多，则官爵功行载于谱者不胜其烦，宜以远近亲疏为别，凡远者疏者略之，近者亲者详之，此情之常也。玄孙既别自为世，则各详其亲各系其所出，是详者不繁而略者不遗也。凡诸房子孙各纪其当纪者，使谱牒互见，亲疏有伦，宜视此例而审求之。"

《欧阳氏谱图》例表

				询 生四子				景达 生一子
	通 生一子	伦	肃 生一子	长卿				僧宝 生三子
	幼明 生一子							颎 生二子
	昶 生二子				约 生一子			纥 生四子
琼	璟				胤	器	德 亮	询

（此图见欧阳修《欧阳氏谱图》外集卷第二十一，《欧阳文忠公集》七十一，影印《文渊阁〈四库全书〉》本。）

由谱图我们可以看出：

1. 五世一图，两图九世。最右列的景达一列，共五世，然后第二图从询、亮、德、器四人中选出询为这一图的开始，然后列出五世世系，这样两图共九世，即从一世起，下至五世玄孙为一图，然后二图别自为世，两图九世；

2. 断自可见之世，详近略远。欧阳修认为："宜以远近亲疏为别，凡远者疏者略之，近者亲者详之，此情之常也"；

3. 各详其亲。欧阳修指出："玄孙既别自为世，则各详其亲各系其所出"，欧阳修其实第二图单选欧阳询单列世系，也是各详其亲的表现。

另外，集本《欧阳氏谱图后跋》也有欧阳修谱法："右自亭侯蹄因封命氏，自别于越，其后子孙散亡，不可悉纪。其不可纪者，千乘渤海之后，盖其后亡在乎人。有其人，虽历千载不绝，其人无所称，其世辄没不见，可不勉哉。千乘之族，以尚书显于汉。自生传歊八世，歊子复无后，世绝，经不传家。其他子孙，亦遂微弱不复见。而渤海之后，独见于今。然或微或绝，中间失去世次者再。盖自质奔长沙，至于景达，七世而始见。自琮至于安福府君，又八世而始见，其后遂不绝。……自容至歊八世，疑汉所谓欧阳生者，以其经师，谓之生，如伏生之类，而其实名容。容字和伯，于义为通，此其可疑者也。《汉书》曰高字阳，而谱字彦士，小不同，此不足怪；其夫人世家，无可考证，莫知其是非，故存之。至于他说，可知其缪者，皆不录。渤海之族，自景达以下至于通，事见于《史记》，谱尤详。自幼明以下至于今，或见于谱，或得于家而多阙，谨录乎左，以俟乎将来，自此后，历序谱中名字、官爵、寿数、丧葬及夫人名氏、有事迹可纪者，各随其人纪之。"

由此我们可以知道欧阳修谱法还应该包括：

1. 世系知道的全记。"右自亭侯蹄因封命氏，自别于越，其后子孙散亡，不可悉纪……"知道的应该全部记录。

2. 莫知是非者记存，即在谱中应该"疑以传疑，以待后世考证"。"《汉书》曰高、字阳，而谱字彦士，小不同，此不足怪；其夫人世家，无可考证，莫知其是非，故存之。"当然，若对于某人或某事，若"可知其缪者，皆不录"。

3. 此后续谱，小传随人记之。欧阳修在此《欧阳氏谱图后跋》末尾附录小字曰："自此后，历序谱中名字、官爵、寿数、丧葬及夫人名氏、有事迹可纪者，各随其人纪之。"

简言之，欧阳修两部家谱综合后的谱法为：世系知道的全记，五世一图，各详其亲，断自可见之世，并疑以传疑，个人小传随其人记之。

（五）欧阳修家谱编修徘徊思想论

欧阳修族谱包括石本《欧阳氏谱图》和集本《欧阳氏谱图》，两部谱图有三篇谱序，此皆见南宋周必大刻本，欧阳修的后裔宋代时已经考证过这些皆为欧阳修所为，集本后附录有两小篇考辨性质的短文即可证明。前文已经论述，石本《欧阳氏谱图》在前，集本《欧阳氏谱图》为欧阳修的后期作品在后。此后期作品，笔者认为其是在观看了苏洵《苏氏族谱》后，从而对前部家谱内容进行改动后而成的。苏洵族谱编订的时间基本可以确定在至和二年九月（1056），[①]欧阳修石本则在皇祐至和之间，当在1054年，则集本当在1056年9月后。欧阳修在集本《欧阳氏谱图后跋》中言"修当皇祐至和之间，以其家之旧谱问于族人"，大致说的即是相关内容。

欧阳修石本族谱内容包括谱序、谱图、世系录（小传）和谱例，其中欧阳修谱图介绍了欧阳家族的人物世系，皆是来源于史料或旧谱；谱例介绍了家谱编修的方法；欧阳修谱序和小传介绍了欧阳家族的部分人物的生卒、葬所、迁徙、事迹。

笔者专门重点查看了欧阳修世系小传中记录的墓葬信息情况，一共用了好几处，一度认为欧阳修此谱应该是家谱的定型期或成熟期代表家谱。但笔者在查看了其后期编撰的集本《欧阳氏谱图》后，改变了这一看法，集本没有世系录（即小传），代之而来的是《欧阳氏谱图后跋》，跋中只叙述了人物的主要事迹，对于祖先死后进入另外一个世界的地方没有任何文字信息记录，只是在跋末的附录小字部分，欧阳修才附录告诉后世族孙修谱者，"自此后，历序谱中名字、官爵、寿数、丧葬及夫人名氏、有事迹可纪者，各随其人纪之"。而除"丧葬"外，这些名字、官爵、夫人名氏等都是苏洵世系小传"各随其人纪之"的内容。可见，欧阳修上次修石本谱，是记录了所知道的相关人物的相关墓地所在，但在看了苏洵所修的《苏氏族谱》后，认为很有可取之处，并可能认为自己石本谱中有关祖先葬地的记载有违礼制，当初自己修《新唐书·宰相世系表》的时候，也没有记录任何宰相的任何世系中人物的任何葬地及相关情况，于是他仿苏洵家谱，对自己的族谱重修编修，改动了部分世系，另写了两篇谱序，撤掉了谱图后的世系录（小传），代替为《欧阳氏谱图后跋》。模仿苏洵最明显的标志是欧阳修在跋后附录了的那些小字，要知道各随其人而记"名字、官爵、寿数等"这种谱法是苏洵所开创的呀。

集本《欧阳氏谱图》是在借鉴了苏洵《苏氏族谱》后重编的，苏洵家谱

---

① ［宋］苏洵：《族谱后录下篇》，《嘉祐集》卷13，第4册第15页，宋刻本，藏上海图书馆。同见于中华再造善本数据库。

当然没有记录任何葬地情况。一部家谱，其核心应该是对其宗族史的记录，宗族史毋庸置疑是以宗族中的人物为主，可以说，一部家谱既是这支宗族的宗族史，也可以说是这支宗族的人物史。既然是人物史，肯定有其生前状况显示，同时也应该有死后哀荣的记录，但宋前往往将生前荣耀状况列为家谱，而将死后哀荣列为丧礼系统或祭祀系统而分开进行。生前相关内容用家谱记载，死后用墓祭、祠堂、墓表、墓志铭、敕封等单门的另外的系统来进行。这样显然和近世家谱是不一样的。

笔者曾注意到，宋代庙制不立，士大夫们纷纷尝试以自己的方式来祭祀自己的祖先，以表达对祖先们的尊敬之情。以国家最高领导人的身份，宋真宗带头进行东封西祀，其中的很多环节已经突破了礼制的限制，而这些也可能给一些敏锐的士大夫一个信号，自己在祭祀祖先方面也可进一步深入。当然，由于各人的思想认识不同，有的可能以此为喜，有的则可能以此为非；一件事情可能此时认为是合乎礼制，可能彼时又认为有些不妥。显然庙制不立，礼仪有些荒疏的时候，众多士大夫才可能纷纷开始研究礼仪，并从而成就了大批的礼学专家，家谱编修方面的礼制探索，也是在此背景下进行的。宋代之前的家谱，和墓地祭祀方面的相关礼仪内容肯定是分开进行的，即家谱最主要记录世系，反映家族成员的生前荣耀信息，家谱编修有其自身的系统要求；同样，墓葬墓祭属丁丧礼系统的要求；家庙祭祖属于祭礼系统的要求，这三个系统在古代是分开进行而偶有交集，但如前所述，交集之处在于墓葬墓制系统和祠堂祭祖系统多引家谱入它们的内容，而却不见家谱有引墓制系统及家庙祭祖系统相关内容入其之中的情况。

入宋后，士大夫们也在家谱编修礼制方面进行了探索，欧阳修即是代表，其在石本中，把墓葬的部分情况记录进了家谱，虽然内容所占分量不多，但也已经是个信号，这表示了欧阳修在家谱编修方面，除了借鉴《史记》《汉书》表格记录世系的方法外，其另把墓葬祭祀礼仪方面的内容也尝试引入家谱之中，但可能看了同期的其他家族的家谱之后，包括苏洵家谱，有可能还有范仲淹家谱（后文有论述），他们当时修谱都没有加入墓葬信息，于是他也在思想上产生了动摇，回去后即重修了家谱，并把相关信息舍去。我们可以看出是否要把墓葬死后信息记录家谱，欧阳修是明显有徘徊思想状态的。

笔者认为，家谱的体例也是在不断创新的，家谱一开始很显然只有文字叙述，后来《世本》中出现了表格图，后来司马迁模仿了《世本》，后来体例又加入了小传，还有谱辨等，魏晋后，家谱编修体例呈单方面发展，要么表格，要么纯文字叙述。欧阳修修谱，说是引《史记》表格入谱，实际则为回归到汉时既有文字叙述、又有表格列出的时代，在体例或是内容的记录上有创新，但模仿比重多于创新之处：家谱中既有谱又有表的形式，在汉朝《史记》《汉书》中即已经有之，欧阳修知道，苏洵也知道。所谓欧阳修的创新，最主要体现在其把表格分为五世一提，两图九世，暗含宗法礼仪"九族之亲备"之意。而家谱编修各详其亲，其实是古已有之的方法，不管是谁编修族谱，对于自己这一系肯定会详细记录。欧阳修的创新，其实还表现在其对墓葬信息的引墓入谱上，分量不多，但表现了其对家谱编修内容的探索。虽然在宋前，特别是唐代，有数量巨大的墓表、墓志铭、墓记等相关内容，但却从来没有人把这些内容放入家谱中，欧阳修也写了大量的墓志铭等，其也同样没有把它们放入谱中。但其在宋仁宗时，即把墓地的一些情况记录入家谱，虽然是少量的，但信号作用还是有的。不过欧阳修在这方面的探索不够大胆，第二次修自家谱时又舍去了这些内容，表现了其探索时期的徘徊状态。但之后特别是南宋，又特别是朱熹等，则在家谱中记录了众多的墓葬祭祀礼仪方面的内容，朱熹本人更是不讳把墓葬诉讼等不光彩的事情记录到族谱之中，可见他们对引墓入谱的尝试是大胆的！当然这些尝试也是符合人心的，南宋后，特别是入元后，更特别是明清时，家谱编修往往是既记录生前荣耀，又记录死后哀荣相关情况，这些死后哀荣的情况即包括墓表、墓记、墓志铭、诰封、祭祀、家礼家训等内容，甚至还有专门的墓谱。而这中间的明显分水岭即宋元之际。但宋代只是处于把生前和死后情况融合为一体（而成一部定型家谱）的徘徊期，只是处于探索状态。

三、小结

宋代家谱功能由之前的"别选举、辨婚姻"而发展为"敬宗收族"，朝廷鼓励修谱，欧阳修、苏洵便开始了对家谱编修的探索，作为宋代典型的士大夫，其二人修谱起到了很好的表率作用。宋代应该有很多人修过谱，但由于各方面原因都没有保存下来，欧阳修、苏洵之谱由于被其编入自己的文集，而永垂于世。欧苏之谱，从其编修体例上来说，有谱序、谱例、世系图、世系录、后跋等，其中最耀眼的当属二人对世系图的编定，欧苏谱法或欧苏体例最主要即体现在二人的世系图上。苏洵世系图要求从所明确知道的祖先开始谱起，谱所有世系所有儿子，并详尊吾自所出。此谱法看似简单，但实际操作起来很难，很适合世系不多的家谱编定。欧阳修世系图是从所知道的祖先开始谱起，一图五世，两图九世，各详其亲，对于不亲的支派当由其支另外修谱，此处当可略去。显然，此谱更适合世系多的家谱编修世系。欧苏体例产生于宋代修谱的初期，适合支派不多的情况修谱，若是支派多，但独用此二法中的某一法都不合适，只能是杂糅欧苏，并加入其他的编修方法。

欧苏体例或欧苏谱法即是众多家谱编修方法中的两种方法，后世言欧苏开创了欧苏体例，严格说起来并不准确，从上文论述可知，欧苏既有谱又有图之法当滥觞于汉代。欧阳修作自家族谱时即明言方法采自《史记》当是证明（实际采于《汉书》）。欧苏在编辑世系图时，都对图按一定的逻辑顺序进行了有章法的排列，从而能够让世系图除了直观外，更能够记录更多的世系，因二人名气大，此后较多家谱编修时采用了以二人名字命名的谱法，从某种程度上来说，确实又具有开创之功。

欧苏谱图之法滥觞于汉代，欧苏对世系图进行规划使其具有章法后，有其开创的成分，但这些只是家谱编修的方法，笔者认为家谱最重要的还是家谱所记录的内容。如前论述，汉代时家谱既记录氏族谱，又记录本宗谱，皆是记录了家族成员生前荣耀的事迹，多以名望、官职记录，并且到魏晋南北朝以至隋唐时，家谱内容可能更趋向于本宗谱的记载，这样更容易"别选举、辨婚姻"。欧苏在敬宗收族的家谱功能下，对家谱记录了更多的内容，欧阳修则尝试了把墓葬信息内容引入族谱，但其第二次修谱又舍去了这些内容，显示了探索家谱编修内容和形式的徘徊思想状态。

第二章

宋代徽州士大夫对家谱编修的探索（上）

　　前文引用《宋真宗敕文武群臣修家谱诏》应该不是空穴来风，当时庙制不立，而真宗朝又切实认识到修谱对于收族及国家稳定的作用，此诏应该确实发生过，所以当时的很多士大夫才会高调向社会倡导修谱，并"将（修谱事业）天下举，不可无也"。[①]范仲淹、欧阳修、苏洵、王安石、曾丰、司马光等都修过谱，笔者统计出文渊阁四库中25篇，另加欧阳修集本《欧阳氏谱图》中3篇，共28篇，[②]记录了宋代25个家族的修谱情况，其中北宋5家，南宋20家。而"徽州文化既是地域文化，又是中华正统文化传承的典型，它集中地、典型地体现了中华传统文化的精华。"[③]叶显恩先生的论断很有概括性，其认为："徽州宗族制是从中原移植而来的，系正宗传承，古老

① ［宋］苏洵：《谱例》，《嘉祐集》卷13，第4册第10页，宋刻本，藏上海图书馆。同见于中华再造善本数据库。

② 按：1 黄震：《姜山族谱序》；2 范仲淹：《续家谱序》；3 杨杰：《杨氏世谱序》；4 李石：《代家德麟作重修家谱序》；5 陈傅良：《夏休井田谱序》；6 李吕：《乌洲李氏世谱序》；7 曾丰：《重修族谱序》；8 薛季宣：《贾氏家谱序》；9 陈亮：《后杜应氏宗谱序》；10 方大琮：《方氏族谱序》；11 游九言：《陈氏族谱序》；12 欧阳守道：《黄师董族谱序》；13 陈著：《王氏族谱序》；14 刘辰翁：《王氏族谱序》；15 刘辰翁：《泰和胡氏族谱序》；16 刘辰翁：《吴氏族谱序》；17 何梦桂：《何氏祖谱序》；18 熊禾：《江氏族谱序》；19 熊禾：《麻沙刘氏族谱序》；20 朱熹：《婺源茶院朱氏世谱序》；21 吴潜：《吾吴氏宗谱跋》；22 欧阳守道：《书欧阳氏族谱》；23 王安石：《许氏世谱》；24 苏洵：《苏氏族谱引》；25 欧阳修：《石本欧阳氏谱图序》；26 欧阳修：《集本欧阳氏谱图序1》；27 欧阳修：《集本欧阳氏谱图序2》；28 欧阳修：《集本欧阳氏谱图跋》）。

③ 叶显恩：《徽州文化的定位及其发展大势》，见唐力行《徽州宗族社会》，安徽人民出版社，2005年版［按：此为叶先生为徽州文化全书（共20部）作的总序中的重要论点］。

的宗法制，虽然几经改变其形式和内容，以适应社会变迁的需要，但前后依然有一脉相承的关系。徽州衣冠巨族，在迁徙之前，宗法组织严密，皆有系统的谱牒，门第森严；移住徽州后，依然保持原来的宗法组织，他们聚族而居，尊祖敬宗，崇尚孝道，讲究门第，以家世的不凡自诩，他们撰写家法以垂训后代，力图保持和发扬其传统的家风。"笔者服膺叶先生的观点，并认为徽州地区的家谱编修，当是中国家谱编修的一个区域代表，此区域的家谱编修发展，当一定程度上反映了整个家谱编修的状况。

崇宁年间的陆佃农师为徽州程氏作谱序就曰：

余友休宁程君渐父，以贤才沈下僚，每念谱学不明，世德久湮，乃广求往牒，遍采遗编，续为信谱。其推源有序，明世有系，纪行有传，诗文有录，祠墓有图，编之五载，始克成帙。间走书征序于予。予惟大宋启运斯文，中天治道必本诸身家制度类，监乎古昔，一时风声教化之所渐被，咸以明宗睦族为首务。故欧阳文忠公依汉年表以为图，苏明久则大小宗法而为系文简明；博野之迁伊川，序河南之世勤勤恳恳，传信传疑，真足振耸风于往古，标轨范于将来；程君方以身泳圣朝之化，躬淑诸贤之教，既不得行其志于天下，犹欲行其道于一家，故其所著凿凿有征，较之诸贤殆无异辙，使为之子若孙者，诚能仰其编摩之勤而日奉以思齐，睹其制作之盛而时披以则效。其出也，必如太守诸君为国而为民；其处也，必如逍遥诸老，敬宗而睦族，则今日谱书之作，实后裔聿修之矩。①

从陆佃农师"惟大宋启运斯文，中天治道必本诸身家制度类，监乎古昔，一时风声教化之所渐被，咸以明宗睦族为首务"之语可以看出，宋代之初，文人士大夫确实认为朝廷治理国家，先本诸家制度，而朝廷看重诸家制度，鼓励修谱即是其中重要一项，显然看重诸家谱牒当是看重其能风声教化，明宗睦族，所谓"诚能仰其编摩之勤而日奉以思齐，睹其制作之盛而时披以则效"，"敬宗而睦族，则今日谱书之作"。

---

① ［宋］陆佃农师：《程氏世谱序》，见［明］程尚芳《新安休宁古城程氏宗谱》，明隆庆4年（1570）刻本，安徽师范大学徽州文化研究中心谱牒库藏。

第一节　宋代徽州家谱的编修原因

一、纪序业、传久远

南宋淳祐时期的吕午，为徽州歙县名人，其为歙南毕模所作的谱序认为：修谱就是因为要"纪序业、传久远"，其言曰："谱系之作所以纪序业、传久远也，谱不作则前不知其来，后不知明其昭穆，何古人亲服之论哉？"①吕午认为若不修家谱，则向前不知道祖辈所由来，向后也不能明白昭穆秩序，而修谱就是为了记住这些从而传示久远。

王炎认为，"族属繁衍，昭穆不可无序，亲疏不可无辨"，而现在"枝分派别，益以阔远，叙昭穆，辨亲疏，尤宜详审"，而"人之所以贵于万物者，为其生而有知，而又有义也"，故修谱：王氏居武溪，为婺源望族。自唐季迄今三百年，相传十余世矣。族属繁衍，昭穆不可无序，亲疏不可无辨。曾伯祖云溪翁，尝为九族图，云溪翁殁，曾叔祖四八府君，又别疏本房世次，而系其详。府君殁已七十年，而王氏之族，枝分派别，益以阔远，叙昭穆，辨亲疏，尤宜详审。族侄大中，本云溪翁所图而为谱，以续系之。其间不无脱漏，亦百之一二尔，更询访其脱漏可补也。然余观此图，于心有感焉。夫人之所以贵于万物者，为其生而有知，而又有义也。薄于义，则虽兄弟子侄、功缌之亲犹路人也，况其疏者乎！厚于义，则服属虽尽，遡而上之，同所自出，皆骨肉之戚也。况其亲者乎！②

南宋休宁第一状元吴潜认为"夫读书莫若先家传，治经莫若先宗谱，家传之不知，诗书乎何有宗谱之不明，又何有圣人之经哉？盖学者之为学，忠孝而已，相门相种，自有祖风，故求忠臣于孝子之门，有自来矣。且为善者曰贤曰良，千载之下犹将师法，是谓流芳百世者也。岂不可以感发人之善心耶？为不善者曰幽曰厉，虽孝子慈孙百世不能改，是谓遗臭万年者也。岂不

---

① ［宋］吕午《歙南长陔毕氏续谱序》，见［明］毕济川《新安毕氏族谱》，民国间墨栏钞本，安徽师范大学徽州文化研究中心谱牒库藏（下文若没注明家谱藏处的，皆出于安徽师范大学谱牒库）。

② ［宋］王炎：《双溪居士后序》，见［清］王之策《婺源新安太原王氏宗谱》十卷，清刻本。同见王炎《双溪集》卷三。

足以惩创人之逸志耶"？[①] 身为相门，吴潜希望后裔能看重家门祖风，并把宗谱和治经联系在一起，家传和宗谱在这里应该是同一意思。吴潜认为"读书莫若先家传，治经莫若先宗谱"，诗书之家，应该先把宗谱搞清楚，这样才能讲忠孝、讲贤良，流芳百世。

嘉定十四年竹山谢珬认为："立人之道曰仁与义。则仁义乃立，人之道也。由此而行之者，其惟圣人乎？不知有此而悖之者，其惟小人乎？君子未至于此，而欲修之，不求其本也，可乎？本者何孝悌是也？盖孝莫大于尊祖，悌莫先于睦族，欲尊祖而睦族非谱牒不可也。是则谱牒乃尊祖睦族之文，尊祖睦族乃孝弟之实，而孝弟又仁义之一，事而为推行之本焉。"[②] 谢珬的论点可谓直接，"欲尊祖而睦族非谱牒不可也"，可以说，宋代产生了大量的宗族谱牒，当是在尊祖睦族的思想下编成的。

二、继承祖辈遗志

徽州的程承议修谱，谱序所见，要比上文论述的欧式要稍早，其修谱即是为了继承祖辈遗志，"程氏自晋新安太守元谭公留居郡城，历唐迄梁代有显者，谱牒相传，灿如日星。迨巢孽肆毒，四海为墟，黄墩宗族逃难解散，由是宅宇为贼伐毁，谱牒几于灰烬，南支北派，远莫可稽；右穆左昭，竟难详考。岩将淘公大为是惧，乃于枕戈之暇随手登录，辑为世谱一编，所以明宗系于既往，叙族属于将来，亦既勤且急矣。惜乎时事方殷，搜访弗暇，忠壮以上阙而不载，其心岂自以为足哉？要深有望于后人讲求而增辑之耳！"[③] 程承议先回忆了祖先修谱的光辉历程，然后指出战乱对家谱所造成的灾难，然后展现了唐代淘公对修谱的特殊经历，指出了淘公对后世的殷切希望。谁能继承先辈的遗志，当然是程承议，"承议无识，不足以缵成先志，溯厥世

① 〔宋〕吴潜：《宋许国公复修源流世谱·吴氏宗谱家传论》，藏河北大学图书馆。另见犹他州家谱馆《宋许国公复修源流世谱》网址：https://familysearch.org/ark:/61903/3:1:3QSQ-G9SF-2VLX？i=7&wc=3X2G-MNY%3A1021938101%2C1021934502%2C1021939302%2C1022034801%2C1023738301&cc=1787988，2016 年 12 月。

② 〔宋〕谢珬：《李氏宗谱旧序》，见〔清〕佚名《婺源严田李氏家谱》，光绪二十七年（1901）木活字本，安徽师范大学徽州文化研究中心谱牒库藏。

③ 〔宋〕程承议：《程氏世录序》，见〔明〕程尚芳《新安休宁古城程氏宗谱》，明隆庆四年（1570）刻本，安徽师范大学徽州文化研究中心谱牒库藏。

次", 虽然条件不好, 但自己决心继承遗志, 完成修谱。

三、看重族谱的规劝功能

上文引用《程氏世谱序》中"仰其编摩之勤而日奉以思齐"之语即是希望后裔能够常看家谱以思齐。北宋的王汝舟修《九族图》, 即是因为当时族人皆重利, 风气不好, 修谱可起教化作用: "今之人父母之教则不从, 妻妾一语则从之; 父母之阃则不惧, 妻妾恶悖则惧之; 父母之财不肯惜, 妻妾之财则竭力而营之; 父母衰病不以为怀, 妻子有疾则遑遑忧之; 父母之养日以蔬食, 而妻子饕饱于鲜肥; 兄弟之前不交一谈, 见其妻妾也寻词而媚色; 外结于他人, 内疏于骨肉亲; 兄弟如仇, 雇子侄如盗贼, 以财相妒、以事相陷, 贫不能相保, 祸不能相扶; 父母之死, 丧葬未终, 则已谋分其居, 求异其财, 田地撰其腴, 器物取其美; 小不如意, 则争轻较重, 干刑冒法, 以躬讼去胜, 死而后已焉。呜呼! 教化之不行乎! 风俗之艰燮乎! 今与昔之不同乎! 何其舍人伦, 弃孝悌仁义之教而耳为禽兽? 非烦也, 可不痛哉, 可不痛哉! 嗟叹之不足, 乃书于图之末, 以自警焉耳。"① 程若庸曰: "由是以仁率之, 而联族属, 缀亲疏, 谱焉。以义行之, 而尚行检, 重名教, 谱焉。以礼齐之, 而崇明祀, 敦嘉会, 谱焉。以智成之, 而比经训, 寓劝诫, 谱焉。"② 其认为族谱可以联族属、缀亲疏、尚行检、重名教、崇明祀、敦嘉会、比经训、寓劝诫。族谱的这些功能只能通过对族人的规劝教化而起作用。南宋丞相程元凤更是认为家谱是礼教的一部分, 家谱编修能够使风俗纯善, 若不修家谱则古道不复: "古人之以礼乐教天下, 必自宗法始, 夫宗法既明, 则伦理以笃、疏戚以辨、上知所本而下知所亲, 是故亲, 是故教行, 而天下多善俗矣。嗣后此法 (礼乐) 不立, 用人者无以考其世承绪者, 莫能溯其源, 尊祖保宗之道, 日以泯没, 古道不复有足慨者。"

---

① [宋] 王汝舟:《云溪翁后序》, 见 [清] 王之策《婺源新安太原王氏宗谱》十卷, 清刻本, 安徽师范大学徽州文化研究中心谱牒库藏。
② [宋] 程若庸:《汪溪金氏族谱序》,《古今图书集成·明伦汇编·氏族典》卷 362《金姓部艺文》。同见 [清] 金门诏《休宁金氏族谱》, 乾隆十三年 (1748) 刻本, 安徽师范大学徽州文化研究中心谱牒库藏。

四、相信三世不修之戒

徽州程氏修谱，往往有好的修谱传统。笔者从安徽师范大学徽州文化研究中心谱牒库中，曾收集宋代程氏谱序 27 篇（具体在附录 1 和附录 2），篇数要比其他任何徽州宗族多得多，究其原因，修谱的自觉当是主要因素，北宋的程祁即相信家谱有三世不修谱之戒："吾读程氏旧谱，至荆州骠骑，有三世不修谱之戒，诚哉是言也，且忠壮公精灵英爽，死且不朽，殆神有意属汝于梦寐，吾兹异之。祁奉命，不自揆庋，实始载其事于心，由是稽考史传，以相证佐，一代定著为一谱，以开元谱为第一。其后十年，调补玉溪掾，其书粗成，然犹未敢以为是也。"[1]因有三世不修谱之戒，程祁进行了家谱编修，三世一修的家谱自觉，当来自修谱的使命感："祁为儿时，受教于先祖曰，'程氏中微，不得祖牒'。自吾有知，深念惜之，今且老矣，子孙必当承吾志。"于是，"其后十年，调补玉溪掾，其书粗成"，用了十年时间，才最终修成。程祁族人南宋的程大昌修谱，是因为其父对修谱的自觉：先君正议尝谓世系至重，而纪录不具，因广求宗谱，命大昌绪之。[2]

五、困顿修谱

北宋的程承议曰："迨巢孽肆毒，四海为墟，黄墩宗族逃难解散，由是宅宇为贼伐毁，谱牒几于灰烬，南支北派，远莫可稽；右穆左昭，竟难详考。岩将淘公大为是惧，乃于枕戈之暇随手登录，辑为世谱一编，所以明宗系于既往，叙族属于将来。"[3]在家乡为贼所侵占被毁之时，程淘于枕戈之暇随手登录，辑为世谱一编。每逢战乱困顿之时，往往也是促成族人修谱收族以遗后世的动因。

---

[1]〔宋〕程祁：《程氏世谱序》，见〔明〕程敏政《程氏统宗世谱》，明成化十八年（1482）刻本。另同见〔明〕佚名《安徽率东程氏家谱》十二卷附草市宗谱一卷，明刻本；〔清〕程佐衡：《歙县新安程氏世谱征文录》十卷首一卷，清光绪十九年刻本，安徽师范大学徽州文化研究中心谱牒库藏。

[2]〔宋〕程大昌：《程大昌休宁会里程氏谱序》，见〔清〕程佐衡《歙县新安程氏世谱征文录》十卷首一卷，清光绪十九年刻本。〔明〕程敏政《程氏统宗世谱》，明成化十八年（1482）刻本，安徽师范大学徽州文化研究中心谱牒库藏。

[3]〔宋〕程承议：《程氏世录序》，见〔明〕程尚芳《新安休宁古城程氏宗谱》，明隆庆四年（1570）刻本，安徽师范大学徽州文化研究中心谱牒库藏。

《左田黄氏宗派图》谱序曰："而新安之黄所由著，自是以来，世派昭昭，而可考者则以我叔宏公，尝因兵乱荡析之余，而作数十世之家乘，故今得有所据而宗盟不坠也；今视叔宏公之时，何时也？历季既远而生齿益蕃，兵乱荐臻，而播迁益众，及是时不有志，叔宏公之志者以继之。则有入其庙而祖宗之名讳不知，遇于道而族人之伦叙不识者，其如同宗一体之义，何故因告老之余，力葺前人之旧章而作宗派图，以昭示于将来也？"① 由此可知，当初叔宏公修谱，是"因兵乱荡析之余，而作数十世之家乘"，而现在是宋廷时时处于金兵压境的危险之刻，此时相比较过去，更是生齿益蕃、播迁益众时刻，此时若不继承叔宏公遗志，更待何时？

其实黄天衢在族谱最终编成之前，曾经做过黄氏谱序，曾经修过家谱，但因各种原因而最终没有完编。《新安左田黄氏正宗谱》旧序载有黄天衢序，曰："……衢也忝世泽入仕，不幸中遭劫运，百死一生，仅以免。每退食静思，抚今追昔，喟然叹曰：'吾此未泯之身，其于左田前而作者、后而迁者、并而生者，所系颇重，何以自效？'乃仍旧谱而订修之。……苟精神靡贯，草木同枯，未免为忝此身，非吾意也。"② 从此序中，我们也可同样看出，黄天衢在修黄氏族谱的初版中，也是面临灾难性的选择，黄天衢为北宋时期之人，自己在身遭劫难之后，开始修谱，以垂后世，但不久又遭遇国破境遇，在颠沛流离之际，想到了以前自己所修之谱，也想到了自己的叔宏祖辈在危难之际而编修族谱的事情，于是经过深思熟虑，最终编成《左田黄氏宗派图》。

宋代徽州的家谱编修，有些是在祖辈身逢乱世之时所为，有些是为了继承祖辈的遗志，有些是祖辈修谱有优良传统，或是遵循三世修谱之训，但所有的这些都是在尊祖、敬宗、睦族的思想下进行编修的。

---

① ［宋］黄天衢：《左田黄氏宗派图》，明末清初刻本，1册，中国国家图书馆藏。
② ［明］黄积瑜：《新安左田黄氏正宗谱·卷首旧序》，明嘉靖三十七年（1558）木活字本，上海图书馆藏。

第二节　宋代徽州家谱的编修内容

一、对氏族谱的编修

程氏在宋代徽州修谱最盛，明程敏政《程氏统宗世谱》中载宋代谱序多篇，这些宋序，对程氏的氏族谱系介绍得都很简单，如程祁序曰："程氏望出广平，其上世盖高阳之诸孙也，在五帝世为火正黎、为祝融、为和仲、和叔，逮及周成康之际，始受封为程国。由周而下，世有闻人，见于传记，皆可考。唐末五代之乱，亡失旧谱，上之次序，不可复知。"[1] 对氏族谱系介绍详细的当属南宋的程大昌，其具体世系其实不多，但用多种史籍对世系作解释的内容却很多，如：

> 程得姓以国，休父则其始著者也。诗曰：王谓尹氏命程伯休父程国也，伯爵也。休父食采于程，其爵伯也。国语曰：重黎氏世序天地，其在周，程伯休父，其后也。当周宣王时失其官守而为司马氏。然则司马氏者，程之别也；而程者，重黎之别也。司马以官氏，而程以国姓，古制然也。由汉以后，应劭始曰：休父封为程国。孙愐亦曰：休父封程，后遂为氏。信如二子之言，则启封于程者，休父也。程之地在长安北三十五里，于汉为安陵，盖隶古扶风也。帝王世纪曰：文王居程，徙都丰。孟子云：文王生于祁周，卒于毕郢。说者谓郢即程也。……赵有社稷臣曰：婴尝冒必死立奇节，以存君孤……则吾宗之来此者，其东晋元谭公乎？梁有开府仪同三司灵洗，效节于梁而著功于陈，谥忠壮公，传在南史曰：新安海宁人也。[2]

宋代对氏族谱系编修最详细的当属吴潜，其氏族世系包括两部分，《宋左丞相许国公复修源流支谱表》和《宋左丞相许国公复修源流世谱表》。其中《宋左丞相许国公复修源流支谱表》氏族谱系如下：轩辕→少昊→蟜极

---

[1]　［宋］程祁：《程氏世谱序》，见［明］程敏政《程氏统宗世谱》，明成化十八年（1482）刻本，安徽师范大学徽州文化研究中心谱牒库藏。

[2]　［宋］《程大昌休宁会里程氏谱序》，见［清］程佐衡《歙县新安程氏世谱征文录》十卷首一卷，清光绪十九年刻本，同见［明］程敏政《程氏统宗世谱》，明成化十八年（1482）刻本，安徽师范大学徽州文化研究中心谱牒库藏。

→帝喾→后稷→不窋→鞠陶→公刘→庆节→皇仆→差弗→毁隃→公非→高圉→亚圉→公叔祖类→古公亶父→1 仲雍→2 季简→3 叔达→4 周章→5 熊遂→6 柯相→7 彊鸠→8 疑吾→9 柯卢→10 周繇 →11 屈羽→12 夷吾→13 禽处→14 转→15 颇高→16 句卑→17 去齐→18 寿梦（吴王）→19 诸樊→20 光→21 夫差→22 友（地为友之弟，地子为弥高）→23 弥庸→24 句余→25 子山→26 穆→27 蹶由→28 彰→29 平→30 申→31 芮（长沙王）→32 浅 →33 信→34 广志→35 千秋→36 长陵→37 全→38 隆→39 复兴→40 汉→41 康成→42 盱→43 如胜→44 珪→45 文质→46 应之→47 康年→48 嗣英→49 正己→50 定→51 之则→52 猶（一名光官至侍郎居姑苏梅里）→53 安节→54 坎→55 铖→56 彦枢→57 骧→58 庆→59 琦→60 君郁→61 杰→62 维德→63 晴→64 敬宗→65 佐（由姑苏梅里迁宣城来苏乡）①

其《宋左丞相许国公复修源流世谱表》氏族谱系如下：1 仲雍→……→65 佐（省略同上的世系）②

分析：吴潜支谱表和世谱表中氏族谱系区别是：支谱表多了从轩辕到古公亶父之间的世系，且从"64 敬宗"开始记录了各个分支；而世谱表则在第"64 敬宗"后，统一记录，有统宗的体现。

方桂森氏族谱系在其谱中虽没有直接标示出，但《雷公世家》却完整显示了方氏早期得姓之谱的具体世系：炎帝→……→榆罔帝→雷→明→玑（四十一世孙）→（玑四十一世孙）俊→回→显→千期→相→越→丹砂→（丹砂十世孙）云→灼→（灼十二世孙）毅→威→（威三世孙）亦→誉→……→纮（丹阳始祖）③

二、对本宗谱的编修

族谱的编撰，最终会落实到本宗谱的编撰上。一部家谱，可以没有氏族谱，但一定会有本宗谱系。宋元时期，徽州修谱稍显突出者，当为徽州程

---

① ［宋］吴潜：《宋许国公复修源流世谱》，河北大学图书馆藏。
② ［宋］吴潜：《宋许国公复修源流世谱》，河北大学图书馆藏。
③ ［宋］方桂森纂修《汉歙丹阳河南方氏衍庆统宗图谱》1 卷，中国国家图书馆藏。

氏。北宋的程祁、南宋的程大昌，都追溯了程氏源流，但程大昌更详细。徽州程氏对于本宗谱的编修，多以程氏四祖八派为主干谱系，北宋的程祁在其谱序中记载唐行裦公生有四子，分别是谅、干、纂、翰，此四人为后来所谓的黄墩四祖，其中纂生子珍，珍生八子，分别为洎、沚、浑、泽、沄、湘、洶、汾，此为黄墩八派，和黄墩四祖一起组成徽州四祖八派的主要干系，后世修谱则接入此主要干系。① 程氏宋代家谱目前编目存两篇，即婺源《溪源程氏势公支谱》7 卷，（宋）程祁传述，（明）程顼续，程时化校正，据明嘉靖本影抄，4 册；《皖绩程里程叙伦堂世谱》，（宋）程祁修，清抄本，1 册。② 但笔者一直没有追寻到此二谱的藏处，很是遗憾。下文以笔者所见宋代三部家谱为主，论述宋代徽州家族对本宗谱的编撰及和本宗谱相关的宗族发展情况。

（一）黄天衢的本宗谱系

黄天衢的本宗谱系：1 积公→2 寻公→3 元奕公→4 公衮公→5 碧璇公→6 宗器公→7 远期公→8 伯汉公→9 德涵公→10 昂公→11 景福公→12 彦伦→13 伯积公→14 仪公（字元和）→15 逊公→16 思诚公→17 奉公→18 瑰公→19 叔宏公→20 透公→21 炳公→22 文机→23 仲山→24 道卿→25 天衢→26 傅→27 廓③

作为两宋之际祁门左出黄氏的头面人物，黄天衢所修之谱，从汉代的黄积开始，世系清晰，脉络分明。但其所修家谱内容过于简单，只有谱序和世系图，所以后世修谱时，在其所修之基础上，多有发挥，有的甚至多代世系和其有出入，特别是入明后，休宁古林黄氏加入了左田黄氏，但他们应该是从霍山迁到新安的，④ 非黄积之后，加入后，他们也把黄积认为自己的先祖，具体氏族谱系如下：黄帝之孙陆终→……→缙→……→黄歇→……→黄东明（封于江夏）→……→黄香（以黄香为一世祖）→1 黄积（黄香九世孙）→2 寻→3 元奕→4 奇远→5 达道→6 伯随→7 昌→8 章靖→9 邈→10 仲繁

---

① 见［明］程敏政《篁墩文集》卷十二《辨》，影印《文渊阁〈四库全书〉》本。

② 赵华富：《徽州宗族研究》，第 217 页，安徽大学出版社，2004 年版。

③ ［宋］黄天衢：《左田黄氏宗派图》，明末清初刻本，1 册，中国国家图书馆藏。

④ ［清］黄茂诗：《新安黄氏横槎重修大宗谱·休宁古林黄氏世系图序》，清乾隆十七年（1752）刻本。

→ 11 碧璇→ 12 德→ 13 昂→ 14 景→ 15 论→ 16 宗器→ 17 损→ 18 士尧→ 19 仪→ 20 谦→ 21 思敏（唐中期迁古林）①

而嘉靖黄积瑜《新安左田黄氏正宗谱》左田氏族谱系为：1 积→ 2 寻→ 3 原奕→ 4 公衮→ 5 远期→ 6 伯汉→ 7 禧→ 8 碧璇→ 9 德涵→ 10 昂→ 11 景福→ 12 彦伦→ 13 宗器→ 14 损→ 15 仪（祁门尉，遂居左田）②

笔者所列新安黄氏三种氏族谱系，黄天衢谱系为宋代左田谱系，新安古林黄氏谱也算是左田黄氏谱，黄积瑜的左田正宗黄氏谱，三种左田谱，对早先氏族谱系的追述都不一样，这应该是宋代黄天衢修谱时所没有想到的。

（二）吴潜本宗谱系及其与徽州关系

1. 吴潜与徽州

（1）非吴潜谱所见吴潜与少微世系关系

万历吴乞和《泾川吴氏统宗族谱》认为吴潜出徽州唐左台御史吴少微之后：

1 仲雍→ 2 季简→ 3 叔达→ 4 周章→ 5 熊遂→ 6 柯相 → 7 彊鸠夷→ 8 馀桥→ 9 柯卢→ 10 周繇 → 11 屈羽→ 12 夷吾 → 13 禽处→ 14 转→ 15 颇高→ 16 句昇（一作昦轸）→ 17 去齐→ 18 寿梦（吴王）→ 19 诸樊→ 20 光→ 21 终壘→ 22 友→ 23 弥庸→ 24 句余→ 25 子三→ 26 蹶由→ 27 彰→ 28 穆→ 29 平→ 30 申→ 31 芮（长沙王）→ 32 臣 → 33 回→ 34 右→ 35 差→ 36 长陵→ 37 全→ 38 隆→ 39 复兴→ 40 汉→ 41 成→ 42 盱→ 43 胜→ 44 珪→ 45 文质→ 46 应之→ 47 康年→ 48 嗣英→ 49 正己→ 50 定→ 51 之则→ 52 延之→ 53 猛→ 54 安诚→ 55 筠→ 56 钦→ 57 授→ 58 文慰→ 59 良→ 60 义方→ 61 少微→ 62 巩→ 63 泉→ 64 瑶→ 65 叔沄→ 66 瑗→ 67 谟→ 68 亨之→ 69 衡→ 70 光裕→ 71 百亿→ 72 逢源→ 73 福→ 74 元珍→ 75 义德→ 76 彬→ 77 百九→ 78 万乙→ 79 大千乙→ 80 镗→ 82 芳昭→ 83 珪→ 84 柔胜→ 85 大潜、大渊、大源、大流③

清代吴一湫《延陵吴氏宗谱》中认为吴潜为少微之后：（前皆同吴乞和）

① 参自［明］黄云苏《新安黄氏会通谱》，世系部分，安徽师范大学徽州文化研究中心谱牒库藏。

② ［明］黄积瑜：《新安左田黄氏正宗谱》，嘉靖三十七年刻本，上海图书馆藏。

③ ［明］吴乞和：《泾川吴氏统宗族谱》五卷，万历八年家刻本，安徽省图书馆藏。

61 少微 → 62 巩 → 63 泉 → 64 瑶 → 65 叔沅 → 66 瑗 → 67 谟 → 68 亨之 → 69 衡 → 70 光裕 → 71 百亿 → 72 逢源 → 73 福 → 74 元珍 → 75 义德 → 76 彬 → 77 百九 → 78 万乙 → 79 大千二 → 80 幼锽 → 81 都护 → 82 芳昭 → 83 珪 → 84 柔胜 → 85 大潜、大渊（吴一湫小传注释：吴柔胜只生二子）①

当代人所修的《肥东六家畈吴氏族谱》②中认为吴潜为徽州吴氏五大派之莲塘派启公支后裔：61 少微 → 75 用清 → 76 启 → 77 延硕 → 78 珠 → 79 彬 → 80 丕 → 81 柔胜 → 82 潜

此三谱都认为南宋丞相吴潜皆出自唐左台御史吴少微。然而我们发现把吴乞和谱和如下徽州休宁《商山吴氏族谱》比较后，可发现重要问题：

1 仲雍 → 2 季简 → 3 叔达 → 4 周章 → 5 熊遂 → 6 柯相 → 7 彊鸠夷 → 8 馀桥 → 9 疑吾 → 10 柯卢 → 11 周繇 → 12 屈羽 → 13 夷吾 → 14 禽处 → 15 转 → 16 颇高 → 17 句昇（一作呆轸）→ 18 去齐 → 19 寿梦（吴王，又名叶公）→ 20 诸樊 → 21 光 → 22 夫差 → 23 友 → 24 地 → 25 弥庸 → 26 句余 → 27 子三 → 28 蹶由 → 29 彰 → 30 穆 → 31 平 → 32 申 → 33 芮（长沙王）→ 34 浅 → 35 信 → 36 广志 → 37 千秋 → 38 长陵 → 39 全 → 40 隆 → 41 复兴 → 42 汉 → 43 成 → 44 盱 → 45 胜 → 46 珪 → 47 文质 → 48 应之 → 49 康年 → 50 嗣英 → 51 正己 → 52 定 → 53 之则 → 54 延之 → 55 猛 → 56 安诚 → 57 筠 → 58 钦 → 59 授 → 60 文慰 → 61 良 → 62 义方 → 63 少微 ③

吴乞和谱和吴士信成化抄本《商山吴氏重修族谱》相比少三代：第 9 疑吾、第 22 夫差、第 24 地。最大的区别是长沙王吴芮后的世系：

吴乞和谱：31 芮（长沙王）→ 32 臣 → 33 回 → 34 右 → 35 差 → 36 长陵

吴士信谱：33 芮（长沙王）→ 34 浅 → 35 信 → 36 广志 → 37 千秋 → 38 长陵

徽州谱皆以长沙王子吴浅为后裔，而吴乞和系却认为自己出自长沙王子吴臣后裔，关键是吴臣五世后，又回到了吴长陵处，即又回到了徽州谱系上。两部家谱之长陵后至少微的世系都相同。可见吴乞和明显是为了跟主流

---

① ［清］吴一湫：《延陵吴氏宗谱》，十三卷，清乾隆五十八年（1793 年）刻本，十二册，河北大学藏。

② 《肥东六家畈吴氏族谱》，2009 年版，安徽省图书馆藏。

③ ［明］吴士信：《商山吴氏族谱》，明成化抄本，安徽省图书馆藏。

少微谱对接，而嫁接了徽州的谱中世系，即吴乞和系应该不是少微后。

今天所见，最早在家谱中认为南宋状元吴潜为徽州人的，就是万历八年的吴乞和，其在谱中认为吴潜为吴少微后裔，此信息应该是康熙版《徽州府志》关于吴渊、吴潜兄弟为休宁人而寄籍宁国的滥觞。而吴乞和本人世系都非来自少微，吴潜更是。

2. 吴潜修谱具体世系

宋左丞相许国公复修源流世谱图：（前面世系见氏族谱）64 敬宗→65 佐（由姑苏梅里迁宣城来苏乡）→66 全文→67 景能→68 仁富→69 孟修→70 贞一公→71 洙→72 丕承→73 柔胜→74 潜（1195 宋状元）→75 璞→76 宝儒①

吴潜《吾吴氏宗谱跋》曰"维吴氏系昉于周泰伯，故潜之祖府君佐为姑苏人，汉番君吴文王芮之裔胄也"，吴潜作为南宋状元，家族世代为官，自己或家族都有充分的条件研究清楚吴姓之源流，所以其轩辕到吴芮之世系、吴芮之自己的世系，应该是有其来源的。"当后唐之中世，睹国政不纲，念苏为湖海之冲，且多盗，乃徙其族自苏之宣，卜筑于郡东南距城六十里许，母夫人皇甫氏墓所之白马山，人号其乡曰来苏，言自苏而来也。"此句表明其 65 世佐公由姑苏迁来宣城的原因，并明确自己把宣城所居之地起名"来苏"之由，《宋许国公复修源流世谱》谱首处即有"来苏吴氏，纶命相传家宝"之精美书法留存。吴潜不但指出自己这一支至姑苏而来，而且"于时有曰少微者，徙歙之新安；曰毗陵者，徙庐江镇之姥山；佐之后又有曰好问者，徙洪之瑞阳，姑苏之族始散蔓于天下矣"。吴潜认为自己祖先吴佐迁来苏时，少微这时期也"徙歙之新安"，同时还有"毗陵者，徙庐江镇之姥山"，也就是说，吴潜从一开始就认为自己之血脉和少微没有关系，自己不是少微之后裔，要是和少微有关系，也是自己和少微都出于"姑苏之族"而已，换句话说，他认为少微也出于姑苏之吴。

吴潜自认为自己非出吴少微之后，跟徽州之谱从第 52 世祖分开，其 52 世祖是猷，而徽州谱第 52 世是延：31 芮（长沙王）→32 浅→33 信→34 广志→35 千秋→36 长陵→37 全→38 隆→39 复兴→40 汉→41 成→42 盱→43 胜→44 珪→45 文质→46 应之→47 康年→48 嗣英→49 正己→50 定

---

① ［宋］吴潜：《宋许国公复修源流世谱·吴氏宗谱家传论》，河北大学图书馆藏。

→ 51 之则→ 52 延→ 53 猛→ 54 安诚→ 55 筠→ 56 钦→ 57 授→ 58 文蔚→ 59 良→ 60 义方→ 61 少微^①

3.《宋许国公复修源流世谱》与《义门吴氏谱》相关世系比较

笔者注意到孙广华先生文章《吴潜及其词》^②中提到了吴潜外地之后裔修有《义门吴氏谱》，给研究吴潜提供了很难见到的宝贵资料。据其记述，此谱为八十年代初，在浙江平湖吴家桥从元代画家吴镇之兄吴伯圭之后裔处发现的。此谱四卷，现藏浙江平湖图书馆，为康熙抄本，宋代谱系所据为宋刻本，其序言称"悉遵宋刻原谱所载，今稍定商山本之误"。今笔者参考张津津论文《吴潜家世考》^③，列出此谱世系如下：天全→璋→廷祚→元衣→守严→承嗣→世勋→用效→革→祐→玖→掞→盟→衢→柔胜→潜（1195 宋状元）→璞、琳、定、实→璞子宝谦；琳子宝儒；实子泽、沛、渚、泽七子（其第七子为禾，生桢、镇。镇为元代著名画家，和赵孟頫友善）

本世系和宋代曹彦约《吴柔胜墓志铭》^④"家本姑苏，八世祖徙宣城"有出入，和《宋许国复修源流世谱》吴潜祖父吴丕承一辈朝上，皆有出入。此谱的出现至少说明了两种情况：首先，南宋吴潜家族很有可能在宋代即与休宁商山吴氏有联系，或许那时的某部商山谱即认为吴潜为休宁人，这也是吴潜与休宁有千丝万缕之联系的一个证明；其次，吴潜后裔在改朝换代之际，有的流落外地，可能由于各种原因修谱时较多融入或自己融进了他族世系，能留下文字资料，让后世知道已经是难能可贵了；有的在迁徙外地后，从此就湮没无闻，如吴潜另一后裔族谱《石匮吴氏族谱正编》以丙三公为始迁石匮之祖，丙三与吴潜的世系为：吴潜→吴璞→宝儒→节泮→珍四→丙三，丙三大哥丙一，由于"避查勘欠，纳秋粮家祸"，被迫遂其他族人一道谪迁云南，从此杳无音讯："洪武二年因避查勘欠，纳秋粮家祸，（珍四）同郑孺人携子南二南三改南为丙，徙居甄塘，遣子南一即丙一在旧居，同族人遣谪云南口外，为民公有泪笔遗记，详述其事。"^⑤

① ［清］吴正遂：《左台吴氏大宗谱》，上海图书馆藏。
② 孙广华：《吴潜及其词》，南京师范大学硕士毕业论文，2005 年。
③ 张津津：《吴潜家世考》，《宜宾学院学报》，2013 年 2 月。
④ ［宋］曹彦约：《昌谷集》卷二十《吴柔胜墓志铭》有"家本姑苏，八世祖徙宣城"之语。
⑤ ［清］佚名：《石匮吴氏族谱正编》，1848 年刻本，河北大学图书馆藏。

4. 小结

休宁状元博物馆认为休宁出的第一位状元为南宋（1217）的吴潜，寄籍宁国。研究吴潜的专家宛敏灏认为其籍贯为宣城①，笔者深以为许。寄籍宁国应该来源于康熙版的《徽州府志》，认为吴潜为休宁人，其当初以宁国籍登第，而后徙居休宁之玉堂巷。②族谱中最早认为吴潜为休宁人，或为少微之后裔的，最初见于明万历吴乞和《泾川吴氏统宗族谱》，其后清代吴一漱的《延陵吴氏族谱》等开始有类似记载。而吴潜所修之谱《吾吴氏宗谱跋》明确自己为来苏吴氏，非少微之后，同时他也认为唐代的吴少微和自己一样，来自姑苏之族。吴潜之族，虽非来自徽州休宁，但其兄吴渊曾在休宁为官，休宁之"画锦坊"和其更有关联，应该为吴乞和之后的多部族谱、多部府志开始记载吴潜和休宁有关系而提供了表面依据。

（三）方桂森本宗谱系及与状元方逢辰、名士方干的研究

1. 方桂森本宗谱系的编撰

统宗图之一始祖纮公世系图表：纮，字子纲→字代英→储→观→平字文高……统宗图之九：彦章→伯起（字应远，号愚溪先生，太学生）→莹（出太学上舍生）→桂椿、桂森（字秀山，宋仁和县知县）→祖（字述翁，行正四，户名进卿，构亭森秀，以永思亲，有□。）③

方桂森的本宗谱系谱至（本宗谱）统宗图之十，即世系谱至方桂森的下一辈，方桂森为宋末人，可见此谱世系截止到元初。

2. 状元方逢辰认祖徽州

方桂森凡例曰："谱宗淳安秘书镕公、参议朝散旻公手录，合并一图。实非私附。闻人自相矜诩，要之阐扬祖功宗德，一脉相传，亦以启祐来许，世讲绳武云。"④方桂森通过此语告诉世人，把淳安系的方镕、方旻所手录家谱，汇编合并于自己歙县一谱中，不是私自附录，而是淳安方氏的主动要求。方桂森明言自己知道修谱人喜欢把同姓名人拿来放入自己谱中，以"自相矜诩"，从而阐扬祖宗有功德，显示和名人一脉相传，彰显宗族贵重；而

---

① 宛敏灏：《吴潜年谱》，《合肥师范学院学报》，1962年第1期。
② ［清］赵吉士：《徽州府志》，康熙三十八年本。
③ ［宋］方桂森纂修《汉歙丹阳河南方氏衍庆统宗图谱》1卷，中国国家图书馆藏。
④ ［宋］方桂森纂修《汉歙丹阳河南方氏衍庆统宗图谱》1卷，中国国家图书馆藏。

他收录合编淳安谱，是在淳安方氏的要求下而为，并且"亦以启祐来许，世讲绳武云"，希望后世能够辨别清楚。

由此我们可知，方逢辰其父方镕公，和族人旻公在绍熙甲寅（1194）已经修成淳安方氏一谱，但因为祖源问题没有搞清楚，只修了淳安当地的本宗谱。方逢辰状元及第后，方家成为名门，追溯祖源的问题，成为方家的头等大事，在得知歙县的方桂森修成家谱后，其方氏一门应该主动联系歙县方氏，要求合宗。

方桂森为何答应淳安方氏的合谱，可以猜测应该有其想光大显耀本门方氏的心理，更主要可能是方逢辰从中运作的结果。方镕、字仲冶，累封奉直大夫，方逢辰父；方逢辰（1221—1291），原名梦魁，字君锡，号蛟峰，学者称蛟峰先生，"君锡"是因为其原来名叫方梦魁，后来状元及第，宋理宗亲赐名"逢辰"，于是他便以"君锡"为字。在这样的背景下，方逢辰主动提出合宗，方桂森实在没有推辞的理由："（后来）莆宗耕道（方耒）、若水（方壬）二君，会礼部蛟峰公（方逢辰），始有合族之举，收涣萃散，各出源流合并一集，万派千支、连珠贯玉，绰乎可观，了然在目，本支百世若指掌然，将行锓梓永延于后。"①

当然闽中莆田的方耒、方若水来合宗，一方面他们早已有合谱之愿，更主要的是方若水（壬）其本身即是丁未进士，莆田的大家，莆田方氏本身可能也确实出自徽州方氏，所以就最终完成三家合谱成统宗的事情。有趣的是，方壬的谱序显示，此次合谱，是方桂森主动提出在先，而方壬看过方桂森向他出示的族谱后，感觉好，于是才应许："（嘉定）癸酉（1213）春，秀山公（方桂森）令仁和，复以宗谊会晤神京，出示源流，溯寻本始，历汉唐而迄，宗朝班班益可考矣。于以根茂、实贯绵延，次第究江南而族处者皆其半以衍之也。其庆泽不亦深远乎哉？余为闽之莆人也，由歙邑分，益信矣，爰书简首以征自出云。"②

3. 方逢辰谱系对接歙县谱的猜测

统宗图之七：惠→处→嵩→1 昊→2 祁

---

① ［宋］方桂森纂修《汉歙丹阳河南方氏衍庆统宗图谱》1 卷，中国国家图书馆藏。

② ［宋］方桂森纂修《汉歙丹阳河南方氏衍庆统宗图谱》1 卷，中国国家图书馆藏。

统宗图之八：祁→3达→4嵩（字孟高）→5文焕→6英（加言字旁）（字君译，立从兄次子为嗣）

统宗图之九：英（加言字旁）→7（前两子都殇）安行（其父立从兄次子为嗣）→8虞仲→9阅（门内石）（字彦德，累官朝奉大夫，判南京国子监）→10汝霖、汝翼（字德辅，宣义郎）

统宗图之十：汝翼→11谦→12镕（字仲冶，累封奉直大夫，所著有谱）→13逢辰（字君锡，宋庚戌状元，累官礼部尚书，号蛟峰）、逢振、逢原→梁、栋……①

笔者猜测此次谱系对接应该发生在统宗图之九上，方逢辰的高祖之父虞仲，其父亲是歙县某子过继而来，具体过程，谱中一带而过，语焉不详。

由此我们可以知道方逢辰和唐末隐士方昊之间的世系：

1昊（唐末高士）→2祁→3达→4嵩（字孟高）→5文焕→6英（加言字旁）（字君译，立从兄次子为嗣）→7（前两子都殇）安行（其父立从兄次子为嗣）→8虞仲→9阅（门内石）→10汝翼→11谦→12镕→13逢辰（字君锡，宋庚戌状元）②

4. 方干之声名影响在此谱中的反映

徽州元代的郑千龄曾言："尝见郡中大家，程必祖忠壮，汪必祖越国，方必祖鉴湖，吴必祖少微"③，方鉴湖即方干，是唐代徽州名士，是方氏谱系中的核心人物，元代时"方必祖鉴湖"，反映了地方神话方干的现象。方桂森此谱是宋代三地的合谱，有关其歙县的谱系，反映了方干之声名在歙中的影响没有元代那么厉害：

统宗图之七方干世系：待价→干（字继飞，号鉴湖先生，门人私谥玄英，严子陵祠奉祀，有诗集行世，此处方干应该是方储第24孙）→翼、羽（号师古）→楷、枕→蒙（字达原，元祐中任监察御史）、公叔（举进士，中弘词科，迁水部郎中）、公润（探花）、枋（拜京西两浙运使转迁淮南运使，居歙县往浙江）

---

① ［宋］方桂森纂修《汉歙丹阳河南方氏衍庆统宗图谱》1卷，中国国家图书馆藏。

② ［宋］方桂森纂修《汉歙丹阳河南方氏衍庆统宗图谱》1卷，中国国家图书馆藏。

③ ［元］郑千龄：《鲍屯鲍氏族谱序》，程敏政《新安文献志》卷八十八，影印《文渊阁〈四库全书〉》本［此序作为小字附录于郑忠（郑以孝）《处士鲍公椿行状》后面］。

此条世系显示方干有两子两孙四个重孙，重孙分别是：蒙、公叔、公润、枋。而统宗图之八所有世系图表如下：祁公世系图表；蒙公世系图表；公叔公世系图表；公润公世系图表；晋积公世系图表；寿积公世系图表；因得公世系图表；果得公世系图表；欢公世系图表；庆公世系图表。

由此统宗图之八可见，当时第八代分派有 10 支，而唐时的方干在宋代的重孙，在歙县只有十派中的三派，可见影响远不如元代。

（四）徽州现存宋谱所见墓葬信息

徽州的宋代家谱，以程祁及朱熹所修之谱最为出名，可惜此两谱今已无存，目前所存的宋代家谱，所修内容都较简单，所含墓葬信息不普遍，有的话皆存在于世系小传中，下面以几张家谱所含的图片为例：

1.《左田黄氏宗派图》十八世瑰公至二十一世崇公世系图：

（此图见黄天衢《左田黄氏宗派图》，1 册，现藏中国国家图书馆。）

《左田黄氏宗派图》十八世瑰公至二十一世崇公世系图

主要记录摘要：十八世瑰公，字某，配某，合葬丁家园；十九世叔宏公，字某，乾符间避难黄墩，后复归左田，基业再造，尝作本宗家乘，藏于

家，卒葬虎坑口石楠树下，配汪氏，葬戴家湾；二十世透公，行某、主要事迹略、配李氏大娘，合葬填坑口；崇公……①

分析：处于两宋之际的黄天衢所修之谱，很有特点，其谱虽然只有十几页，但世系小传记录丰富，不但记录了字某、行某、主要事迹、婚配，而且还记录了葬某。把埋葬之地记录得这么仔细，且几乎每人都记录有墓地，这种情况是很少的。其稍迟于北宋程祁所修之谱，程祁谱有十卷，且记录了众多的墓地，更甚者其在梦中还进入了墓地，当也是稀少发生的事件之一。②

2.《宋许国公复修源流世谱》七十一世洙公至七十四世源公（吴潜兄）世系图：

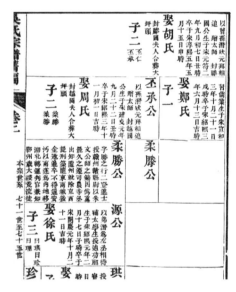

（此图见吴潜《宋许国公复修源流世谱》，1册，河北大学图书馆藏。）

《宋许国公复修源流世谱》七十一世洙公至七十四世源公（吴潜兄）世系图

主要记载摘录：七十一世洙公记录有生卒年月日，娶胡氏，合葬大坪头，子二，丕仁、丕承；七十二世丕承公（记录主要事迹略），生卒年月日，娶周氏，合葬大坪头；七十三世柔胜公（吴潜父）（主要事迹略），生卒年月

---

① ［宋］黄天衢：《左田黄氏宗派图》，明末清初刻本，1册，国图。

② ［宋］程祁：《程氏世谱序》，见［明］程敏政《程氏统宗世谱》，成化刻本。此《程氏世谱序》载："先是家君将知歙，留祁居家，自婺源至黄墩，岭道回远，凡二百余里，既行之日，祁夜梦如迷图，入一大墓中，意其恐，适逢一古衣冠丈夫，援手而指之曰，道此可还尔家也。及悟，颇记其状。比家君还自歙，述墓茔林边之势，如梦所见。"

日，娶石氏、曹氏、沈氏、藏氏，子四：源、泳、渊、潜，藏氏封楚国夫人，合葬宋山，案府志修撰，柔胜公墓在府城南四十里小劳山，裔孙明知府宗周副使大本附葬；七十四世吴潜（主要事迹、封赠略），案府志，丞相潜公墓在隆演山柿木铺，又有行太仆蒋宾兴墓（此处谱图略），娶葛氏，子三，璞、琳、珒，其余封赠略。①

分析："案府志修撰，柔胜公墓在府城南四十里小劳山，裔孙明知府宗周副使大本附葬"，"案府志，丞相潜公墓在隆演山柿木铺，又有行太仆蒋宾兴墓"，② 此两处的墓葬地以府志记载，此府志具体是什么府志，笔者经过遍寻，清嘉庆洪亮吉修《宁国府志》和此两处惊人的一致，只能说明，此谱中的案府志中的府志，当指《宁国府志》。吴潜谱中，只有吴潜的直系亲属被注释上墓葬之地，且一再言明是"案府志"，所以此谱当重刻于洪亮吉时，或之后，换句话说，此重修之谱，采用了吴潜原谱的世系，但吴潜的直系之主要事迹、墓葬之地，则是清人所加。

3.《汉歙丹阳河南方氏衍庆统宗图谱元邦公世系图表》：

（此图见方桂森《汉歙丹阳河南方氏衍庆统宗图谱》1卷，中国国家图书馆藏。）

《汉歙丹阳河南方氏衍庆统宗图谱》元邦公世系图表

---

① ［宋］吴潜：《宋许国公复修源流世谱·吴氏宗谱家传论》，河北大学图书馆藏。另见犹他州家谱馆《宋许国公复修源流世谱》。网址：https://familysearch.org/ark:/61903/3:1:3QSQ-G9SF-2VLX？i=7&wc=3X2G-MNY%3A 1021938101%2C1021934502%2C1021939302%2C1022034801%2C1023738301&cc=1787988，2016 年 12 月。

② 同见清洪亮吉《宁国府志》，卷十三《舆地志冢墓》。

记录摘要：元邦—玄略（字德深）—绍世（字仲衡，本州太守）—干—输（字仅仍，仕隋，拜仁州刺史，封文登郡开国公）

4.《汉歙丹阳河南方氏衍庆统宗图谱·彦章公世系图表》（含方桂森世系）：

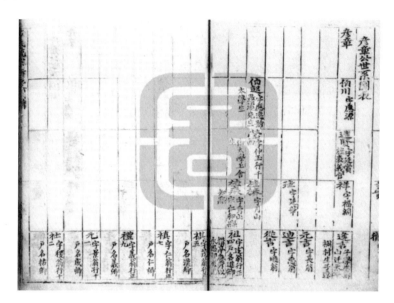

（此图见方桂森《汉歙丹阳河南方氏衍庆统宗图谱》1 卷，中国国家图书馆藏。）

《汉歙丹阳河南方氏衍庆统宗图谱》彦章公世系图表

记录摘要：彦章—伯起（字应远，号愚溪先生，太学生）—莹（出太学上舍生）—桂森（字秀山，宋仁和县知县）—祖（字述翁，行正四，户名进卿，搆亭森秀，以永思亲，有□。）①

方桂森族谱，笔者选取了两张图片来展示，我们可以从这两张图片看出，方桂森修谱，世系小传很简单，主要记载字某和官职两项内容，方桂森的六个儿子（祖、祺、祺、礼、元、社）有时也记录户名。此谱笔者认为是方桂森死后不久的元刻本，明初补刻（关键补刻所缺内容），从此处可见一斑。方桂森本身为南宋末年人，其族谱修撰，三派联宗，但内容还是很简单，世系中应该没有记录关于墓葬祭祀的任何信息，纯粹是世系，小传简明。此谱末明洪武二十八年（1395）方士贵补刻跋曰："国朝定位之初，乾

———————————

① ［宋］方桂森纂修《汉歙丹阳河南方氏衍庆统宗图谱》1 卷，中国国家图书馆藏。

坤再造……上溯先世合保源流，历有可据，至正癸卯静轩翁敬钦［方至功至正癸卯（1363）］、先大夫□□，黜伪，板刻犹存，况又两厄回，禄业已遗失不全，余时且悲且续镂，□□后秩然井然，尊卑不紊，焕乎又一新矣，是集也，辑于宋、刻于元，而□□其难，可胜道哉？"明初的方士贵跋语告诉我们，方士贵之谱，在元代板刻成集，1363年至正癸卯时方士贵之父和方敬钦对当时的板刻进行了黜伪，笔者猜测有可能当时的刻板被保留了下来，不然如果单门一本集子的话，很容易保存，不至于遭"两厄回，禄业已遗失不全"，明初时，方士贵对遗失不全的部分进行了补刻，谱中刊板字体风格不一可是证明。笔者看到家谱后不能明白的是，方桂森世系中的让人引以为豪的"禄业"内容并不多，方士贵所做工作应该只是修修补补之类的问题，若是当初方桂森修谱都含有大量"禄业"的话，谱中不会这样反映。可见方桂森所处宋末的当时当地，引墓入谱及引祠入谱，还不是很风行，而元代板刻时及明初补刻之际，当皆以方桂森所辑之内容，并没有增损多少，故此谱对后世的研究价值要更巨大。

宋代徽州的此三部家谱，笔者通过几张图片来展示其记录的具体内容，我们可以知道宋代徽州家谱所记录内容的大致方向，以此几张图的世系内容而言，时宋代的世系小传大致内容包括：字某、行某、官职、婚配、人物主要事迹，时代最早的两宋之交之际的黄天衢《左田黄氏宗派图》，其里记载了大量的墓葬信息，很是显眼。南宋中期的吴潜，其所修之谱，因是清嘉庆之际的重刻本，而吴潜直系皆记录有生卒年月、主要事迹、墓葬之地等信息，但其墓葬信息皆是依据嘉庆洪亮吉所编《宁国府志》中的内容，可见这些墓葬信息内容为清人所加，其谱吴潜直系本和吴潜旁支一样，只简单记录世系及生卒婚配，但没有墓葬信息。而宋末的方桂森，记录的内容更是简单，世系小传皆以官职为主，主要事迹没有，墓葬信息也没有。

综上所述，就三部徽州家谱而言，其中一部含有墓葬信息，其余两部皆没有，方桂森为歙县、黄天衢为祁门，吴潜（为休宁第一状元）家居宣城，离徽州很近，和徽州有莫大的关联，综合起来看，一处记录墓葬信息，一处不记；这姓记录墓葬信息，那姓又不记，应该表现出了当时的引墓入谱的不稳定状态。而徽州早在北宋程祁就修谱十卷，含有大量墓葬信息，南宋还有朱熹，还有成分所占更多，但仍表现了不稳定的状态，可见当时宋代整个社会当处于徘徊状态，家谱编修也处于定型前的徘徊时期。

三、宋代徽州家谱比欧苏新增内容

以休宁第一状元身份而为徽州人光为传诵的南宋吴潜，所修之谱比欧苏多了好几项内容，这些内容垂训后世，无疑为家谱内容扩宽了更多的空间。[①]

（一）像赞

吴潜所修谱中，已经有祖先的画像，且旁边配有前人为祖先题的像赞，如唐魏征题吴氏始祖吴泰伯的像赞：赠吴氏世家始祖至德侯泰伯公像赞曰："仰惟先生行贯天人，能让天下，至德仁称，圣贤所仰化，及万民生稽首，赠奕世清风。"唐魏征题大将军吴汉的像赞：赠司马广平侯图像云台大将军汉公像赞曰："性秉坚精、文武全能，八战八克，汉室奇勋，云台真将，复国功臣，吴氏嫡祖，永远标名。"

（二）诰敕

吴潜谱有两份皇帝颁给吴潜及其父亲的敕封：分别是《敕左丞相兼枢密院使臣吴潜进封许国公》和《敕吴潜父吴柔胜谥正肃》。

（三）诏书

吴潜谱中还保留有唐太宗修《氏族志》的始末，并在诏书中列出十二国之柱，二十国之梁，延陵吴氏为十二国之柱第九位。笔者目前无法考证其真伪。

（四）家政录

南宋吴潜谱中列出了目前笔者认为最早出现的家政录，太重要，值得笔者全文引用如下：

吴氏家政录

一、凡养子须自幼教之礼让，不可令其骂言，纵其心性。须严加痛治，若自小姑息，则长来禁治不得矣。令其常穿大衣巾袜见客，作揖陪坐自有礼

---

① ［宋］吴潜：《宋许国公复修源流世谱·吴氏宗谱家传论》，河北大学图书馆藏。另见犹他州家谱馆《宋许国公复修源流世谱》。网址：https://familysearch.org/ark:/61903/3:1:3QSQ-G9SF-2VLX？i=7&wc=3X2G-MNY%3A 1021938101%2C1021934502%2C1021939302%2C1022034801%2C1023738301&cc=1787988，2016 年 12 月。

度。今人只说年小可以将就，殊不知长大只是小儿气习，坏了。

二、养子须要教他读书。夫读书岂必皆应举及第？只应明道理、晓礼义，涵养气质、摄伏身心，常不失故家气味，此是读书要领。若科举则有命存焉，不可以此介意，遂懈于学。

三、凡人局量器识须要宽洪深重，廓然有容。横逆之来，非礼之加受而清之不介于怀，不可发人阴私、谈人过恶，称量人有无妒忌，人胜己庶用意忠厚。

四、记载事迹。夫记载者，记其实迹、载其善行以垂不朽，务在实有可嘉众议确定方可表而出之，毋以虚饴滥誉以伤名教。

五、坟墓。坟茔乃祖宗埋骨之所，万年不易之地，死者安其魂魄而生者赖其荫力。足者必当勒石以志不朽；即力绵者，必书某公葬某山某向，载记在谱，使后世子孙知其祭扫，毋致失业以亡其本也。

六、记年。书云"父母之年不可不知也"，以警人子当知之意。世多浅厝以俟吉穴，致年久未瘗时或归葬。幼子不知父之生而孙不知祖之庚，往往皆然。至以选择吉凶生克无凭，临期彷徨，悔恨则何益焉？兹当记载以便考详。

七、孝。家庭莫大于孝，故先贤屡言问孝，子能竭力事亲，媳能敬勤侍姑，孙能顺奉公婆者，皆世之所珍，必当记载以旌其孝。

八、义。张公九世不分居，知名者多效义者鲜矣。有能终兄弟之世不分居者，能抚侄犹子名有能代父立业、一同均分者，有能代父完幼弟之婚娶者，有兄弟遇难极力扶持者，皆属义焉，必表而记载之。

九、节。立志守节古来称难，至以青年守节而无瑕玷者尤难，故朝廷敕建坊、府县送扁额，旌其贞节，不没其苦志业。族有贞节可嘉者，必当书载流芳后世，以励风化。

十、能。人之所不能者之谓能，能以诗书教子成名光耀宗祖者能，置大业广造屋宇以遗子孙者能，以祖宗正事、挺力振纪排难能，以业肆文武观光上国者具皆有志苦心，兹当另载以跨其常。[1]

————

[1]　[宋]吴潜：《宋许国公复修源流世谱·吴氏宗谱家传论》，河北大学图书馆藏。另见犹他州家谱馆《宋许国公复修源流世谱》。网址：https://familysearch.org/ark:/61903/3:1:3QSQ-G9SF-2VLX？i=7&wc=3X2G-MNY%3A 1021938101%2C1021934502%2C1021939302%2C1022034801%2C1023738301&cc=1787988，2016 年 12 月。

上文即是吴潜家政录的全部内容，原文没有序号。我们可以看出，此家政录首先明确教养儿子行礼读书为人处世的规范，此是家里最重大的事，排在前列；其次制定祖墓及父母生卒记年的规定，强调坟茔乃祖宗埋骨之所，万年不易之地，死者安其魂魄而生者赖其荫力，并规定有条件勒石以志，没条件也要载记在谱，不这样即为失业以亡其本。吴潜之于坟墓的规定，还是基于做人当孝的礼制，若像张公艺九世不分居，则有义的成分，并对立志守节提出了肯定，最后总论能以诗书教子成名光耀宗祖者能，置大业广造屋宇以遗子孙者能，如果不但能光宗耀祖，而且还能上报国家的，更应该专载。

四、谱序视野下的武口王氏义居

宋代婺源武口王氏家谱内容中有当时的义居情况，很是特殊。王汝舟《婺源武口王氏九族图序》曰："王氏世居千秋里王村，其远不可记。今吾族之先，自始祖六翁译翔，有一子，即高祖；二翁译延钊。始祖没，吾高祖家于旧居之南，有子十人，既又庚申，建隆元年（960），曾祖十人之中，或存亡，其子孙众多。是时天下初定，无兵戈伐役之劳，为王氏亲者，三百二十有六人，义不忍分，而同居者六十五年（1025），计产之税务有七十二贯；而金谷资用之费，岁常有余。时里中独王氏为豪，至于甲子、天圣二年，以族大不可居，举户内众田与私产之税二百四十有一贯，遂以众田析为十分，私产不预焉。其年以十分，又支为三十三户，至今三十有五年（1059）。"①

由此我们可以基本断定，同居义门成立时间：建隆元年（960）；存在时间：同居者六十五年；同居人数：三百二十有六人；解散时间：甲子、天圣二年（1025年左右）；解散原因：族大不可居。

《双溪居士世系录前序》中王炎介绍武口王氏最盛状况：始祖唯一子，讳延钊，是为二代祖也。没于建隆元年，有子十人，名皆从"仁"；有孙二十四人，名皆从"文"；有曾孙五十一人，名皆从"德"。二代祖葬于旧居之侧，其地号三万林。由建隆元年至天圣二年，凡二十有五年，以义同居者四世，阖门三百二十有六人。食者众、产业少，不免析居，此王氏最盛之时

---

① ［宋］王汝舟：《婺源武口王氏九族图序》，见［清］王之策《婺源新安太原王氏宗谱》十卷，清刻本。

也。[1] 王炎在此前序中认为义居析散的原因和王汝舟多有不同：“窃意所以析居，必有败群者，厕于其间。故其势聚而必散，殆不专为食指之众，产业之少而用度不足也。”

前后两篇序，都指出了武口王氏析居的原因，王汝舟认为是族大没法在一块居住，而王炎认为族大不是主要原因，而是家族中有败类，或者是败群者，由于这些人在其中作祟，所以最终家族义居解散。

家族从三百多人的大户，而析居成众多的小家小户，家族声势当不可同日而语，《双溪居士后序》中王炎认为宗族盛衰不只是天事，更在人为，而王氏宗族的复兴必有待王氏后裔中的贤者，明义以睦族，则宗族有再兴的希望：“王氏今视昔稍替矣，盛必有衰，废必有兴，非特天数，亦人事也。后有贤者，力学以发身，明义以睦族，一洗风俗衰薄之敝。王氏其再兴乎。”[2]

---

① ［宋］王炎：《双溪居士世系录前序》，见［清］王之策《婺源新安太原王氏宗谱》十卷，清刻本。同见［宋］王炎《双溪集》卷三，又见《宋元学案补遗》卷七一。
② ［宋］王炎：《双溪居士后序》，见［清］王之策《婺源新安太原王氏宗谱》十卷，清刻本。同见王炎《双溪集》卷三。

第三章

宋代徽州士大夫对家谱编修的探索（下）

第一节　谱序所见宋代徽州家谱内容中墓葬信息数量分析

一、宋代徽州含墓葬信息谱序篇目

徽州宋代家谱编修的内容特别是谱序中，记录了众多的墓葬信息，很是重要，笔者在这里单作分析。安徽师范大学徽州文化研究中心谱牒库中收录了众多徽州家谱的复印件，笔者曾从中收集到宋代徽州谱序185篇（见附录），具体含墓葬信息篇数如下：

1毕范《长陔族谱序》（［明］毕济川《新安毕氏族谱》）；2吕午《歙南长陔毕氏续谱序》（［明］毕济川《新安毕氏族谱》）；3萧江松《歙南口溪毕氏家谱序》（［明］毕济川《新安毕氏族谱》）；4程祁《程氏世谱序》（［清］程佐衡《歙县新安程氏世谱征文录》）；5程士忠《程氏世谱后序》（［明］程尚芳《新安休宁古城程氏宗谱》）；6陆佃农《程氏世谱序》（［明］程尚芳《新安休宁古城程氏宗谱》）；7程应新《休宁古城程氏谱序》（［明］程尚芳《新安休宁古城程氏宗谱》）；8赵象元《程氏源流纪略跋》（［明］程尚芳《新安休宁古城程氏宗谱》）；9程俱《序开化北源程氏谱》（［清］程佐衡《歙县新安程氏世谱征文录》）；10程大昌《休宁会里程氏谱序》（［清］程佐衡《歙县新安程氏世谱征文录》）；11程珌序富溪程氏迁徙世次（［明］程鸣球《十万程氏会谱》）；12程若庸《叙宣议公建昌派世系》（［明］程鸣球《十万程氏会谱》）；13程伯梅《程氏谱序》（［清］佚名《怀宁程氏支谱》）；14程祁《程氏世谱序》（［明］佚名《安徽率东程氏家谱》）；15佚名《谯国戴氏

宗谱原序》（［清］佚名《永春戴氏宗谱》）；16 佚名《谯国戴氏宗谱原序 2》（［清］佚名《永春戴氏宗谱》）；17 李实《方氏族谱原序》（［民国］佚名《绩溪城南方氏四修宗谱》）；18 方蒙《方氏族谱图序》（［清］方善祖《歙县淳安方氏柳山真应庙会宗统谱》）；19 方仕燮《方氏续修族谱序》（［清］方善祖《歙县淳安方氏柳山真应庙会宗统谱》）；20 方鹏飞《锦庭方氏家谱序》（［清］方善祖《歙县淳安方氏柳山真应庙会宗统谱》）；21 冯铺《冯氏宗谱序》（［清］佚名《绩溪冯氏宗谱》）；22 葛湘《乾兴始修原谱序》（［清］佚名《枢密葛氏宗谱》）；23 洪迈《内翰文敏公迈序》（［民国］佚名《婺源敦煌郡隐溪洪氏宗谱》）；24 王汝舟《官源旧序》（［清］洪钊修《祁门桃源洪氏宗谱》）；25 洪中孚《中孚公序》（［清］洪先富《洪氏续修族谱》）；26 胡雪蕙《雪蕙先生序》（［民国］胡国华《歙县金川胡氏宗谱》）；27 佚名《安定胡氏通谱源本序》（［明］佚名《祁门翠园胡氏宗谱》）；28 胡存忠《宋庆元三年考川明经胡氏统宗谱旧序》（［民国］胡士坊《绩溪明经胡氏龙井西村宗谱》）；29 胡行简《胡氏族谱系》（［清］胡景《安徽横冈胡氏支谱》）；30 胡道正《胡氏序族碑谱》（［清］胡景《安徽横冈胡氏支谱》）；31 胡季丛《横冈胡氏谱系》（［清］胡景《安徽横冈胡氏支谱》）；32 胡舜申《乾道重修家谱序》（［民国］佚名《柳川绩邑胡氏宗谱》）；33 黄希逸《新安祁阊左田黄氏源流序》（［清］黄茂诗《新安黄氏横槎重修大宗谱》）；34 汪雄图《休宁黄村黄氏族谱序》（［清］黄茂诗《新安黄氏横槎重修大宗谱》）；35 黄鼎《左田黄氏重修谱序》（［清］黄茂诗《新安黄氏横槎重修大宗谱》）；36 黄元之《黄氏宗谱图序》（［清］黄茂诗《新安黄氏横槎重修大宗谱》）；37 金朋说《宋进士鄱阳令朋说公序》（［清］金门诏《休宁金氏族谱》）；38 李秀《李氏宗谱旧序》（［清］佚名《婺源严田李氏家谱》）；39 李希置《李氏宗谱旧序》（［清］佚名《婺源严田李氏家谱》）；40 佚名《吕氏名贤功迹》（［明］吕继华《歙县新安吕氏续修宗谱》）；41 王炎《双溪居士世系录前序》（［清］王之策《婺源新安太原王氏宗谱》）；42 王叔安《敬齐翁百世图序》（［清］王之策《婺源新安太原王氏宗谱》）；43 王元龟《元龟侍郎序》（［清］王魁瘅《婺源婺南云川王氏世谱》）；44 汪高梧《重修庆源谱序》（［民国］汪宗海《歙县歙西汪氏重辑支谱》）；45 汪有闻《坦翁有闻家谱卷首叙》（［明］汪奎《歙县重修汪氏家乘》）；46 汪藻《梧村汪氏支谱序》（［清］汪国徘《休宁汪氏世家谱》）；47 汪藻《周

村汪氏旧谱序》([清]汪国徘《休宁汪氏世家谱》);48项时颐《绩溪项氏自叙家谱序》([清]项茂棋《婺源汝南项氏宗谱》);49金孟博《徐氏宗谱序》([明]徐岩护《休宁徐氏家谱》);50佚名《许氏族谱序》([清]许德辉《新安许氏家谱》);51姚云龙《云龙公渊源录》([清]姚愁诠《江西浮梁婺源吴兴姚氏宗谱》);52王汝舟《婺源庆源宗谱序》([清]詹大衡《婺源庆源詹氏宗谱》);53郑航《郑氏宗谱序》([清]郑道选《祁门锦营郑氏宗谱》);54朱莹《徽城朱氏谱序》([明]佚名《歙县朱氏世谱》)

宋代徽州含墓葬信息谱序统计表

	宋篇数	含墓篇数
毕	3	3
查	2	0
陈	1	0
程	27	11
戴	6	2
方	12	4
冯	4	1
葛	2	1
洪	5	3
胡	12	7
黄	12	4
江	1	0
金	4	1
李	7	2
吕	6	1
罗	1	0
佘	1	0
舒	5	0
宋	1	0
苏	2	0
孙	2	0

续表

	宋篇数	含墓篇数
吴	3	0
王	16	3
汪	21	4
项	3	1
谢	5	0
徐	2	1
许	4	1
姚	1	1
余	2	0
詹	6	1
张	2	0
郑	1	1
周	0	0
朱	3	1
总计	185	54
		29%

二、谱序所见宋代徽州家谱内容中墓葬信息分析

由上可见，谱牒库中宋代谱序最多的姓氏为程姓 27 篇，其次是汪姓 21 篇，再次是王姓 16 篇，然后是方、胡分别为 12 篇。这些数据可基本上反映程、汪、王、方、胡五姓在宋代的修谱之盛。这修谱的五大姓中，程姓 27 篇中有 11 篇涉及墓葬信息，占 27 篇的 41%，汪姓 21 篇中有 4 篇涉及，占 19%，王姓 16 篇中有 3 篇涉及，将近占 19%，方姓 12 篇有 4 篇涉及，占 33%，胡姓 12 篇有 7 篇涉及，占 58%。但查氏、陈氏、江氏、罗氏、佘氏、舒氏、宋氏、苏氏、孙氏、吴氏、谢氏、余氏、张氏共 13 姓在宋代有谱序，可他们在谱序内容中均没有记录任何墓葬祭祀信息，说明在宋代家谱中，记录墓葬的内容还不是得到了很普遍的认可，就所有含墓的篇数也只占总数的 29%，也可说明这一情况。

徽州宋代笔者所录有的谱序，含墓葬信息篇数所占比例最高的是胡姓，占 58%，设若笔者收录的谱序没有以偏概全的情况下，则见宋代时胡姓在编修家谱的内容上，理念是很先进的。这些胡姓中，徽州安定胡氏有五篇，分别是：26 胡雪蕙《雪蕙先生序》（［民国］胡国华《歙县金川胡氏宗谱》）中有"吾胡氏之先出于安定郡王永昌公之后"；27 佚名《安定胡氏通谱源本序》（［明］佚名《祁门翠园胡氏宗谱》）；29 胡行简《胡氏族谱系》（［清］胡景《安徽横冈胡氏支谱》）中有"胡氏始出其郡安定"；30 胡道正《胡氏序族碑谱》（［清］胡景《安徽横冈胡氏支谱》）中有"安定胡氏世居横冈村者"；31 胡季丛《横冈胡氏谱系》（［清］胡景《安徽横冈胡氏支谱》）；金紫胡氏一篇：32 胡舜申《乾道重修家谱序》（［民国］佚名《柳川绩邑胡氏宗谱》）；明经胡氏一篇：28 胡存忠《宋庆元三年考川明经胡氏统宗谱旧序》

后人对宋元谱序的真伪多有质疑，后世所修家谱中，朱熹、蔡元定、陈康伯、赵鼎等出现的频率较多，这些署名这些宋代名人的谱序内容较短，多有重复，很容易判断为伪。对宋元谱序，笔者一直持审慎的态度。谱牒库中有明代士大夫汪道昆修的《汪氏十六族家谱》，其中有宋朱熹的《汪氏旧谱序》，冯剑辉先生认为此序为伪，因为最明显之处是"从汪华'进爵英济王'起，至'汪氏仕宦又盛于斯，蝉联簪组'为止，中间的一大段文字，新建谱序为新建派仕宦名人，而（汪道昆）十六族谱序则为唐模仕宦名人"，明显是汪道昆对新建谱序挖改而成的伪作。[①] 不过对于有些谱序，虽然为伪，但如果坚持辩证地看问题，即可发现内容中还是有大量有用的家族信息，如［清］许德辉《新安许氏家谱》中有朱熹谱序一篇，此序前半截为王安石《许氏世谱（序）》的前半截，内容几乎一字不差，而自王安石语"圉师绍少子宽博有器"后则全部改作：

干屡荐之，有与不合者，官以故不遂。尝知兴国军大冶县，县人至今称之，俞两子，均埙为进士，逊字景山，尝上书江南，李氏奇之，以为崇文馆

----

① 转引自冯剑辉《徽州家谱宗族史叙事冲突研究》，第 161 页，合肥工业大学出版社，2014 年版。

校书郎，岁中拜监察御史。后复上书太宗论边事，宰相赵普奇其意，以为与合，……许远与张巡同守，曰睢阳，专治军粮战具，城陷死之，睢阳至今祠享，号双庙云。……许将字符冲，宋嘉祐八年及第试，寅畏以享天赋，元祐臣僚乞发司马光墓，将曰发人墓非盛德事，乃不从。……谓夫新安许氏，其先高阳，因莽政暴逆，迁居于歙之北四十里沙塍，名姓其村曰许村，故许氏出自周武王之所封文叔于许。自许商公渡江而抵江东，隐居歙州，为新安之祖。其后徙于北沙塍。然旧谱历传晋、陈、隋之间，谱序脱略，不可复考。自许商（谱序中"商"、"商"互用）过江，实新安之鼻祖，传诸数世，乃逮至于靖公升尚书，子孙蕃斯之多，因黄巢之乱，散迁徽郡六邑，同出于靖公之后，笃生许将公，在宋拜尚书，其子孙益盛，有迁本郡歙之箬岭东关琵塘潭，渡绩溪东隅，休之东阁、长干、小贺、古溪、美溪、祁间、许干、溪头，祁门南二十里九里，充黟邑星源，宣城何村，歙之根真人出于此地，石田、隐塘、平川、西干、茶亭、开化、常由等处。越今岁月渐久，枝派秩远，有非同宗者，混驳其中，真伪之莫分，犹璞石之难辨，深可慨也。今惟同宗者，载在于谱，次序无紊，而本支所传，世系诸一帙，庶无舛谬，以贻后之子孙启观者了然明白，识祖宗之由来，源流之盛，远宗族之浩稠，以彰新安许氏人物之贤美，庸叙之于左方云。[①]

此序明显为后人托名朱熹的伪作，光改动王安石的下半截文章内容就有一千八百多字，仔细阅读后，发现序内容对了解徽州当地许氏之迁徙、发展及在徽州的分布有很大作用。此篇朱熹伪作和上文提到的汪道昆《汪氏十六族家谱》中朱熹伪作都含有重要墓葬信息，此篇还多处提到了祠庙等情况，但因确定是伪作，故不在所选之列。

第二节　宋代徽州家谱编修理论方法

一、"欧苏体例"的应用

欧阳修前后两部家谱综合后的谱法为：五世一提，各详其亲，世系小传随人记之。苏洵谱法是：从知道的第一世开始记录所有世系所有男性，详尊

---

① ［清］许德辉：《新安许氏家谱》四卷，光绪十七年（1891）活字本。

吾自所出（把吾的直系世系记录小传）。笔者认为体例是不断丰富的，家谱开始之初纯为"谱"，即用纯文字叙述世系，后来发展有表（或世系图），然后有了谱序（很少，唯一司马迁可能有，其余唐前家谱皆未见有谱序），后来有了世系小传，到唐时又有了谱辨，从上文分析我们知道，魏晋到隋唐，人们修谱较多用谱，而很少用图，且太过简单，欧阳修即因此认为唐代家谱编修水平下降，但他是不是发明了新的家谱编修体例呢，笔者认为没有，欧阳修最大的贡献是重拾汉代谱图编修家谱之法，世系图因唐时人几乎不用，欧阳修重新启用后，人们感觉作用很大，实质汉代已经甚至广泛使用了，只不过进入魏晋隋唐后变成了配角。苏洵之谱和欧阳修一样，既有谱又有图，只是具体编修方法少有不同。

南宋程元凤在《方氏源流录序》认为："国家法古以礼乐为治，欧苏诸公起而承之，仿小宗法创为谱例，自是人知重谱牒收族属，而文献故家尤必以为先也。"[1] 可见欧苏体例在《方氏源流录序》中，所起作用不小。金若洙在《宋亚魁黟阳少府若洙公序》认为金氏修谱"盖尝三复，奋然兴怀本家藏先公纪乘，参世行欧苏谱例，法汉史班马表记，纂次辑类，乃成一编"[2]。金若洙在这里，欧苏谱例和汉史班马表记当是指同样的内容。程若庸为金氏所写的谱序中，对金氏家谱的编修方法认为同样如此："于是考史汉纪例，参欧苏谱法，辑源派家乘，谨世次之传，列迁徙之派，详生没之节，编为内外二纪。"[3] 嘉定十三年李大冶在《李氏宗谱旧序》中陈述具体用苏法的内容："义不获辞，退而取欧苏之谱，参而体之，自吾始迁祖以至吾考，列其分位，别其长幼，承其父而子之尊祖而名之，亲吾与季父之所自出，而详之。"[4]

---

① ［宋］程元凤：《方氏源流录序》，见［清］方善祖《歙县淳安方氏柳山真应庙会宗统谱》，清刻本。

② ［宋］金若洙：《宋亚魁黟阳少府若洙公序》，见［清］金门诏《休宁金氏族谱》，乾隆十三年（1748）刻本。

③ ［宋］程若庸：《宋儒武夷书院山长勿斋先生程公若庸序》，见［清］金门诏《休宁金氏族谱》，乾隆十三年（1748）刻本。

④ ［宋］李大冶：《李氏宗谱旧序》，见［清］佚名《婺源严田李氏家谱》，光绪二十七年（1901）木活字本。

二、宋代新增体例

欧苏体例为后人总结而广为人知，其实此只是众多家谱编修方法中的两种，即欧阳修体例和苏洵体例，家谱编修还有众多体例，笔者认为家谱体例是不断丰富发展的，随着家谱记录内容的不断扩宽，体例相应就不断增加。

凌唐佐在《程氏世谱后序》中论述新安程氏世谱曰："右《新安程氏世谱》若干卷，予师程先生本晋唐家藏，与近时都官程祁续编而会集之者也。其咨访博，其为书也详，其用心勤，故其为义也精。泛观当世，自欧苏二公手编外，鲜有能及之者。"①从中我们可以看出重要的信息，即凌唐佐认为此《程氏世谱》和以前的欧苏族谱几乎可以等量齐观，除了欧苏外，此程氏家谱的谱法是无人能及。显然在凌唐佐看来，谱法有多种，而其作序的《程氏世谱》谱法当应为后世模仿。

入宋后，家谱内容扩宽记录了像赞、诰封、家政录、墓葬，所以家谱体例相应增加了像赞、诰封、家政录，隐含记录了墓葬信息，这些体例是宋代以前所没有的。

不过对于墓葬信息的记录，在宋代家谱中还没有单门列出，只是在某些小传中涉及，不像元代的家谱，有些甚至独立成篇，如元代汪松寿所编《汪氏渊源录》，专门有《旧谱叙祖墓》一篇（后文将有重点论述）。

三、联宗的出现

戴濂《戴氏族谱序》中有"统宗"一词的出现："去年冬，解印告归，不敢宁居，索历世统宗谱牒，得戴氏开源表序。"②金朋说在其《宋进士鄱阳令朋说公序》中也提到"统宗"："自始祖而下，各枝未得统宗，比习占以图，应举未遑。"③此两处出现的"统宗谱"可能只是宋代一般的谱牒样式，

---

① ［宋］凌唐佐：《程氏世谱后序》，见［明］程尚芳《新安休宁古城程氏宗谱》，隆庆四年（1570）刻本。

② ［宋］戴濂：《戴氏族谱序》，见［清］戴国忠《礼村戴氏统宗谱》光绪三十四年（1908）木活字本。

③ ［宋］金朋说：《宋进士鄱阳令朋说公序》，见［清］金门诏《休宁金氏族谱》，乾隆十三年（1748）刻本。

在宋代当不具备像明清时期统宗那样的条件。

但宋代的家谱编修方法已经出现了联宗的记录（入明清后，即发展为统宗谱），突出代表为方桂森所修家谱《汉歙丹阳河南方氏衍庆统宗图谱》，此谱名虽为统宗图谱，实质内容仅为方桂森时期的方氏三派联宗而已。方桂森谱序曰："宋朝散旻公辑以源流，绍熙甲寅（1194）笔也，余益钦之，藏诸巾中。岁癸酉（1213）余忝政仁和，复构。（后来）莆宗耕道（方耒）、若水（方壬）二君，会礼部蛟峰公（方逢辰），始有合族之举，收涣萃散，各出源流合并一集，万派千支、连珠贯玉，绰乎可观，了然在目，本支百世若指掌然，将行锓梓永延于后。值以国祚渐移，躬勤王事弗克，颁布后之仍云漫焉，而不加意，非尊祖敬宗之士所宜尔也。如以继志者，出祖述前贤，将有不待言而梓者矣，爰书以俟。"[1] 由此可见，其家谱三派为：莆田宗方耕道、方若水和礼部状元方逢辰宗及歙县方桂森宗。

四、宋代的九族观

王汝舟《婺源武口王氏九族图序》中详细记录了自己作九族图的经过："王氏世居千秋里王村，其远不可记。今吾族之先，自始祖六翁译翔，有一子，即高祖；……其在王村，或迁他处者，凡五十余家，皆王氏之族，以税籍丁口计之，则又倍于当时，其间不能谨身立业，以至于贫困而无资给者，有之矣。吾恐后之子孙，既远则不记吾宗之先。与王氏亲属，因集成九族图，一本庶几见者，各知所始而不犯吾先志讳。"[2]

此序可见王汝舟作《九族图》，一方面怕后代忘记祖宗"志讳"，另一方面也是因为"其远不可记"，只能记录眼前的世系。为什么此谱名为《九族图》，是否只有九族？通过前后文可知，王汝舟此处主要表达的是修谱暗合古代九族之法的意思。

宋代谱法中多讲九族之亲，景炎年间的程玑认为："世系之源其来远矣，族氏之制，岂无自哉，盖昭穆不序则无以别尊卑，亲疏不分则何以明世次，

---

① ［宋］方桂森纂修《汉歙丹阳河南方氏衍庆统宗图谱》1卷，中国国家图书馆藏。
② ［宋］王汝舟：《婺源武口王氏九族图序》，见［清］王之策《婺源新安太原王氏宗谱》十卷，清刻本。

故尧有九族之亲，周有七庙之制，虽其世代不同各尽亲亲之义。"①《黄氏族序》中署名宋代宝庆枢密的吕端曰："凡黄之子姓，各以祖宗之心为心，百家千枝，万叶而归于一本而仁孝之心上及于先人，不洽于九族，是为铭。"②可见此作者认为家族之中，亲亲之义应不以九族为限。

当然在宋代论述九族之法的当属徽州之外的欧阳修最为出名："上自高祖，下止玄孙，而别自为世。使别为世者，上承其祖为玄孙，下系其孙为高祖。凡世再别，而九族之亲备。"③其把表格分为五世一提，两图九世，当暗含宗法礼仪"九族之亲备"之意。

五、"引墓入谱"及"宁阙其疑而不敢从信"

整个宋代，笔者从四库文集中共收集有 25 篇谱序，加上南宋周必大刻本的《欧阳文忠公文集》中欧阳修集本谱序 3 篇，共有 28 篇家谱序言（前文注释已经列出），而只有 6 篇涉及家族中墓葬信息（吴潜《吾吴氏宗谱跋》；李吕《乌洲李氏世谱序》；欧阳守道《黄师董族谱序》；陈著《王氏族谱序》；朱熹《婺源茶院朱氏世谱序》，加上北宋的杨杰《杨氏族谱序》），占全部总数的 21%；若不加欧阳修集本 3 篇，则 6 篇占四库 25 篇的 24%。李吕为其自修族谱作《乌洲李氏世谱序》，谱中应该只有从唐代的先祖到今世的世系，即只有本宗谱，但谱中应该含有大量的墓葬等信息，因为在其谱序中，一再出现墓地甚至争讼的内容。陈著《王氏族谱序》中含有王氏墓碣文字，但综观全谱序，可知此王氏谱应该只有本宗谱，且较简单。吴潜《吾吴氏宗谱跋》涉及墓葬内容是"许母夫人皇甫氏墓所之白马山，人号其乡曰来苏"。朱熹《婺源茶院朱氏世谱序》涉及墓葬内容较多："淳熙丙申，熹还故里，将展连同之墓，则与方夫人，十五公冯夫人之墓皆已失之，因亟询访得连同兆域所在，乃率族人言于有司而后得之。其文据藏于家，副在族弟。然

---

① ［宋］程玑：《程氏玑谱序》，［清］程俨：《岩镇程氏家谱》，乾隆十年（1745）刻本。
② ［宋］吕端：《黄氏族序》，［民国］佚名：《安徽绩溪双井黄氏宗谱》，民国刻本。
③ ［宋］欧阳修：《（集本）欧阳氏谱图序 1》附录小字末尾部分，见《欧阳文忠公集》外集卷 21，南宋庆元二年周必大刻本，国家图书馆藏，第 19 册第 68 页。同见于中华再造善本数据库（按：此小字部分即为《欧阳氏谱图序 2》的部分内容，读者看到原刻本后即可明白，此两序共用序的前半截）。

而三墓者，则遂不可复见。……当质诸有司，以为祭田。"我们由欧阳守道《黄师董族谱序》中可知，"予自临桂以上，得八世，降而下，又二世，支分派别，凡二百若干人昭然在目"，即黄氏家族谱此世系只有十世，但应该记录有相关坟墓内容："夫幸而居治世，生乐土，知先世之所出，则夫坟墓之当保，族类之当恤，门户之当念，立身行已之当不负其先，如之何不敬之、重之？"

苏洵家谱中《谱例》《谱引》《谱图》《族谱后录上篇》和《族谱后录下篇》都没有涉及，只是在《族谱亭记》中苏洵言"建族谱亭于高祖墓茔之西"。欧阳修家谱在第一版谱图后的世系录中有几处涉及祖先死后埋葬信息，但看过苏洵族谱后，其应该认为苏洵谱中并没有记录任何墓葬情况，所以其又对首版谱中这些内容做了改动，这样第二版的家谱没有一处涉及墓葬信息，可见欧阳修修谱思想本身即处于是否引墓入谱的徘徊波动状态下。一部家谱只记录了祖先世系及光辉业绩还不够，还要记录祖先死后进入另外一个世界的情况才应该算内容周全，以前只见引谱入史或引谱入碑（志），因为家谱编修内容为真，得到世人认可，但特别是引谱入碑，却足可见家谱编修的简单；其实光记生，不记死的家谱说明还不是成熟完整的家谱，只有把墓葬制度相关内容和祭祀制度相关内容引入家谱中，家谱的生命才是完整的。上文所论的宋代 28 篇家谱序言，绝大多数还没有相关祖先死后情况记录，所以绝不能算是家谱到宋代已经定型。

宋代也曾有士人修过百族谱，周必大曾留有百族谱序，我们也可从中看出当时的宋朝修谱情况："长沙丁公维皋宿学耆儒，慨然以谱牒为任，未有闻而不求，求而不得，得而不录也。日采月聚，殆且百家而又推其源流，条其□别自微，以至著由远以及近，疏戚穷达可指诸掌，如尝从其父兄而友其子弟也。如与之同乡党而接姻连也。不亦博而知要也哉！维皋不鄙，谓予使序其首。予曰书不待序也。然维皋之意不可以不明，盖世臣巨室则必书读者，可以知先烈之有贻而思保其阀阅也。方兴未艾则必书读者，可以知将相之无种，而思大其门闾也；至于四姓小侯重茵叠衮，则知无两汉败亡之祸；勋臣劳旧传龟袭紫，则知无三世道家之忌。上以彰国朝人物之盛，下以为子孙昭穆之辨。向所谓有心于劝诫，而无意于好恶者，不在兹乎？他日其得益多，其编益详，上之太史传之，荐绅，予亦将乞其副而寓目焉，对千客而不犯一人之讳，或可勉也！"①

丁维皋在谱牒之学上很有研究，经过日积月聚，编撰成《皇朝百族谱》，周必大曾为其作序，其百族谱的大致内容我们可以从此序中窥探许多，比如他做谱的大致内容及做谱旨趣，"殆且百家而又推其源流，条其□别自微，以至着由远以及近，疏戚穷达可指诸掌，如尝从其父兄而友其子弟也。如与之同乡党而接姻连也。不亦博而知要也哉"。可见此书记录了百家姓氏源流，且每族中穷人富人全部记录，记传中记录了孝道、记录了婚姻，但应该没有墓葬祭祀礼仪方面的内容。

不过不可否认，由于地区发展不平衡，修谱观念及修谱思想肯定有参差不齐的地方，徽州地区的朱熹修谱体例虽然不完善，应该没有氏族谱，而只有本宗谱，应该没有世系源流的考辨，但其谱图互现，既记录了祖先世系，又用了较多篇幅记录了墓葬之地、诉讼之由，还记录了相关祭祀内容，从谱序中反映，此引墓入谱及引祭入谱的内容合起来要有三分之一强，可以说在家谱编修礼仪方面，其突破的尺度是最大的，又因其处在当时人们普遍接受要在家谱内容及礼制方面进行突破尝试的时间节点上，又因其特殊的身份，所以朱熹的身体力行的引墓入谱及引祭入谱，影响是最深远的，关于朱熹的修谱，下节将重点论述。此处暂先讨论程祁谱。

程敏政曰："按饶之景德镇有宋都官程公名祁者，尝撰《程氏世谱》30卷，起得姓之初而终于五季，其间系次分合，履历详简，最号精密，盖自宋以来凡程氏之有谱者，必以此为按本之者，进以为是；不本之者斥以为非。其说之得行于一宗如此，敏政每阅之，亦叹其有功程氏。"②可见程祁谱卷数有30卷（相比较《苏氏族谱》才一卷，《欧阳氏谱图》才一篇）；小传系次分合，履历详简，最号精密；影响很大，盖自宋以来凡程氏之有谱者，必以此为按本之者，进以为是；不本之者斥以为非。

程祁《程氏世谱序》曰：程氏望出广平，其上世盖高阳之诸孙也，在五帝世为火正黎、为祝融、为和仲、和叔……又得所谓相公墓及宅基、射蜃湖、浴马池等处。里民谈忠壮公遗事，历历可听其盛德在民，相与祠祀不

① ［宋］周必大：《文忠集·皇朝百族谱序》卷二十，影印《文渊阁〈四库全书〉》本。
② ［明］程敏政：《篁墩文集·谱辨》卷十二，影印《文渊阁〈四库全书〉》本。

绝。家君既拜墓下，又从歙令张世望借取图经，因以考实所闻，盖皆符合。居无几，海宁族人程立亦献其所藏世次一卷，两家谱序仅足以相补，词多鄙野不成句，谱或传歙县程璇家有善本，会其家有回禄之变，并以亡失。先是家君将知歙，留祁居家，自婺源至黄墩，岭道回远，凡二百余里，既行之日，祁夜梦如迷图，入一大墓中，意甚恐，适逢一古衣冠丈夫，援手而指之曰，道此可还尔家也。及悟，颇记其状。比家君还自歙，述墓茔林边之势，如梦所见。于是，家君悉以所存程氏谱书付祁曰：汝当论次。吾读程氏旧谱，至荆州骠骑，有三世不修谱之戒，诚哉是言也，且忠壮公精灵英爽，死且不朽，殆神有意属汝于梦寐，吾兹异之。祁奉命。[①]

程祁《程氏世谱》今已无传，但综合明代程敏政《篁墩文集》中的《谱辨》和程敏政《程氏统宗世谱》中程祁谱序可知，宋代程祁绍圣时完成的家谱，有氏族谱系、本宗谱系；有谱序、世系图、小传，还有相关墓葬介绍，甚至还有墓图。资料虽没有显示此谱的具体编修体例，但体例只是个人订的修谱方法，可随人而定，没有谁对谁错的问题。可见，程祁之谱三十卷的编修水平，要高于欧苏。

关于"宁阙其疑而不敢从信"的编修方法，代表为程大昌所修《休宁会里程氏谱》：

程大昌（1123—1195），休宁人，官至国子司业权兼礼部侍郎，生卒几乎与朱熹同时，著作丰富，为南宋理学大家。其于绍兴（1131—1162）年间修成《休宁会里程氏谱》，此谱今已无存，但其谱序被保存在明代成化年间程敏政所编修的《程氏统宗世谱》中。程大昌曰："程得姓以国，休父则其始著者也。……此自可明程姓之为婴族也已。自余程姓著史者，如邈如不识皆无邑里。如郑鲁昱秉骏异，知节（务）挺千里、日华皆未尝逾江而南，则吾宗之来此者，其东晋元谭公乎？梁有开府仪同三司灵洗，效节于梁而著功于陈，谥忠壮公，……土人名其地为相公墓也。凡相公云者，谓忠壮也，以其尝为仪同三司也。黄墩今隶歙县。海宁与歙屡分屡合，史谓忠壮海宁人也者，殆其时黄墩版籍正隶海宁也。大昌家海宁之会里，东距黄墩不满一舍。凡程姓自黄墩而他徙者，皆扳忠壮以名其所自，而大昌祖居最迩，世传

---

① ［宋］程祁：《程氏世谱》，见［明］程敏政《程氏统宗世谱》，明刻本。

以为忠壮之族，则不敢不据矣。而其传云忠壮之裔者，初无的证，不敢主信也……"①

此为程大昌《休宁会里程氏谱序》中的部分内容。此序篇幅比王安石《许氏世谱（序）》少二百字左右，也算是古代谱序中的第二长篇了。所选内容与王安石序类似，为程氏氏族谱系的内容。和王序不同明显，程大昌此序包含了多处墓葬信息，详细介绍了程氏的氏族谱系，但介绍自己本宗谱时，却只记录五世祖以下的世系，并自言其谱法为"宁阙其疑而不敢从信"。

程灵洗即程忠壮公，为程大昌显祖，为徽州地方神，但程大昌修谱仍没有追溯到程灵洗。之所以这样，程大昌认为：

首先，夫自疑其疑，所以自信其信也。先君正议尝谓世系至重，而纪录不具，因广求宗谱，命大昌绌之。大昌试加考阅，见其叙载官名世次全然谬戾，如仕周世而有侯于广平者，官乎三代以前遂有职为刺史者，此岂可信也耶？大昌因此立为之说曰：姓有谱，为奠世系辨昭穆，使人知祖姓之所自来耳，非以夸炫阀阅也。自魏晋而下，用人门第取士，士志于得，不耻不疐，凡古昔同姓而尝有闻者，皆叙载以为己祖，而夫赞颂行券无以效，佞则又取所佞之人与古同姓者，借以为辞，而受此之语者亦自忻惬慰满。呜呼！举世习焉而不察则已矣。

其次，世系至重也，引他人为祖至逆也。张汤之与留侯皆生西都，冯商尝谓二人同祖矣，班固亲在汉世，亦自无据以诘其误，特曰：司马迁不言，故阙而不著。古于他人世系尚审重如此，今人乃从千百世后辄用无所考承之同姓，安然命之曰：是真吾祖也。其陋恶可胜讳耶？以是权衡轻重，大昌宁阙其疑而不敢从信也。虽然，世系不可以无载，今日以前失载者阙也已。阙无，如之何也？若从其信者而载之，往者不可补，而来者尚可稽也。

可见程大昌修谱，真正做到了宁阙其疑而不敢从信的谱法，对于有疑问的世系皆不书，自己只记录了五世祖以下的世系。大昌所居会里与黄墩很近，黄墩即程氏显祖忠壮公的埋葬地所在，大昌小时听闻各种传言，皆言程氏出自黄墩，感觉黄墩应该像一"壮县"，"由其族派四出者，而想其未徙之

① ［宋］程大昌：《休宁会里程氏谱序》，见［明］程佐衡修《歙县新安程氏世谱征文录》十卷首一卷，清刻本，安徽师范大学徽州文化研究中心谱牒库藏。

初居舍井邑，略可敌一壮县"，但"大昌自少及长，因尝往来其地，以所见搀所闻，乃大不然。路旁居屋仅可一二十家，稍北有草市薨栋差多亦不能与之兼倍。余尽稻田蔬圃，而又两山夹亘，不至恢广，若谓尝有数十百家居之，则其地决不能容也"，从而对神话黄墩的现象提出了自己有力的看法。

第三节　宋代庙制不立与朱熹对修谱的探索

一、宋代庙制不立及徽州对朱熹的崇拜

朱熹去世后，徽州之人即开始了对他的崇拜："文公徽人也。其殁也，徽之士相与言曰'公之系兹土，吾郡之盛事也'，即郡之学，绘而祠焉。"于是嘉定五年（1212）年朱熹《四书集注》被政府列入学宫，[①]绍定三年（1230）朱熹被封徽国公，追赠太师，以父母之邦的身份得到认可。[②]

于是郡学的文公祠于嘉定七年（1214）正式修成。[③]很快，婺源县的文公祠也于嘉熙三年（1239）落成。[④]其他各县的文公祠也在此一时期相继建成，明婺源戴铣就记录休宁县文公祠，在休宁县学，由元代里人朱震雷建。[⑤]南宋朝廷也在这一时期让朱熹入学宫从祀孔子。淳祐六年（1246），徽州府紫阳书院正式落成，理宗赐额曰"紫阳书院"，[⑥]咸淳五年（1269），宋度宗赐婺源为"文公阙里"。[⑦]这些都是官方所为。

由于朱熹在其所修之谱中，提到了大量关于祖墓及相关田地被侵事件，于是不久其部分墓地即被其族人（朱然）通过一定途径索要回。[⑧]入元后，父亲故居也因各种原因被别人所据，于是"延祐戊午（1318），先生之四世孙甘肃儒学提举林、江浙儒学提举彬，偕来婺源省墓丘墓，访故居遗址，悉为他姓侵据，于是移文本州，令从孙光听决其事，久无定论，光始诉于省

① ［宋］李心传、程荣秀：《道命录》卷八，台北：文海出版社，1981 版。
② ［宋］李心传、程荣秀：《道命录》卷八，台北：文海出版社，1981 版。
③ ［宋］黄幹：《勉斋集·徽州朱文公祠堂记》，卷十九，影印《文渊阁〈四库全书〉》本。
④ ［宋］汪应辰：《县庠朱文公祠堂记》，参见戴铣《朱子实纪·庙宅》卷七，明正德八年鲍雄刻本。
⑤ ［明］戴铣：《朱子实纪》，卷七《庙宅》，第 3 页，明正德八年鲍雄刻本。
⑥ ［明］戴铣：《朱子实纪·书院》，明正德八年鲍雄刻本。
⑦ ［明］戴铣：《朱子实纪》卷九，明正德八年鲍雄刻本。
⑧ ［宋］朱熹：《婺源茶院朱氏世谱序》，见程敏政《新安文献志》卷十八。

宪"，最终"知州干文传，鞠得其情"，由当地"邑士汪镐以已地易所侵地，始复其旧"，接着知州干文传"请于朝，用颜、孟故宅立庙例，得立徽国文公庙"，然后由汪镐捐资建庙，同时又为文公庙配备了庙田，这样文公庙的基本形式已经具备。至元元年（1335），朱熹五世孙朱勋回婺源主祠，文公庙从此有了庙主。①

常建华先生认为：宋代以前的家庙制度，经过五代时期的战乱，遭到破坏。宋朝政府曾努力修复家庙制度，但因时过境迁，始终未能建立符合实际的庙制。士大夫们提出种种方案，最终经朱熹整理建立起完整的祠堂制度。元朝则更是庙制荒疏的时代。宋元庙制不立及祠堂制度的建立，遂使宗族祠堂兴起。②甘怀真先生认为：从东汉起，墓旁立庙祭祖，祖先的功能，有渐渐移至家内的倾向，晋代以后，此事更为明显。③立庙祭祖，可以说是人心要求，但"五代荡析，士民求生所未遑，礼颓教侈，庙制遂绝"。④于是士大夫尝试其他途径祭祀祖先。程颐曰："庶人祭于寝，今之正厅是也。凡礼，以义起之可也。如富家及士，置一影堂亦可。"至于穷人之家，"只用牌子可矣"⑤。程颐对祭祀制度的设想还有：士大夫都应该建立家庙，庙中可以设高祖的牌位；四时祭高祖、曾祖、祖、考四世祖先，冬至祭始祖，立春祭始祖以下、高祖而上的祖先。⑥

朱熹继承了程颐的主张，在所著《家礼》中提出了宗族祠堂与墓祭的具体设想，对宗族制度产生了深远的影响。朱熹门人杨复曾请教朱熹："而今士庶亦有始基之祖，只祭四代，四代以上则可不祭否？"朱熹回答说："若是始基之祖，想亦只存得墓祭。"将墓祭始祖进一步明确。因此杨复认为，按照"始祖亲尽则藏其主于墓所"的说法，"则墓所必有祠堂以奉墓祭"。朱熹把祠堂之制同墓祭联系起来，可以说是起到了引发人们于墓所建置祭祀始

① 转引自章毅《理学社会化与元代徽州宗族观念的兴起》，中国社会历史评论第九卷，2008 年。
② 常建华：《宗族志·宋元庙制不立与祠堂的设置》，第 82 页，上海人民出版社，1998 年版。
③ 甘怀真：《唐代家庙礼制研究》，第 15 页，台北：商务印书馆，1991 年版。
④ ［宋］司马光：《温国文正司马公集·文潞公家庙碑》，卷七九，四部丛刊初编本。
⑤ ［宋］程颐、程颢：《二程集》，第 1 册，第 285 页，中华书局，1981 年版。
⑥ ［宋］程颐、程颢：《二程集·河南程氏遗书》，第 2 册，第 240 页，中华书局，1981 年版。

祖和先祖的宗族祠堂的作用。①

二、朱熹对修谱的探索

宋代庙制不立，祭祀制度混乱，士大夫们生存环境相对宽松，于是产生了一批礼法大家，如程颐、张载、朱熹等。以前家庙中可以设高祖的牌位，只能祭祀高、曾、祖、考四世祖先，现在"朱熹把祠堂之制同墓祭联系起来，可以说是起到了引发人们于墓所建置祭祀始祖和先祖的宗族祠堂的作用"，在朱熹的暗示鼓励下，人们纷纷建立宗族祠堂，来祭祀更多的祖先。此礼制违规，但礼以义起，是可以被人们所赞颂的。在这样的背景下，朱熹在其所修的《婺源茶院朱氏世谱》的谱序中，重点提到了墓地及相关争讼之事，可想会对以后徽州地区乃至闽浙甚至全国地区的修谱产生何种影响。

对于新安朱氏，人们普遍认为：新安朱氏原为邾国遗民，其先祖最早得姓聚居山东邹、滕两地。据《新安名族志》记载："朱出颛帝之后，周封曹侠于邾，为楚所灭，子孙去邑，以朱为氏。"唐乾符年末，唐殿中丞朱涔号师古者，"避巢乱，自姑苏始迁歙之篁墩"，是为新安朱氏一世祖。②

朱师古有四个儿子，即瑾、驯、瑰、重，据嘉靖《朱氏统宗世谱》记载："因讨贼道经于歙之篁墩，爱其山水之胜，遂家焉。驯居朱衣巷。瑰于天祐中，以陶雅之命，领兵三千戍守婺源，因家焉。重居于彼斯。朱氏世系昭昭可考也。"③可见，留居徽州的是朱瑾和朱瑰。

储郁文《朱夫子始迁祖师古公墓碑记》有言：徽国文公之先，著籍新安，自师古公始。唐广明之乱，由苏之洗马桥迁于歙，居篁墩。再传而古寮公，以刺史陶雅命，领兵戍婺源，遂家于婺。八传而韦斋公，为尉于建之政和，世乱不得归葬，又家于建。盖自文公而上溯师古公，已十世矣。其在婺在建者，族姓聚处，世守祠墓。自古寮公而下，图域班班可考。④

朱熹曾修过家谱，《四库全书》中保存有其谱序一篇，因重要（《四库全

---

① 转引自常建华《宗族志》，第91页，上海人民出版社，1998年版。
② ［明］戴廷明、程尚宽等撰，朱万曙等点校《新安名族志》，2007年。
③ ［明］朱世恩：《朱氏统宗世谱》，嘉靖三十四年版。
④ ［清］储郁文：《朱夫子始迁祖师古公墓碑记》，见《程朱阙里志》，雍正刻本。

书》中，宋代徽州谱序只有此一篇），特全文征引如下：

熹闻之先君子太史吏部府君曰："吾家先世居歙州歙县之黄墩。相传望出吴郡，秋祭率用鱼鳖。唐天祐中，陶雅为歙州刺史，初克婺源，乃命吾祖领兵三千戍之，是为制置茶院。府君卒，葬连同，子孙因家焉。"生三子，仕南唐，补常侍承旨之号。其后，多有散居他乡。熹谨按今连同别有朱氏，旧不通谱，近年乃有自言为茶院昆季之后者，犹有南唐谱牒，亦当时戍镇将校也。盖其是非不可考矣。先吏部于茶院为八世孙，宣和中始官建之政和，而葬承事府君于其邑，遂为建人，于今六十年，而熹抱孙焉，则居闽五世矣。淳熙丙申，熹还故里，将展连同之墓，则方夫人，十五公冯夫人之墓皆已失之，因亟询访，得连同兆域所在，乃率众人言于有司，而复得之。其文据藏于家，副于族弟。然而三墓者则遂不可复见。（淳熙）癸卯五月辛卯，因阅旧谱，感世次之易远，骨肉之易疏，而坟墓之不易保也，乃更为叙次，定为《婺源茶院朱氏世谱》，而并书其后如此，仍别录一通，以示族人。十一世以下，来者未艾，徽、建二族，自今每岁当以新收名数，更相告语而附益之，庶千里之外，两书如一，传之永远，有以不忘宗族之义。至于芦村府君，其墓益远，居故里者尤当以事相率展省，更力访求三墓所在而表识之，以塞子孙之责，而熹曾太父王桥府君无他于，其墓在故里者，恃有薄田于其下，得以奉守不废，当质诸有司以为祭田，使后世子孙虽贫毋得鬻云。茶院府君九世孙熹序。[①]

由此序，我们可以知道：

1.朱熹修谱没有追溯族源。朱熹认为其先世居歙县之黄墩，相传望出吴郡，而并没有提及朱师古的名字，可见那时对于茶院府君的父亲，人们还保留在传说之中，而没有具体的资料。茶院府君的父亲不知道具体名字，对于往上的世系，更是如此。所以有关朱姓的姓氏来源，朱熹一概没提。

2.朱熹只修十一世。朱熹直言："十一世以下，来者未艾""而熹抱孙焉，

——————————
① 朱熹等：《新安朱氏族谱》，明成化九年（1473）刻本，中国国家图书馆藏。另见程敏政《新安文献志》卷十八，影印《文渊阁〈四库全书〉》本。

则居闽五世矣"，此序署名为茶院府君九世孙朱熹，则朱熹为九世，其子为十世，其孙子为十一世。十二世（来者）未艾，可见朱熹之谱，把朱瓌定为一世祖，修到其孙子辈，共十一世。

3. 朱熹之谱主要内容。

谱序（也可曰谱跋，因朱熹言："更为叙次，定为《婺源茶院朱氏世谱》，而并书其后如此。"此内容写好后，应该是被朱熹放置在其所修谱的后面）。

世系图：一世朱瓌——十一世朱熹之孙。

丘墓图：朱熹自言"癸卯五月辛卯，因阅旧谱，感世次之易远，骨肉之易疏，而坟墓之不易保也，乃更为叙次，定为《婺源茶院朱氏世谱》"，由此我们可知"世次之易远，骨肉之易疏"应该做了世系图，"而坟墓之不易保也，乃更为叙次"应该为丘墓图。当时因为祭田还没有搞好，"当质诸有司以为祭田，使后世子孙虽贫毋得鬻"，所以此谱中应该没有关于祭田的相关内容。

4. 朱熹谱法。朱熹在谱序中，并没有明确提到其所谱之谱法，但其只修有十一世，应该是从第一世朱瓌往下，记录十一世的所有世系所有男性。显然，这不是欧阳修的"五世一提"谱法，而应该和苏洵谱法很接近。

三、朱熹修谱对后世的影响

新安朱氏家谱，和朱熹直接相关的家谱目前存世有：

明成化《新安朱氏族谱》；①

清康熙《新安月潭朱氏族谱》；②

民国重修《新安月潭朱氏族谱》。③

明刻本《婺源茶院朱氏家谱·婺源茶院朱氏家谱图传》世系图二记载，从第七世至第十世，朱纶的后裔有 46 人，朱迪的后裔有 12 人，朱郢的后裔

---

① 按，国图此谱条目注：《新安朱氏族谱》十卷，索书号：14387，纂修者为朱熹（字元晦，号晦庵，1130—1200）等原编；朱良［字永弼，行丁廿七，复德公第四子，生永乐甲申（1404）十一月十四日］等续编，明成化九年（1473）刻本。

② ［清］朱国兰修《新安月潭朱氏族谱》十卷，河北大学图书馆藏，清康熙四十六年（1707）木刻本。

③ 佚名：《新安月潭朱氏族谱》，二十二卷首一卷，民国二十年（1931）木活字版。

有 10 人，共计 68 人。①

明天启《徽婺紫阳朱世正宗重修统谱·婺源茶院朱氏续谱序》说，《婺源茶院朱氏世谱》为朱熹、朱然合修："淳熙丙申，文公还自闽，展坟墓，叙世次。癸卯，始定为《婺源茶院朱氏世谱》，于然实有与焉。"②另据明刻本《婺源茶院朱氏家谱》列传二记载："然，字养浩，行五六，棣公长子。绍兴甲寅十二月初十日生。性质朴，尚雅素，读书善属文，吟咏不事雕琢。隐居长田之茶园前……尝与五二公熹告于有司，克复祖墓，文据契券，副公收。既又率群众推访得十五公，方、冯二夫人墓道，复书于熹。欲讼而卒……卒年八十一。"③可见朱然在婺源老家，在当地的朱氏后裔中，其应该是和朱熹联系最亲近的。

对于所列四部家谱，其中前三部卷一都明确标注为朱熹编次，家谱 1 为明成化刻本，现藏国图，离朱熹所处年代相较最近，所以价值更重要。此谱为（宋）朱熹、（元）朱汝贤、（明初）朱真祐和朱复德父子等，成化间又由朱良、朱长宗、朱景阳、朱景高等续编，并延请汪孟祯、孙以宜和夏时正参正并最终刻印而成（笔者通过前后文行为习惯，认为《书新安朱氏族谱后》即仍为夏时正所作，所以朱氏延请的外姓修谱高手来参正修谱，夏即其一）。"凡例"第十条载："婺源以文公所定为正，临溪以天锡公所录本为正，月潭以汝贤公所编本为止，坏溪以希生公（名复德，珰之七世孙真佑之子）所著本为正。正茶院府君至永弼公曾孙辈二十三世为八卷，首婺源支，二三月潭支，四临溪支，五六七八环溪支。"④

可见此谱为婺源、月潭、临溪、环溪四个地方朱氏的小统谱。其首卷卷端明言：新安朱氏族谱卷之一，茶院府君九世孙熹编次。

① 佚名：《婺源茶院朱氏家谱》二卷，明刻本一册，中国国家图书馆藏。转引自赵华富《〈新安月潭朱氏族谱〉卷一非朱熹佚文考》，《安徽大学学报》2007 年第 2 期。

② 佚名：《徽婺紫阳朱氏正宗重修统谱》，九卷，中国国家图书馆藏。转引自赵华富《〈新安月潭朱氏族谱〉卷一非朱熹佚文考》，《安徽大学学报》2007 年第 2 期。

③ 转引自赵华富《〈新安月潭朱氏族谱〉卷一非朱熹佚文考》，《安徽大学学报》2007 年第 2 期。

④ 朱熹等：《新安朱氏族谱》十卷，明成化九年（1473）刻本，中国国家图书馆藏。

其实经过研究后发现，卷一并不是朱熹所编次的内容。^①因为朱汝贤的按语很重要，从中我们可以看出只有部分为朱熹编撰的内容。朱汝贤按语紧接在"婺源始祖世系图"几字后："六世从祖紫阳夫子所编家谱，端自茶院府君为始祖，传五世芦村府君生四子：中立、绚、发、举。绚即夫子之大父也。举之子瓒始迁临溪，瓒孙时、玄孙兴俱迁月潭。兴即汝贤之大父也。然婺、建二派甚繁，于吾固有疏远，不敢泛载，惟夫子一枝为最密，故茶院已下六世，一以夫子定本为正。"^②

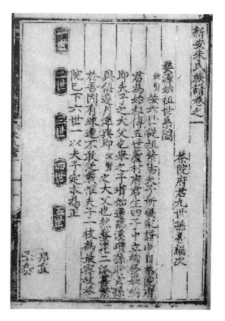

[此图见朱熹等《新安朱氏族谱》，明成化九年（1473）刻本，中国国家图书馆藏。]

《新安朱氏族谱》影印页

由此我们可以知道，朱汝贤为芦村府君第四子朱举的后裔，为朱举的六世孙（即茶院府君十四世孙），此支皆迁往月潭；朱熹为芦村府君第二子朱绚的后裔，此支即婺源支。朱汝贤通过此按语告诉我们：六世从祖紫阳夫子（朱熹）所编家谱，端自茶院府君为始祖；茶院已下六世，一以夫子定本为正。也就是说，茶院府君已下第七世，即不是朱熹所编修的内容了！为什

---

① 观点同见赵华富《〈新安月潭朱氏族谱〉卷一非朱熹佚文考》，《安徽大学学报》2007年第2期。

② 朱熹等：《新安朱氏族谱》十卷，明成化九年（1473）刻本，中国国家图书馆藏。

么从第七世即不是朱熹所编的内容了？按说朱熹所修之谱从一世茶院府君一直编到第十一世。为什么朱汝贤修谱没有采用朱熹的第七至第十一世？因为朱汝贤自言："然婺、建二派甚繁，于吾固有疏远，不敢泛载"，即婺源支和朱熹所处的闽支，与吾休宁月潭朱汝贤支很疏远，而不敢泛载！所以从第七世开始，就只记录芦村府君及其以下世系，和芦村府君同辈的其他先祖，一概不记。很显然，朱熹的此六世孙辈朱汝贤，修谱是采用了欧阳修"各详其亲、各系其所出"的谱法，只想记录月潭朱氏世系。所以只有以下之图内容为朱熹原修内容：

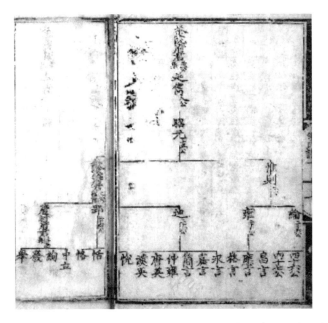

[朱熹等：《新安朱氏族谱》，明成化九年（1473）刻本，中国国家图书馆藏。此图主要世系：一世茶院府君瓌；二世廷隽；三世昭元；四世惟则、歙溪府君惟甫；五世纶、雍、迪、郢、芦村府君振；六世四十六公、……中立、绚、发、举。]

《新安朱氏族谱》影印页

由上可知，朱熹所修之谱，到元代时，其六世孙辈的朱汝贤修谱时，并没有完全照搬其所修之谱（修下去），而是只用了其第一世至第六世的世系，从第七世开始，朱汝贤选择了其中的几个人接着往下编修，即成了明成化《新安朱氏族谱》卷一的所有内容。此卷一内容被清康熙《新安月潭朱氏族谱》和民国重修《新安月潭朱氏族谱》两部家谱完全照录，也就成了此两部家谱的卷一之内容。

朱熹所修之谱，虽然从第七世开始，后辈们因"各详其亲"或为"详吾所自出"的编修原因，只选择了和自己世系相关的较近的几个人接着往下续（实际情况不可能全部续完，统谱也不可能全部做到），但因其身体力行的倡导，特别是因其特殊的身份地位，对徽州修谱事业产生了深远的影响，元代休宁朱氏后裔朱震雷累世同居，并受元政府表彰，和朱熹（修谱）应该有直接的影响。① 可以说正是在朱熹修谱的倡导下，才有了徽州宗族谱牒修撰的繁荣。"新安，紫阳夫子乡也，以仁让教天下者，紫阳夫子之学也。兹欲执其机、溥其化以推其教于天下，则生紫阳之乡者，皆与有责焉，是故斯志也，虽所以续定宇陈氏之编，亦所以翼紫阳夫子之教于万一也。"《新安名族志》中的宗族构成来源，往往来自徽州当地的家谱资料，其"亦所以翼紫阳夫子之教于万一也"，虽有夸张的成分，但确实也反映了朱熹特别是其所修之谱所起到的倡导作用。今人卞利在其《徽州社会研究》一书中提道："素有重宗谊，讲世好传统的徽州人，始终尊奉朱熹'三世不修谱，罪莫大焉'的训诫，将修谱视为敬祖收宗、振兴礼仪之大事，世世修谱，代代相传。"形成了巨阀尤竞以修谱为重务的局面。②

第四节　宋代徘徊期家谱论述

宋代宋真宗朝时，国家的阶级矛盾已经突出，开始发生规模较大的农民起义，同时国内民族矛盾空前，澶渊之盟缔结的和约，无形中给国内带来了舆论方面的巨大压力。随着士族的消亡，宋代庶族地主开始普遍采用租佃制，使以前的宗族组织处于解体状态，由原来对人身的依附控制关系，变成宋初宗族成员涣散几乎无组织的状态，显然对朝廷凝聚人心不利。就宗族谱牒方面，由于战乱已久，唐末及五季的混乱，使士族消亡殆尽，谱牒也随之散佚。入宋后，由于国家用人机制的转变，谱牒已经失去了辨选举的功能，由于国家还处于建国初期的生产建设方面，所以致使谱牒一时无人过问。由

---

① ［明］宋濂:《元史》卷197,《列传》第八十四《孝友一》,影印文渊阁四库全本。（按：此《孝友一》载："其累世同居者，则有休宁朱震雷。"因收集资料有限，以后再对此相关问题做深入探讨。）

② 转引自张体云《论朱熹与徽州宗族文化之间的关系》,《学术界》2011年第1期。

于统治阶级维护统治的需要，朝廷开始提倡士大夫修谱，而整个宋代庙制不立，国家始终没有统一相关庙制祭祖等规范，于是士大夫纷纷尝试以自己的方式祭祀祖先，通过家谱的编修来表达对祖先的尊敬应该是其中一种方式。就目前资料显示，宋代较早编修族谱的士大夫是范仲淹，其根据旧谱及寻访族人，编成家谱，并设了族田，为族人的日常活动提供了经济基础。随后欧阳修、司马光、王安石、苏洵、曾丰等纷纷加入了修谱的行列，由于欧阳修和苏洵把自己所修的族谱载入自己的文集中，从而使人能够更多地了解、模仿其二人的修谱，而这种聪明的做法，无疑也对其族谱的保存提供了最好的解决办法，相比较，同期的司马光、王安石、曾丰等人所修之谱，后世则无法再见到真容。

　　笔者就收集到的《四库全书》中所有的 25 篇宋代谱序，加上南宋周必大刻本欧阳修集本《欧阳氏谱图》序三篇共 28 篇，发现其中只有 6 篇涉及墓葬问题，占总数的 21%；若不加欧阳修集本序占 25 篇的 24%。宋代徽州地区谱序只入选一篇，即朱熹《婺源茶院朱氏世谱序》，朱熹所修族谱目前确定已经散佚，笔者曾专心研读过相关朱熹修谱的文献资料及相关内容，得知其谱是在回婺源老家的短暂时间内修的，只修 11 一世，谱中并没有追溯氏族谱系的内容，只有本宗世系；编修内容应该没有欧苏丰富，编修水平应该不会超过欧苏，但是朱熹此序和其他 20 多篇谱序相比而言，最大的不同就是朱熹在序中有大约三分之一的内容写的是关于墓葬祭祀方面的内容，这种情况很是特别。笔者在前文已经论述，认为中国的家谱在功能上是不断进步的，在体例方面是不断创新的，但是家谱记录内容的发展却是按照其特有的规律缓慢向前的。家谱发源之初，应该只是用文字记录简单的世系，其后《世本》中出现了既有文字叙述，又有表格存在的家谱，此时的家谱应该有部分内容涉及远古的氏族世系，《史记》《汉书》时记录家谱的内容可明确为文字叙述谱和表格图谱均已经出现，文字叙述谱较多述及远古的世系，同时也会有本宗谱系的记录，《史记》中表格图谱记录的世系多以帝系为主，没有严格地按照父子关系记录。不过因没有明确的资料留存，也不可能正确地记录全部远古帝系，有的只能通过《世本》等记录下模糊的世系。而《汉书》中的情况则大不一样，其表格图中则记录了众多功臣王侯的本宗世系，和《史记》横向关系不同，《汉书》中表格皆为纵向关系，上下皆为父子关系，有的六世一提，有的四世一提，且注重表头书写格式（欧阳修应该是受《汉书》中世系图的启发，而在自己所修的族谱内，创新了家谱编修方法）。然后家谱编修进入了简单记录的魏晋南北朝隋唐时代，要么为文字叙述谱，要么为表格谱，文字叙述中偶尔会有人物小传的内容，但此时应该没有谱序的存在（或很少），整体编修水平相比较《世本》《史记》及《汉书》，应该呈下降的趋势。此种情况的出现，是和魏晋南北朝隋唐时期的士族社会为背景相紧紧联系的。因选官、婚姻的需要，此时所修家谱，只能要求简单化、准确化，在具体的家谱中，应该少有对远古世系的追述。欧阳修即明确认为唐代的家谱（应该包括魏晋南北朝）修得过于简单，周代、汉代所修家谱就已经有的世系图但唐时却没有，无疑家谱编修的水平应该是下降了的。当然，唐代谱学大家很多，在氏族谱系的追述方面有进展，而往往编成姓氏之书，在对本宗的考辨上，应该用功不少，当时的几部大型谱牒之书的编撰，当是以考辨各姓氏本宗谱系为主。从刘知几所修家谱来看，其不但考辨了刘氏的氏族谱系，也考辨了刘氏的本宗谱系，但所有的唐代族谱基本内容当和汉时家谱记录的内容差不多。

宋代后，家谱记录在表现形式上和魏晋南北朝隋唐有了很大的变化，即谱中开始既有谱，又有图，当然，这种变化其实质上只是对汉时家谱编修样式的复归。内容方面也多有不同，家谱内容不但像以前一样记录了氏族谱，本宗谱，还加入了众多的谱序，谱后往往还有跋等，谱中往往还有小传的内容，或略记录于世系图中，或稍详于世系图前（或后）的世系录中，有的也会记录些和当时修谱等相关的内容，相当于后世的谱记作用，也有艺文的特征表现，此时已经有了体例的明确提法，欧苏谱皆是如此。

宋代回归了汉时的谱图编修，体例上多了谱序、谱跋、谱录、艺文等，但家谱体例或记录内容的另外一种形式在宋代则开始慢慢有了萌芽。宋代以前，家谱编修和墓葬祭祀等往往是分开记录的，我们或可见古代墓碑、墓表、墓志铭等这些内容在唐前都有大量内容遗存，但从没有见过任何资料记载其为家谱中的一部分内容；我们或可见古代墓碑上或记录有家族部分世系的内容，但这只是古代缅怀祖先上的一种方式，其记录方法是按照其墓志等那一套系统而记录的。随着敦煌遗物的大量出土，我们已经可以部分找寻魏晋南北朝甚至隋唐时期家谱的样子，但可以肯定，当时家谱是家谱，墓碑是墓碑，它们相互间记录世系上可能是相近或是相同的，但当时家谱的记录应该是以世系为主，简单的，直白的，不会涉及祭祀墓葬等信息，相反墓志等则会涉及家族的世系，当然还有相关墓葬死亡等信息，以告祖宗在天之灵，使后代知道祭扫的时间，祭祀的方法等。由此或可说古代由于原始崇拜或祖先崇拜，祭祀分量在生活中要远远超过对家谱的记录，祭祀墓葬系统应包括家谱内容系统，但家谱内容不会包括祭祀墓葬内容。

但从宋初特别到欧阳修之后的家谱编修上，情况已经悄悄地发生了变化。宋初即开始庙制不立，一时人们对祭祀祖先无法得到确切的规范，而尊祖收族又是人们的内心需求，于是只能通过自己进行有限的尝试去祭祖，而朝廷因为自身诸多原因，往往对当时这些尊祖收族的方式持默许或明文鼓励态度。随着宋真宗带头东封西祀，在祭祀礼法方面有众多突破，于是士大夫纷纷重拾被唐末五季中断了的但对当今官员选举没有作用而对尊祖收族有作用的家谱编修，由于祭祀之风的空前盛行，祭祀方式的不断突破，在宋代不断产生礼学大家，人们相信并追求"礼以义起"或"礼以情起"，并把这些精神推广到家谱的编修上。范仲淹的家谱编修，加入了义田的内容，为宗族的日常活动提供了有力的经济基础，对尊祖收族的作用可想而知；欧阳修稍后修谱（石本《欧阳氏谱图》），在其世系小传（或曰世系录）中，首次"引墓入谱"（"引墓入谱"为笔者暂命名，以前经常出现的情况是"引谱入志"，或"引谱入碑"，但把墓葬信息内容引入家谱，欧阳修当属首次），记录了好几处关于墓葬信息，此可能为欧阳修的无意为之，也可能是欧阳修的故意而为，但当我们把其第二版的家谱（集本）拿来对比时，感觉其应该是有意而为之的，因为欧阳修一共修了两部家谱，即第一部（或版）为石本，第二部（或版）为集本，据笔者的推测论证，第二部家谱是其看了苏洵所修家谱后，感觉苏洵家谱有很好的谱法，而对其进行参考，回去后把自己的家谱又重新修了一遍，此次修订和第一版最大的不同即是把第一版中世系录的部分换成第二版的《欧阳氏谱图后跋》，而在此跋中，欧阳修又叙述了部分人物的小传，但对于墓葬等相关信息却一字没提。此种情况只能说明欧阳修的第一版中的关于墓葬的信息是特意安排进去的，但第二版因为特殊原因，而故意不录的。

究竟是什么特殊原因？笔者认为只能是其看了苏洵之谱的原因。苏洵只修了一次谱，世系要比欧阳修的简单，从所知道的第一世开始谱起，记录所有世系所有儿子，并在自己的直系世系上记录各人的小传，包括出生、娶妻、官职等，但在谱中就是没有记录墓葬信息，此详尊吾之所自出的谱法，为欧阳修所赞许，回去后，即对自己的族谱进行了修改。

可见，在是否把墓葬信息记录入族谱，欧阳修是处于犹豫不决或徘徊状态的。纵观整个宋代，反映在谱序上，有的谱序中记录有墓葬相关信息，有的只字未提，笔者收集四库中全部宋代谱序共 28 篇（含欧阳修集本 3 篇），其中有 6 篇涉及墓葬问题，占总数的 21%。宋代徽州地区谱序只入选 1 篇，即朱熹《婺源茶院朱氏世谱序》，而朱熹之序是所有 28 篇序文中最特殊的一篇，其内容的三分之一皆叙述的是有关其宗族墓葬情况，甚至朱熹还把墓地被侵、并付之于诉讼的内容也悍然记录入谱序，这些情况是很特别的。

笔者曾认真研究了宋代徽州的家谱编修情况，在安徽师大徽州文化研究中心谱牒库中，收集了徽州毕、查、陈、程、戴、方、冯、葛、洪、胡、黄、江、金、李、吕、罗、佘、舒、宋、苏、孙、吴、王、汪、项、谢、徐、许、姚、余、詹、张、郑、周、朱共 35 个姓氏的宋代家谱资料，其中宋代谱序 185 篇，各姓具体谱序篇数见附录二，笔者在对其内容进行认真梳理后发现，这 185 篇的宋代谱序中，只有 29% 的篇数中记录了墓葬信息。谱序往往是一部家谱的中心内容所述，可见宋代当时家谱中记录墓葬信息是不普遍的。

具体来说，两宋之交的黄天衢所编内容和南宋朱熹所编内容都含有大量墓葬信息，而南宋吴潜及宋末的方桂森所修之谱，却几乎没有相关墓葬信息记载。需要说明的是吴潜谱中只有吴潜直系才有墓葬信息，而这类信息是清代人后来补入的，这一点前文已经论述，故吴潜谱只有其谱序涉及了墓地等信息。武口王氏很是特殊，北宋王汝舟写有谱序两篇，南宋王炎写有谱序两篇，但皆不涉及墓葬等信息。而南宋的金若洙修谱则"以礼齐之，而崇明祀，敦嘉会，谱焉"，[①] 金若洙在自己所修之谱内，明确提出"崇明祀"为家谱的作用之一，可见金若洙修谱，内容已经涉及家族祭祀的问题。徽州程氏

---

① ［宋］程若甫：《汪溪金氏族谱序》，见《古今图书集成·明伦汇编·氏族典》卷 362《金姓部艺文》。

家谱内容记录皆很全面，程敏政《程氏统宗世谱》中录有北宋程祁和南宋程大昌的谱序，皆含有多处墓葬相关信息，且墓葬信息在其二人的谱序中都明显占有重要地位，可见徽州程氏家族从宋代所修之谱时，记录内容之全面、丰富及编修方法要稍高于其他家族。

可见直到这时，在家谱的编修上，特别是在家谱要记录的内容方面，整体趋势还不是成熟的。家谱内容记录应该不仅既记录祖先生前荣耀、光辉业绩，同时也要记录死后墓葬祭祀等情况才算完整。隋唐之前的家谱，家族成员"生"的一块被记录入家谱，而其"死"后的一块，则往往被另外不同于家谱的系统所记载，即墓葬祭祀等系统，而这些墓葬祭祀系统的内容往往包括家谱世系的内容，但家谱却不涉及墓葬祭祀等问题。而家谱的单独成块，则显示此时的家谱编修的不成熟，没最终定型，其真实反映了士大夫们对家谱编修的探索状态。

程祁、程大昌的修谱，可以说直接拉高了宋后徽州程氏的家谱编修水平，这一点只能说明徽州程氏从宋代开始修谱时，编修水平的起点就比较高。但对徽州家谱编修影响更大的还是朱熹，其在其谱序中用了三分之一的篇幅介绍自己家族墓葬方面的事情，不是无意为之的，也不是偶然的，联想到朱熹是宋代礼制突破的积极实践者，是宋代末期乃至宋代之后所有王朝礼制的集大成者，其在家谱中加入大量墓葬祭祀信息，当属于其在家谱礼制方面进行突破的一个方面。金若洙即当受到朱熹的直接影响："金若洙曾从理学家程若甫、朱熹游学，他的谱序充满了说教味，这或许可视为理学思想对族谱的渗透吧。"[1]

金若洙受朱熹的影响在宋代时当不是普遍发生的事情。有宋一代，徽州查氏、陈氏、江氏、罗氏、余氏、舒氏、宋氏、苏氏、孙氏、吴氏、谢氏、余氏、张氏共 13 个姓氏在宋代都有谱序，可他们在谱序内容中均没有记录任何墓葬祭祀信息，说明在宋代家谱中，记录墓葬的内容还不是得到了很普遍的认可，安徽师大徽州文化研究中心谱牒库中的 185 篇谱序中只有 29% 的篇数涉及了墓葬信息，整个影印《文渊阁〈四库全书〉》中宋代谱序 25 篇，也只有 24% 的篇数涉及。故可见宋代在家谱编修内容的记录上，在

① 常建华：《谱牒学与徽学离不开徽州族谱》，《安徽大学学报》2015 年第 6 期。

最开始朝廷的提倡、庙制的不立的情况下，士大夫只是逐渐尝试在家谱中记录一些本属于墓制系统或祠堂祭祀系统方面的内容。从一开始的尝试，像欧阳修那样，探索并徘徊记录，并随着时代的发展，逐步增多相关家族成员死后情况的记录，且范围逐步扩大。不过，整个宋代，从笔者的统计数据来看，家谱内容中既记录家族成员生前荣耀信息，又记录相关死后墓葬祭祀等信息，还不是普遍发生的，当处于家谱编修到底要记录什么内容的探索徘徊阶段。

而随着程祁、程大昌等徽州程氏家族家谱编修理念的日趋成熟，特别是朱熹地位的日渐提高，朱熹理学逐渐被奉为官方哲学，元代恢复科举后对朱熹所著之书的重视，更在朱熹对引墓入谱这一礼制突破的身体力行、以身示范后，家谱编修发展到元代才表现出了探索徘徊阶段后的定型阶段。

第四章

元代徽州家谱编修的定型（上）

第一节　元代徽州家谱的编修原因

一、士人平素重修谱

"元主中国，殆将百年，其初君臣朴厚，政事简略，与民休息，时号小康。"① 明朝初年李开先，其在《西野春游词序》篇首曰"元不戍边，赋税轻而衣食足，衣食足而歌咏作"。② 在这样宽松的环境下，士大夫们多愿意修谱。

（一）元代重根脚，在谱中炫耀

1.《戴氏族谱序》中炫耀了戴恺和戴泳的官职，曰："今以绩溪言之，自前山忠公而来，有曰恺者，宋绍兴三年，授承信郎监寿春府酒税；六年，除保义郎权，金书忠正军节度；七年，调成忠节度权通判寿春府兼管内劝农营田事；九年，迁武略大夫转武显大夫。有曰泳者，登嘉定十六年进士第，同蒋重珍榜，授修职郎，主饶州浮梁簿。厥后支分派，衍子姓日繁，徙于饶、于婺、于旌德、于泾县、于休宁、于婺源者皆是也。或因时而变迁，或随寓而占籍，其源盖于绩溪之新荣乡前山里，猗欤盛哉！"③

2.《章氏族谱序》炫耀了庆历名相、嘉祐元魁，特别是后来的章翙一门，

① ［明］朱元璋：《明太祖实录》，卷三十九。

② ［明］李开先：《西野春游词序》，见《历代曲话汇编》第一集，黄山书社，2009 年版。

③ ［元］舒頔：《戴氏族谱序》，见《贞素斋集》卷二，影印《文渊阁〈四库全书〉》本。

子孙仕宦者好几人，曰："因之唐季康州刺史及居浦城，五代间枝叶繁盛，太傅仔钧泊，夫人练氏，阴功硕德，载培载植，用昌厥后，故庆历名相、嘉祐元魁、彬彬辈出。南渡时仓部员外郎迁昌化，亦多显者，翃之子橚、樵，翃之孙铸、鉴，皆相继登第，翃主徽州婺源簿，橚主信州玉山簿，樵知处州橚通议大夫，鉴通奉大夫爵钱塘县开国伯，铸福建转运使，淳淮东总领，所干办官祖康平江府，军咨祭酒祖邵知浦江县，颀之桐陵县主簿，运之从仕郎，运之徃来父兄宦邸，道过瀛爱，其山水清胜，因置田庄，谓昌化，为浙东最僻静处，有势则易以兴，无人则难于守，锐志迁瀛川奠家焉，且以信义结乡人，乡人无老幼贵贱，咸仰其为丞相。苗裔指其居，则曰丞相之第也。"①

3. 李祁《俞氏族谱序》更是现身说法，以自己亲身经历、亲眼所见，来为俞氏炫耀，曰："新安俞氏縣唐三府君而下，有擢科登显仕者，有以武举得宠秩者，又有以联姻贵戚领三镇节度使者，其他或以世赏膺命，或以异路入官，或丰赀厚产，或肥遯高蹈，文华节概，辉映后先，可谓蕃衍盛大者矣。予尝佐守婺源，固知俞氏为名族，而未暇悉窥其子弟之贤否，与其支派源委之详，近年俞君子茂来镇禾川，见其虽出入戎马间，应务倥偬而敦诗悦礼意度闲暇，又见其群从昆季，虽跋履艰险，忧患百端而循轨守辙不失矩度，皆可敬也。既而复得其家谱，观之源远而流长，根深而叶茂，是又益可敬矣。"②

4.《汪溪金氏族谱序》曰："汪溪在休邑西南二十里许，实吾乡入邑道上，有金氏世居于斯三百年矣，其族先达若进士朋说请学于朱子，直道从仕，不负师门，乡魁若洙，为程勿斋高弟，见几挂冠，革命屡召不起，自后奕世以明经闻，侯举应贡及由诸科进者，绳绳接武然，隐居有节义，出仕有治行，不徒志肥甘青紫而已，岂非所谓能世其家者耶？"③

当然，陈栎在这里，不但把金氏吹嘘了一番，顺带还把自己家族夸耀了下："余家与金氏村壤相接，世有婚媾，尝延先君先叔于家塾，模范数年，故余又得交其群彦，于群彦中，与清甫尤为莫逆。"

像这样夸耀的内容，在谱序中很多，这里就不再一一赘述。

① ［元］舒頔：《章氏族谱序》，见《贞素斋集》卷二，影印《文渊阁〈四库全书〉》本。
② ［元］李祁：《俞氏族谱序》，见《云阳集》卷三，影印《文渊阁〈四库全书〉》本。
③ ［元］陈栎：《汪溪金氏族谱序》，见《定宇集》卷二，影印《文渊阁〈四库全书〉》本。

（二）修谱自觉

元代很多家族都有遗传老谱，作为非常有责任感的士大夫，其感到修家谱是自己的责任，责无旁贷，汪炤修《新安旌城汪氏家录》，是因五十五代汪志高携琴书来旌城后，遂成当地望族，而家中老谱又年久失修，遂使第五十三、五十四代失其姓名，其作为典型的士大夫，平时多有留心就造成两代缺失，若自己现在不修，恐怕以后更有遗憾。① 于是根据其师曹泾谱法，在自家家传旧谱的基础上，斟酌损益编订成书，并于泰定元年（1324）刻印完成。②

汪垚修《新安汪氏庆源宗谱》更体现了其理论的自觉。汪垚为汪华后裔，家传旧谱多有缺失，同时也发现有较多错误，平时其参阅多部当时编辑的其他乡邑的族谱，但一直没有编成。后来在参阅了汪华弟汪铁佛后裔汪松寿所编家谱后，才最终修成。"（余）别谱以记旧闻，自越国公之后，别有家谱旧谱，参之汪高梧所叙之谱，又遍参凤凰、潜口、严镇、郑村诸谱，考其同异，订其讹舛，编录未竟。近又得休宁石田汪正心松树所撰《汪氏渊源录》……垚得此本，稽考前谱，重新订正，遂成全书。"③ 由此可见，汪垚修谱，是参阅了所见到的旧谱，并遍参凤凰、潜口、严镇、郑村诸谱，考其同异，订其讹舛，特别是在看到汪松寿所编《汪氏渊源录》后，深受启发，从而最终编成《新安江氏庆源宗谱》。

（三）意气之争：《汪氏渊源录》成书背景

1. 被逼而为

汪松寿坦言："泰定乙丑（1325）春，宗人开家录，创为新谱，辄改旧编，至弃吾祖铁佛，窜属旁支。余既驰书白其谬冒，遂取家藏旧谱，补其遗绝，究其讹杂，循名征实，即事引时，通为注释。……编帙既成，号为《汪氏渊源录》。"④ "夫旧谱代传户蓄，皆知吾为僧湛、铁佛之支，今新谱务为邪宕，改祖世华。"⑤ 汪松寿本为汪铁佛后裔，他之所以修家谱，是因为泰定乙

---

① ［元］汪垚：《新安汪氏庆源宗谱》，元刻本，安徽省博物馆藏。

② 参见汪庆元《〈新安旌城汪氏家录〉初探》，《文献》2003 年第 4 期。

③ ［元］汪垚：《新安汪氏庆源宗谱·叙谱》，元刻本，安徽省博物馆藏。

④ ［元］汪松寿：《汪氏渊源录·叙谱》卷一，浙江图书馆藏。

⑤ ［元］汪松寿：《汪氏渊源录·论竹溪新谱书》卷二，浙江图书馆藏。

丑宗人修成家谱（即指下文竹溪翁所修的新谱），此家谱把他当成是汪华后裔了。汪松寿不能容忍这些错误，故在家藏旧谱的基础上，增补、纠错、注释、并有所发明而修成《汪氏渊源录》。

2. 论证竹溪翁新谱有十误[①]

（1）新谱把"吾"认作汪华之后。汪松寿本为汪华堂弟汪铁佛后裔。

（2）新谱认可"黟、歙十姓九汪，皆华后"。汪松寿不认可这一说法。

（3）新谱认为汪姓来源于汪芒。汪松寿认为汪姓来源于颍川侯。

（4）新谱含《汪韶州乾道四年石刻》一文，并认可文中观点。汪松寿认为此文有两错："（汪）愿自黄墩迁环珠者，……至天祐甲子（汪）志高来旌城，仅二十六年耳"，但这仅仅的二十六年，世系却叙了"不啻七八代"（错得没边）；"自志高而下，至文昉祖元丰乙丑年实葬张坑，中间二十传"，汪松寿认为中间只有十二传。

（5）新谱认为汪志高世系排行应为第五十五世。汪松寿认为应为第五十三世。汪志高在迁旌城前，一直居住在凤庭。新谱"在凤庭者，当失二祖之名"，即汪志高之前，应当缺两代汪氏人名没记载，所以汪志高为第五十五世。而汪松寿用合理推论来证明汪志高为第五十三世，其前没"失二祖之名"：元和七年（812）至宋元丰八年（1085）共二百七十四年，以每代二十年算，二百七十四年最多可有十四代人；而在凤庭居住的人，在没"失二祖之名"的情况下，正好十四代，即元和七年五十一代汪万于，到元丰八年六十四代汪文昉正好为十四代，所以汪志高应为第五十三代，其前不可能"失二祖之名"。

其余五误略（汪松寿按：新谱有十误，今存者五，余皆失之。后有得者，尚当补其缺略云）。

3. 竹溪翁新谱不是《新安旌城汪氏家录》

《新安旌城汪氏家录》现藏安徽省博物馆，以下简称《旌城录》。汪庆元先生曾对此谱专文论述[②]。此谱修成于元泰定甲子（1324）年，比汪松寿《汪氏渊源录》早两年修成，其编修者为休宁旌城的汪炤，字恒德，家录编成时

---

① ［元］汪松寿：《汪氏渊源录·论竹溪新谱书》卷二，浙江图书馆藏。

② 汪庆元：《〈新安旌城汪氏家录〉初探》，《文献》2003 年第 4 期。

年已七十二岁。汪松寿提到的竹溪翁新谱，因今已无存，而很容易让人联想到其就是同邑之内的《新安旌城汪氏家录》（两谱编修年代相近、编者年龄相仿）。笔者通过此旌城录与竹溪翁新谱十误的对比，可证明旌城录绝对不是竹溪翁的新谱，汪松寿修谱也从没提过此谱。

（1）旌城录没涉及旌城汪氏是汪铁佛后裔还是汪华后裔的问题（卷一《提纲》直接从五十五世祖汪志高述起）。

（2）旌城录没涉及"十姓九汪，皆华后"的问题。

（3）旌城录没涉及汪姓是否来自于汪芒等这些富于争议性的汪氏渊源诸问题，只在其《总序》中略述渊源如下："汪氏实出黄帝。鲁成公次子有功于国，封汪侯，食采颍川，汪侯遂为汪氏始祖。传三十一世汪文和，汉献帝建安二年，拜为龙骧将军会稽令，因渡江家于黟、歙。至五十五世祖汪志高于唐大祐元年始迁旌城。"

（4）旌城录没《汪韶州乾道四年石刻》一文。细细分析汪松寿在新谱书十误中所引用的此石刻文内容，其含有的错误旌城录也没涉及："仅二十六年耳"，世系却叙了"不啻七八代"，此错误旌城录没有；"自志高而下，至文昉祖元丰乙丑年实葬张坑，中间二十传"，而旌城录卷一即明确为汪志高为五十五世，汪文昉为六十六世，志高到文昉世系共有十二传（世），而不是此石刻文的二十传。

（5）旌城录没涉及新谱"在凤庭者，当失二祖之名"的问题，直接断定汪志高为第五十五世。

此为汪松寿论竹溪翁新谱十误中的前五误，而旌城录一条也没涉及，由此笔者可以断定，竹溪翁的新谱不是《新安旌城汪氏家录》。令人费解的是：汪松寿在其所修谱中，多次提到竹溪翁的新谱，而一次也没提到比他早两年修成又同为休宁邑内的《新安旌城汪氏家录》，不知为何（有待探讨）。

二、元代礼制荒疏促进修谱

（一）世系中记录异姓也可

陈栎曰："九族之云昉于尧典，释者谓父族四，母族三，妻族二，欧阳文忠取斯说，朱子韪之。昔齐晏子不隐君之赐，固犹是也，世之谱族尚矣，未闻兼谱异姓之亲。今伯英为高曾世谱，而解、吴、王三氏皆有记焉，其惇九族、厚彝伦之义尤笃敬。"①

众所周知，"九族"要么说是"上自高祖、下至玄孙，即玄孙、曾孙、孙、子、身、父、祖父、曾祖父、高祖父"；要么说是"父族四、母族三、妻族二，父族四是指姑之子（姑姑的子女）、姊妹之子（外甥）、女儿之子（外孙）、己之同族（父母、兄弟、姐妹、儿女）；母族三是指母之父（外祖父）、母之母（外祖母）、从母子（娘舅）；妻族二是指岳父、岳母"。元代礼法混乱，九族之云昉于尧典，释者谓父族四，母族三，妻族二，欧阳文忠取斯说，朱子黜之，但欧朱都没有按照此九族修谱；修谱是为了显示祖先的盛德，但从没有见过修谱中有异性之亲。今伯英之谱，谱自高祖，其间把谢姓、吴姓、王姓的亲戚都写上了。陈栎盛赞伯英之谱有敦九族之义。通过赞语我们可知，此谱为徐氏谱。

（二）异姓可否承继辨

元吴海曰："夫异姓之不可以相承，犹马之不可以继牛，桃之不可以续李也，祖宗之于子孙一血气之所传也，彼以婿与甥外孙为继者，亦曰吾血气之所传，是大惑也。夫坤道善成而不为主，非天施则地不生，故妇人之族不可以承夫也。奈之何举世安之而不为非也？不亦祖非其祖，族非其族乎？夫祖非其祖，而自弃其祖，族非其族，而自离其族，此人心之所不安也。奈之何举世安之而不为非也？吾于是有取焉者，盖取得夫子存羊之意，亦孝弟之不容已也！呜呼是可以为世法矣，是可以为世法矣！"②

吴海认为新安吴天麟出继给自己的舅舅，到现在已经过了五世，在新安吴氏家谱上，仍然记录有其子孙后代的世系，并注明出继的原因，是因为"仁"，因为"仁不遗亲"。

但吴海同时认为异性不可以相承继，吴天麟的情况孝悌也不容，但有"夫子存羊爱礼之意"，所以还是可以接受的："夫异姓之不可以相承，犹马之不可以继牛，桃之不可以续李也，祖宗之于子孙一血气之所传也，彼以婿与甥外孙为继者，亦曰吾血气之所传，是大惑也。夫坤道善成而不为主，非天施则地不生，故妇人之族不可以承夫也。奈之何举世安之而不为非也？不

---

① ［元］陈栎：《族谱赞》，见《定宇集》卷十二，影印《文渊阁〈四库全书〉》本。

② ［元］吴海：《新安吴氏家谱叙》，见《闻过斋集》卷二，影印《文渊阁〈四库全书〉》本。

亦祖非其祖，族非其族乎？夫祖非其祖，而自弃其祖，族非其族，而自离其族，此人心之所不安也。奈之何举世安之而不为非也？吾于是有取焉者，盖取得夫子存羊之意，亦孝弟之不容已也！呜呼是可以为世法矣，是可以为世法矣！"

由此可见，吴海在亲情之意和古代礼法之间，还是选择了重亲情，认为吴天麟过继给自己的舅舅是有"爱礼之意"，这样是可以接受的。吴海身为闽人，可见受朱熹影响很大，朱熹"夫子存羊"的含义，要是对朱熹之学不深入的话是不会知道其有"爱礼之意"的。

三、元代乱世重修谱

元代徽州族谱的编修，有一个非常重要的特点是，1352 年壬辰兵乱后，徽州地区呈现出众多甚至有点统一修谱的味道：

1.舒頔在《胡氏族谱序》中认为诗书之族，礼仪之风，虽经战乱，但不能断："至正壬辰，天下大乱，诗书之泽荡然几无遗类矣。呜呼，岂谓吾内姓尚存？斯谱耶，得见诸老于谱系间，斯幸矣。衣冠之族、礼仪之风，后之子孙苟能振起，继其先世斯可矣。"[①]

2.《戴氏族谱序》中舒頔认为，虽经战乱，旧谱不存，但族谱只是能够别亲疏远近，真正是一气相传之亲戚，没有亲疏远近："壬辰世变，旧谱不存，而所抄亦为丙丁所夺，尚能记忆大略。呜呼，外祖用心于谱系，可谓谨矣。夫谱者不过记宗派之亲疏，别支流之远近。然自吾祖以来，至于吾身，推之一气相传，则何亲疏远近之有？读苏老泉族谱序，可以感发兴起。"[②]

3.《苦竹朱氏族谱序》中朱升称赞了朱范的保全乡里之功："及至正壬辰之变，则有子范以才学德行，能率其弟侄乡人，保全其宗族闾里。"[③]

4.《章氏族谱序》中舒頔痛斥了兵乱给谱牒带来的后果："爰自壬辰（1352 年，至正壬辰）兵戈骚扰，谱之存者有几？"[④]

5.《北门张氏族谱序》中舒頔坦诚相言，兵戈起来后，人们都弃家逃进

① ［元］舒頔：《胡氏族谱序》，《贞素斋集》卷二，影印《文渊阁〈四库全书〉》本。
② ［元］舒頔：《戴氏族谱序》，《贞素斋集》卷二，影印《文渊阁〈四库全书〉》本。
③ ［元］朱升：《苦竹朱氏族谱序》，《朱枫林集》卷之四，四库别集本。
④ ［元］舒頔：《章氏族谱序》，《贞素斋集》卷二，影印《文渊阁〈四库全书〉》本。

深山，家中的书、谱牒全部不存，严厉控诉了战争给人们造成的伤害："张先世由歙之左汉徙绩，今九世在目，几二百年矣，至正壬辰大纲不振，兵戈四起，弃我室庐遁于岩谷，诗书之泽几废，先世谱系逸遗靡存。兹欲重修则失其本末，不能悉记，欲他寻外宗，则非本支的派，不敢妄为丘陇之所存、爪瓞之所系、年遂而支益蕃，屡欲过左汉诸族是访，以征所从来，属以事，不果。"①

6. 江西永新的李祁，曾做过五年徽州同知，和徽州的汪氏关系处得很好，其离任后，徽州遭受兵乱，还能为汪氏后人书写谱序，可见在徽州众多士人中，大乱后修谱，当是必须之事。作为地方官的李祁，当或有此论，其《汪氏族谱序》②中，则可见其对汪氏渊源了解之深："按汪授姓始于鲁成公，传至士章，凡七十四世，其间世次考据明白，非臆说者，具见渊源录，松寿于汪氏不为无功矣，而士章复为此谱详其所自出，盖老苏氏眉山谱已有谱，为吾作则详吾所自出之说，士章之谱非无所仿而作者也。"③

第二节　元代徽州家谱编修的内容

一、徽州家谱对姓氏源流的认识

（一）家谱中最早汪氏氏族谱系介绍

1. 汪氏族源介绍

汪炟《新安旌城汪氏家录》中《总序》④开始即曰：汪氏实出黄帝，盖

---

① ［元］舒顿：《本门张氏族谱序》，《贞素斋集》卷二。影印《文渊阁〈四库全书〉》本。

② ［元］李祁：《汪氏族谱序》，《云阳集》卷四，影印《文渊阁〈四库全书〉》本。

③ 参见常建华《宋元时期徽州祠庙祭祖形式及其变化》，《徽学》，安徽大学出版社，2000 年卷。常先生考证出此谱作于壬辰战乱后，"在元末的世变关头，俞夫人不仅建祠、置田、设学，还命士章增修族谱。反映出回岭汪氏的宗族建设是针对战乱采取的聚族保族的措施。"通过字里行间，可认为李祁另一篇关于徽州的谱序即《俞氏族谱序》也应该是作于壬辰战乱后，是俞茂到江西永新和川找李祁，李祁才写的。通过常建华先生之分析，李祁在至正元年至五年（1335—1339）同知徽州时，和汪家和俞家关系处得应该很好，不然壬辰（1352）之乱后，两家后人找到他，他就不会为他们写谱序了。

④ ［元］汪炟：《〈新安旌城汪氏家录〉初探》，《文献》2003 年第 4 期。其《总序》没有单独列出作为题目，根据《提纲第一》内容"五十五世祖七公起，祖字志高，始居旌城，其详已见总序"而名之。

后稷为黄帝曾孙，帝喾元妃姜嫄之子曰"弃"，其后为周，周自武王封弟且于曲阜（今衮州仙源县），为鲁公传至成公黑肱，夫人有娠，尝梦虹绕其身及生子也，有文在左手曰汪，因名之，长而敦敏有功于国，封汪侯，食采颍川以为氏焉。成公之次子也（颍川晋州阳夏县西乡靖仁里汪氏），在周定王之十七年辛未是为汪氏始祖。

笔者虽没看过河北大学藏至元三年的汪云龙《汪氏族谱》，但笔者基本可以推测认定，汪侯出生时手纹含有天然"汪"字的传说，应最早见于汪炤此谱。[1]汪炤也第一次提出了汪氏颍川地望的具体位置：颍川晋州阳夏县西乡靖仁里。

2. 汪氏氏族谱系

上行汪松寿《汪氏渊源录》汪氏氏族谱系
下行汪炤《新安旌城汪氏家录》汪氏氏族谱系

1 汪侯→2 挺（诵、芒）→3 诵（越、铨、锜）→4 越（嵩、汶、郁）→5 嵩→6 建
1 汪侯→2 挺（挺弟芒）→3 诵（越、铨、锜）→4 越→5 嵩→6 建

→7 考→8 欣→9 永→10 陈（量、良）→11 良→12 猛（胜、拔）→13 胜
→7 考→8 欣→9 永→10 陈→11 良（良兄量）→12 猛→13 胜

（理、重、泰）→14 理（坚、婴）→15 婴→16 晃→17 性→18 进（达、勘）
（理、重、泰）→14 理（坚、婴）→15 婴（婴弟坚）→17 性→18 进—

→19 达（雅、悆、卞）→20 雅→21 勇→22 言→23 高→24 澄→25 珍—
→19 达（达弟侃）→20 雅→21 勇→22 言→23 高→24 澄（澄弟洪、会）

---

① 按：［宋］罗愿《新安志》只说"汪，姬姓也，鲁成公支子，食采于汪，因氏焉"。见［宋］罗愿著，萧建新等校《新安志》，第 38 页，黄山书社，2008 年。

→ 26 云 → 27 讬 → 28 颛 → 29 广 → 30 平（最、文和）→ 31 文和（轸、超）—

→ 26 云 → 27 讬 → 28 颛 → 29 广 → 30 平（最、文和）→ 31 文和（轸、超）—

→ 32 轸（澈、远、除、万春）→ 33 澈（授、守、谦）→ 34 授（翊、解、演、旭）—

→ 32 轸 → 33 澈（澈弟守、谦）→ 34 授—

→ 35 演 → 36 道献（恭、威）→ 37 恭 → 38 统 → 39 元爽 → 40 叔举（泰、志、骋、霸）（霸，六子：滕、凭、陵、标、可、舒）→ 41 泰（勋明、然、杰、默、仁）→

→ 35 演（兄翊、解，弟旭）→ 36 道献（恭、威）→ 37 恭 → 38 统 → 39 元爽 → 40 叔举（泰、志、孺、霸）→ 41 泰 →

42 勋明（僧莹、僧湛）（僧莹三子：世华、世荣、世英）（华八子：建、璨、达、广、逊、逵、爽、俊）

42 勋明（僧莹、僧湛）（僧莹生世华）—

→ 43 僧湛（铁秩、铁师、铁佛、铁罗、铁彪、铁环、铁珉）→ 44 铁佛（伯广、伯密、伯伦、伯廉、伯雅、伯嶷、伯顺、伯当）

→ 43 僧湛（铁秩、铁师、铁佛、铁罗、铁彪、铁环、铁珉）→ 44 铁佛（伯广、伯密、伯廉、伯雅、伯嶷、伯顺、伯当、伯论）

→ 45 伯嶷（元会、元坦、元积、元谈）

→ 45 伯嶷（兄元会，元坦，弟元碛，元谈）

→ 46 元坦（守本、守松）（守本：文喜、文成、文忻、文显）→ 47 守松 → 48 敬

→ 46 元坦（守本、守松）→ 47 守松 → 48 敬

$\left\{\begin{array}{l}满（怀德、怀宾、怀斌）（怀德：珍俊、珍超。珍超生万伦、万宜、万\\佐、万澈。万伦为会稽主簿。怀宾生珍遇）\\满（怀德、怀宾、怀斌）——\end{array}\right.$

$\left\{\begin{array}{l}→ 49 怀斌（庭芳、珍浦、珍粹）（庭芳生万饶、万益；珍蒲生万盈、\\万乔）\\→ 49 怀斌（庭芳、珍浦、珍粹）——\end{array}\right.$

$\left\{\begin{array}{l}→ 50 珍粹（万于、万丰、万高）→ 51 万于（叔和、叔义、叔柬）\\→ 52 叔和→ 53 志高[①]\\——→ 50 珍粹（万于、万丰、万高）→ 51 万于→ 52 叔和→ 53 某→ 54\\某→ 55 志高[②]\end{array}\right.$

由此可知，从第 1 世的汪侯，到第 55 世的汪志高之间构成了汪焻所认识下的汪氏氏族谱系，为方便，笔者把两汪的氏族谱系放在一起，比较一下，我们可以发现顺序主干全部一样，但在具体的各代祖先存在的兄弟或儿子的多少与名字方面存在较多不同。笔者可以断定，汪松寿修《汪氏渊源录》，应该是参照了汪焻此谱，但他又刻意回避了汪焻之谱，除了五十二代汪叔和到五十三代汪志高中间不缺代而应是父子关系的推理貌似合理外（后文将有重点推论），其余论《竹溪新谱书》的十误全是捏造，这些问题，汪焻根本就没有涉及，所以笔者断定汪松寿所说的竹溪翁新谱不是汪焻之谱，虽然汪松寿多次影射这部谱。

（二）汪氏姓氏诸理论的奠基之论

《汪氏渊源录》的价值突出表现在其对汪氏来源等诸理论的精辟论述上。通过《汪芒辨》，汪松寿认为，汪姓不是出于汪芒、汪罔或汪野，而是出于鲁成公次子颍川侯，以名为氏，以氏为姓；通过《平阳辨》和《平阳后辨》，汪松寿认为，汪氏郡望为鲁平阳；通过《颍川辨》，汪松寿认为汪氏食采颍川，具体居住地为晋州阳夏县西乡靖仁里；鲁平阳虽于此地相距甚远，但自鲁灭项后，颍川就为鲁地，后为汪氏食采之处。

---

① ［元］汪松寿：《汪氏渊源录五十二代旧谱》卷三，元刻本，浙江图书馆藏。

② ［元］汪焻：《新安旌城汪氏家录总序》，元抄本，中国国家图书馆藏。

　　汪氏是否来自汪芒，汪松寿以前的学者分两大派，外地学者派和徽州本土学者派。外地学者多认为汪氏出自汪芒①，徽州本土学者多认为汪氏或出汪芒、或出颍川侯②。而汪松寿则认为汪氏不出于汪芒而只出于颍川侯。下面以《汪芒辨》为例来见证汪松寿论断之合理。

　　汪松寿认为古代有关汪芒的记载见以下四种情况：

　　后世姓氏书谓：汪姓出于汪芒，依说《孔子家语》及司马氏所作《孔子世家》，其内容大致相同：……禹致群神于会稽，防风氏后至，戮之，……防风，汪罔之君，……在虞、夏、商为汪罔，于周为长翟，今为大人……

　　《左传》：春秋时长狄被灭绝；

　　《说文字林》：长狄之国在北方；

　　《山海书·海外西山经》：有汪野之地。而李善遂根据此谓汪氏国在西海之外。张平子又根据此引之曰"超轩辕于西海，跨汪氏之龙鱼"③。

　　首先，汪松寿根据前三种情况认为：汪罔周时为长狄，初在东南（湖州），应是大禹戮防风之罪，流徙其子孙，周时放逐于北方，而他们于其后多次入侵中原诸国，伐宋、伐齐、伐卫、伐鲁、伐晋，皆败，最后伐晋时，"晋败狄于曲梁，灭潞获焚如，而长狄遂绝"。

① 　1［宋］郑樵：汪氏，汪芒氏之裔，《礼记》有汪踦，鲁人也，宋朝为著姓。（郑樵：《通志》，卷二十八，汪氏词条，影印《文渊阁〈四库全书〉》本）2［宋］邓名世：汪，出自古诸侯汪芒氏之裔，……今黟歙之人十姓九汪，皆华后也。邓名世：《古今姓氏书辩证》，卷十五，汪词条，影印《文渊阁〈四库全书〉》本）3［宋］王应麟：汪氏出汪罔氏，漆姓，亦汪芒，或说姬姓，食采于汪，……（王应麟：《姓氏急就篇》，卷下，汪姓词条，影印《文渊阁〈四库全书〉》本）（按：外地学者王应麟认为汪氏或出于汪芒或出于颍川侯。）4 无名氏：汪，商音，平阳，古汪芒氏之后，五代末汪族有自歙徙居婺源，皆以高资为江左著姓。（元代无名氏：《氏族大全》，卷九，汪词条，影印《文渊阁〈四库全书〉》本）

② 　1［宋］胡伸：公姓汪氏，讳华，新安人，其先汪芒氏之后，或曰鲁成公子子，食采于汪，因氏焉。（胡伸：《唐越国公汪公行状》，《新安文献志》卷六一，影印《文渊阁〈四库全书〉》本）2［宋］汪藻：汪氏轩辕皆古国名。春秋时，童子踦以功显鲁，孔子韪之。中间谱系不传。（汪藻：《浮溪集》，卷二四，《奉议公行状》，影印《文渊阁〈四库全书〉》本）3［宋］罗愿：姓氏氏族之书，皆以汪姓出汪罔氏，亦曰汪芒。……内翰汪公（藻）志其宗人司城墓，推姓所起，亦先本汪罔，又采或说云汪姬姓也。鲁成公支子食采于汪，因氏焉。汪罔之汪见于传记，而姬姓之汪特出于今里中所传。故内翰两存之。……由此观之，谓汪氏为诸侯之裔，似稍近人情。（罗愿：《新安志》，卷一附《汪王庙考实》，影印《文渊阁〈四库全书〉》本）

③ 　［元］汪松寿：《汪氏渊源录·汪芒辨》，卷一，元刻本，浙江图书馆藏。

其次，汪松寿根据第四种情况认为：西海汪野之地，在玉门阳关东，距齐鲁已八千余里；西至葱岭一县度六千里；又西至乌戈山离诸国三千里；又西蹈条支海上九千余里。而西域城郭诸国，自汉武帝以前，尚未通中国，而况悬度之阻、山离之西、条支之海之外的汪野国，那时更不可能跟中原有联系。即鲁国汪姓不可能来自汪野。

再次，汪松寿用四个反问证明汪氏和汪芒（长狄）没关系：

汪锜执干戈、卫社稷，他与孔子同国同期而居，苟为长狄之后，孔子难道会不讲出来吗？

（长狄）侨、焚之死，至汪锜之生，只有九十余年。苟为长狄后，而人的体质、外貌、举止岂能很快变成鲁国人，且能担当"执干戈、卫社稷"的重任（此处意思同罗愿《汪王庙考实》）？

传言杀侨如，埋其首，恶而屏之也（传言人们杀侨如，把他的头埋了，因厌恶他而离他远远的）；……（汪锜若为长狄之子孙）难道鲁国能允许长狄之子孙留在鲁国吗？

孔子自己言"（汪芒）在周为长翟（狄），今为大人"，则防风汪芒之名随时更改，而不复称谓矣。难道过了千五百年又谓原来旧称谓？

最后，汪松寿认为不能望字生义：

不应因汗罔、汪芒、汪野含有"汪"字，一字之同，而认为是汪姓的来源："古之为氏，数世辄更，逐时称谓其字号，未必相因。唐杜之支或曰范，祝融之裔或为苏，……防风固不袭女娲之风，而长狄亦不传仁杰之狄，岂缘以一字之同，而遂合为一姓耶？……彼姓氏书，取一字之同，而遂附会而传，则非特郮瞒、西海之外可为吾国，而秦之汪城可为汪氏之都，燕之汪陶可为汪氏之县，郑周氏之汪可为汪氏之池，举古今天下地理人物之汪，其云者皆为吾氏之有矣。"[1]可见由此望字生义，大错特错！

小结：汪松寿是从已有史料出发，证明汪氏非出于汪芒而出于颍川侯：汪氏出姬姓，氏颍川，望鲁平阳。汪氏谱录，上承姬鲁，下历汉唐，盖五十二代相传，不为无证。……况凡谱录所载，考诸经史记著之书，引物连类，无一不合者。吾于是乎知汪氏果出于鲁成公之后，而汪芒、汪野汗漫不

---

① ［元］汪松寿：《汪氏渊源录·汪芒辨》，卷一，元刻本，浙江图书馆藏。

相人之辞，有非辩而自明者矣（笔者按：以常识判断，大禹于会稽杀防风氏的传文本身就有待商榷。时大禹应是黄河流域的一个部落首领，不是像后来的皇帝一样是天下的共主，其势力范围只应在黄河流域，集中于今河南省附近，而他能够步行，跨过淮河流域、长江流域，并同时降服此过程中的多个蛮夷部落，到达海洋之滨的会稽，并于当地杀了防风氏的头领，其难度指数在当时的环境中，应该难以完成。由此可判定《孔子家语》等叙此事有误）。

（三）汪垚复杂的汪氏源流观

七十二代世孙的汪垚之谱，作于同为七十二代世孙汪松寿之谱《汪氏渊源录》后，其自言"《汪氏渊源录》，尤为精密。正心者，备参经史子传、百氏之书文，诸家之记录，尘编绝简，无不搜罗稽考，通为注释，辨其诞误；又为赞说，更相发明，其有不类不同者，率从删正。上至始祖汪侯，下至松寿七十二代之间，字名、行第、婚宦、墓茔，罔有断遗，其亦勤勤焉。垚得此本，稽考前谱，重新订正，遂成全书"。[1] 可见他是很佩服汪松寿这个人的，但只是佩服其个人，有关汪氏渊源的观点，其有不同于汪松寿的地方。

1. 只征引罗愿汪芒氏的观点

罗愿《前志述汪氏姓原》曰：汪氏，古诸侯汪芒氏之裔，春秋时鲁有汪锜，以童子死齐师，圣人称之，唐歙州刺史汪华居新安，故望出新安，今黟、歙之人，十姓九汪，皆华后也。陈稷州刺史汪纲，陈亡自歙州徙河间，故又有河间汪氏，时邓名姓氏辩证云尔。[2]

按：汪芒氏之裔，在周为长狄，与常人不类，独粗（渣音，有）汪锜者近是；然邓名世以为汪王始居新安；而又言陈世汪纲自歙州徙河间，则是由陈以上同有居新安者矣。姑著其说，以待知者。[3]

可见罗愿在此中的观点是：认为汪氏是出自汪芒氏的！开篇即说"汪氏，古诸侯汪芒氏之裔"，然后提到春秋时"执干戈以卫社稷"而为孔子赞的汪锜，然后提到由新安迁居河间的汪氏名人汪纲，特别是"汪芒氏之裔，

① ［元］汪垚：《新安汪氏庆源宗谱·叙谱》，中国国家图书馆藏。

② ［宋］罗愿：《前志述汪氏姓原》，见［元］汪垚《新安汪氏庆源宗谱》，中国国家图书馆藏。

③ 全文另见［宋］罗愿著，萧建新等校《新安志》，第26页，黄山书社，2008年。

在周为长狄，与常人不类，独相（渣音，有）汪锜者近是"之语，更表示了汪锜就是汪芒氏人：汪芒氏人，与其他人长得都不一样，而汪锜却长得和他们很像！姓氏专家邓名世也只是提到汪华始居新安。可见罗愿此文一句也没提到汪侯黑肱，作为学者，罗愿表现了非常审慎的态度，"姑著其说，以待知者。"但其行文已经明确无误地告诉后人，其是相信汪氏出于汪芒的。

可想，汪垚选录罗愿此文，观点不说自明。

汪垚本谱引用罗愿的此文，正好出自罗愿《新安志》，而《新安志》中关于汪氏是否来源于汪芒氏的资料共有两处，一处是卷一《州郡》中《姓氏》小节中的汪姓介绍，即上引文；另一处是卷一末处《附汪王庙考实》的汪姓介绍。因重要，现把相关内容全引如下：

> 氏族之书，皆以汪姓出汪罔氏，亦曰汪芒。孔子所谓漆姓，守封嵎之山者，在虞夏商为汪罔氏，于周为长狄，于春秋时为大人。又《海外西山经》有汪野，李善以为汪氏国在西海外。然则汪罔其氏而汪野其国也。顾所居距中国辽远。而哀公时鲁乃有汪锜者，以死齐难为圣人所褒，故内翰汪公志其宗人司城墓，推姓所起，亦先本汪罔。又采或说云：汪，姬姓也，鲁成公支子，食采于汪，因氏焉。汪罔之汪见于传记，而姬姓之汪特出于今里中所传，故内翰两存之。窃尝以汪罔之人，世皆长大，号十倍僬侥氏，在春秋间盖尝至矣，兄弟四人，各适一国以死。……谓汪氏为诸侯之裔，似稍近人情。至俗所传谱自成公以下，有一世某、二世某云者，仍其旧而言也。[①]

罗愿在此《汪王庙考实》中，认为汪氏或出于汪侯，或出于汪芒，并特别指出内翰汪公即汪藻就是此两种观点都存在，不过其进一步认为：谓汪氏为诸侯之裔，似稍近人情。因为汪芒氏长得不像中原地区的常人，其仕于鲁国的侨如，即比一般人要大好多（倍），那汪锜家族若是其后代的话，那应该不会被鲁国人所容。况且孔子举例汪氏来源于汪芒氏，举的是远在天边的长狄、大人等处汪人，他并没有说鲁国国内的汪锜等人是汪芒氏。所以从人的情感方面，罗愿是偏向认为汪氏是出于汪侯的。

---

① ［宋］罗愿著，萧建新等校《新安志》，第37页，黄山书社，2008年。

《新安志》两条汪氏资料，汪垚只引用了汪氏出于汪芒氏的资料，可见其是认为汪氏即出于汪芒。

2.《汪云龙辨》认为汪氏出自汪芒

汪垚谱中有歙县唐模的汪云龙写的《汪云龙辨》，其为汪垚之谱正文的第二篇，大德戊戌（1297）所作。其也认为汪氏出于汪芒：

昔孟轲氏有言，舜生诸冯，东夷之人，文王生岐州，西夷之人，故地云相去千有余里，而天之生圣人，初无间于东西也。况夫世变风移，千有余岁乎？其可以地之夷而夷其人乎？

故曰：夷而近于中国则中国之。

又曰：夷狄之有君不如诸夏之亡也，盖叹当时诸夏不知君臣上下之分，反不夷狄若也。

如曰：以祖长狄、防风为嫌，固不容不辩也。然以逊国居吴之泰伯，化行东夷之箕子，论之，彼防风为禹所戮，而禹则以其封汪芒氏之为君也，其后为漆氏所据，子孙因家于此，至周漆国氏又为长狄所吞，非汪芒氏之后也。岂容轻秉春秋之笔削也。管见如此（知我然我），其惟春秋乎？ [①]

汪云龙首先认为不能把夷地上的人全部当成夷人，天生圣人，根本就不分东西，周文王是西夷之人，为中国制定了礼法，同样舜子诸冯也是如此。而且，如果其果真是夷人的话，来到中国就会变成中国了，即"夷而近于中国则中国之"。汪云龙进一步指出，孔子之言"夷狄之有君不如诸夏之亡也"，认为其意思是夏朝当时不知道夷狄有上下君臣之分，这时还不如夷狄人（理解见仁见智，一般认为此语意思为"夷狄之邦文明落后，虽有君主却无礼义，尚不如诸夏无君而礼义存"）。汪云龙不会不理解孔子之语的意思，但其仍反其道而用之，目的即是想证明，汪氏就是出自汪芒。最后，汪云龙作了大胆的推测：汪芒氏大禹时也为夷人之地的贵族，大禹杀了防风氏后，就把其地封给了汪芒氏，其后此地被漆氏占领，但汪芒氏仍生活其中，后来

① ［元］汪云龙：《汪云龙辨》，见［元］汪垚《新安汪氏庆源宗谱》，不分卷，中国国家图书馆藏。

漆国又被长狄所吞并，此吞并的是漆人，而汪芒氏理所当然仍然生活在当地。

汪云龙不但写了《汪云龙辨》，还写了《汪云龙谱序》（此两篇皆为笔者所加，二文谱中没有题目，但有云龙辨和云龙序等字，为行文方便，故名之）。观点一如《汪云龙辨》中的观点，如："云龙尝因此考吾谱之自出矣，先圣尼父曰：汪芒氏之君，守封禺之山，在虞夏商时为汪芒氏，至周时为长狄所吞，今为鲁公子采地，而童子汪锜者，能执干戈以卫社稷焉。及观张衡《思玄赋》，亦云越轩辕于西海兮，跨汪氏之鱼龙，闻此国之千岁兮，曾焉足以娱念。"①

3. 汪高梧认为汪氏出自汪芒

汪垚谱中保留有宋汪高梧的谱序，其价值巨大。歙县唐模的汪云龙认为汪氏出自汪芒，而源于唐模的新安汪高梧，其观点和其有很大区别。汪高梧的咸淳上章庚午（1270）《汪氏族谱辩证》认为，鲁国灭后，那些夷人如防风、漆国、长狄、大人等都说其地是汪氏采邑之地，都不取，这样是尊敬汪氏也。

为什么尊汪呢？汪高梧认为"鲁公子俾采于汪，取其地，本汪氏故都"②，其认为在鲁公子来采邑此地之前，此地就叫汪，这地本来即是汪氏的故都。

汪高梧的这种汪氏之地是少数民族故意让给汪氏后人的，故意不占领汪地，于是汪氏形成的观点，是少有的，笔者认为可能是唯一的！

那这"汪"地，以前是谁的国度呢？"我显圣开国侯于越，是汪氏自轩辕之前迄于今日，凡三得国"，此三次得国，是哪三次？越国公一次，鲁公子一次，鲁公子来之前的那次，很显然即是汪芒国！作者在此族谱辩证里面，一字也没提汪芒，"吾宗仕于朝，著者，项背相望，必有明哲以昭，察于此或者妄以防风长狄为祖，则误矣。"认为吾宗之祖为防风、长狄为误，那认谁为对呢？毕竟鲁公子来以前，此地已经是汪国，那这个国君很显然就是汪芒氏。看如下分析：

---

① ［元］汪云龙：《汪云龙谱序》，见［元］汪垚《新安汪氏庆源宗谱》，不分卷，中国国家图书馆藏。

② ［宋］汪高梧：《汪氏族谱辩证》，见［元］汪垚《新安汪氏庆源宗谱》，不分卷，中国国家图书馆藏。

汪高梧《新安汪氏庆源宗谱序》中的观点类似，其认为新安汪氏为鱼龙汪氏，聚于新安已经数千年，平阳、颍川不是汪氏之望，汪氏只望新安。新安是"汪芒氏再得国于斯，显圣王复开国于此"，即前族谱辩证里面说的"凡三得国"之意："吾宗鱼龙汪氏，由人皇之世，以迄于今，聚族新安数千年矣，非平阳、颍川二望所从来也。汪芒氏再得国于斯，显圣王复开国于此。以神武之功，勋德之裔，绵绵不绝，佑我后人。"①

汪高梧在这里认为汪芒氏本身就是得国于新安，新安之汪不应以平阳、颍川为二望，汪氏也不是来自平阳或颍川之地，汪氏"非平阳、颍川二望所从来也"，那来自何处？只有数千年以前的汪芒氏！

4. 汪克一认为汪氏出自汪侯

汪垚谱怪就怪在以上谱序皆认为汪氏出自汪芒，而从汪克一序开始，情况就变了，绍兴三年（1133）七月二十五日七峰汪克一作了《汪氏族谱序》："汪氏之出，始于黄帝，帝少典之子，姓公孙，居轩辕之丘，号曰轩辕。二子长曰玄嚣、次曰昌意。子高阳是为帝颛顼，颛顼氏崩，玄嚣之孙高辛，立是为喾，帝喾生放勋，是为帝尧，元妃姜源生子弃，在唐虞时为后稷，后曰姬氏，在周为周公，长子伯禽封于鲁，后亦曰姬氏，至成公黑肱之子汪，有功王室，食采于颍川，子孙以之为氏，故号曰颍川汪氏焉。鲁哀公时，有童汪锜者，即颍川侯之玄孙也，自此而后代有隆显。在秦则有汪考，汪量，在汉则有汪胜汪晃，至后汉建安之年，有文和者，乃汪之三十一代孙也，以龙骧将军迁会稽令，岁家于新安，于是颍川之汪派流江左矣。"② 汪克一作为宋代为数不多的汪氏修谱人，其认为汪姓来源于汪侯。因其含论点之序存在时间长，目前谱序中还没发现有比汪克一此观点更早的谱序，当对后世产生了巨大的影响。

5. 汪垚认为汪氏出自汪侯

汪垚在列出了众人的不同观点后，在其《叙谱》中也表明了自己的观点，其曰："汪氏之谱，自轩辕迄于鲁成公黑肱，三十四代，载于经传，昭

① ［宋］汪高梧：《新安汪氏庆源宗谱序》，见［元］汪垚《新安汪氏庆源宗谱》，不分卷，元抄本，中国国家图书馆藏。

② ［宋］汪克一：《汪氏族谱序》，见汪垚《新安汪氏庆源宗谱》，不分卷，元抄本，中国国家图书馆藏。

然可见。自始祖汪侯，即鲁成公之支子也，食采颍川，以名为姓。传至三十四代授经晋，时淮安侯汪旭所录，世有名姓婚宦，叙系甚明，晋成帝咸康二年丙申，经进朝廷，敕付尚书著作郎袁彦叔，考校无谬。"[1] 可见，汪垚跟宋代汪克一的观点一致，认为汪姓来源于汪侯。

由上，我们知道，罗愿文一篇，认为汪氏出自汪芒；汪云龙文两篇认为汪氏也出自汪芒；汪高梧文两篇，认为汪氏也出自汪芒。而认为汪氏出自汪侯的只有汪克一文一篇和汪垚自己之文一篇，让笔者很是怀疑：如果汪垚要是没看过汪松寿的《汪氏渊源录》，其的观点还是会认为汪氏出自汪侯吗？可能不会。

二、徽州家谱对世系的考辨

（一）汪松寿判定汪志高的世系代数

汪松寿在世系学上，最大的功劳就是判明汪志高是第五十三代世祖，其推论（见前文论述）对后世铁佛支后裔修谱产生了巨大的影响，从此铁佛后裔修谱皆以此谱世系为准。乾隆五十二年（1787）《汪氏通宗世谱》在续铁佛众多后裔分支时也是以此世系为准绳。而同处休宁比此谱早两年修成的汪炤《新安旌城汪氏家录》（1324年修成），其支也为汪铁佛后裔，但在汪志高世系的判定上有待商榷，而直接认定汪志高是第五十五代世祖，从而不能让人信服，后世修谱也几乎没有人再提到过这部谱。笔者倒认为汪炤的论断是合理的（见下文），汪松寿凭借其在汪氏族源理论上的优势，而让铁佛后裔对其族谱产生信服，但其认为汪志高是五十三代，有可能是站不住脚的。

（二）汪炤判定汪叔和至汪志高世代数

汪炤的判定标准（序号为笔者所加，其为谱中世系代数）：

51世祖万于小传：珍碎生万于，五十一世祖，宪宗元和七年（812）壬辰擢三铨科、授户曹参军（万于祖之登科，盖珍碎祖之乐教为之读书为人，父不可不以教子为重，人子亦不可不以务学为急），万于之弟万丰、万高。

① ［元］汪垚：《新安汪氏庆源宗谱·叙谱》，不分卷，中国国家图书馆藏。

52世祖叔和小传：万于生叔和，五十二世祖，从此避地凤庭，九十三年，墓在凤庭，碑、碣具在（五十一世祖万于之世，当唐宪宗七年元和壬辰，至志高祖之来旌城则昭宗之元年天祐甲子，凡九十三年，窃计叔和祖之有子，迄志高祖之来旌城大约当是四十余年，其外盖五十余年耳。以年论世，则在凤庭者当失二祖之名。今为空存，五十三、五十四世二祖俟后考焉。而以志高为五十五世祖，伦次流传，庶于事圣为愿。盖不若是，则五十二世祖下无所续，志高祖上无所承，而据其所迁即□始祖是开后世潜紊忘祖之心，而失谱牒流传之序矣，其可哉？兹故正之）。

53五十三世祖某。

54五十四世祖某，失其名。

55世祖志高小传：起祖字志高，合为五十五世祖，唐昭宗天祐元年甲子（904）自凤庭挟琴书而来遇友人宋士元，因至旌城学子留师事焉，竟莫游去（旧谱此处云：志高祖挟琴书将之京，遇友人宋士元，至旌城，按昭宗时杨行密已据歙，天祐之元朱全忠逼昭宗至洛阳，则所谓京当指何地，所挟琴书斯时也，以之独善可也，而云挟此之京，违彼时之事实，起览者之至，疑独先湖州作凤庭派克刚教授文集序则云志高祖之至旌城，以授徒留，今采以校定之）。[1]

汪炤编修此谱，有一个过程，《总序》临末尾曰"右，据旧谱序录如前，予尝本之载籍，参之寻访略有所述，与此小异，今别录于家，以俟来者"。此告诉我们汪炤《总序》中所述世系各代小传，是自己根据"旧谱序"而录入的。如前所述，51世祖万于，宪宗元和七年（812）年擢三铨科、授户曹参军。到唐昭宗天祐元年甲子（904）汪志高自凤庭挟琴书而来遇友人宋士元，这中间隔了93年。汪炤认为，93年繁衍两代人，很正常，而且是至少繁衍两代人，所以他才认为汪叔和至汪志高之间，应该有两代人没有记录，两代祖先失其名次。既然汪叔和是52世，那中间隔两代，然后才到汪志高，所以汪志高应该是第55世。

---

① ［元］汪炤：《新安旌城汪氏家录·总序》，元刻本，安徽省博物馆藏。

（三）汪松寿《汪氏渊源录》汪叔和至汪文昉之间世系判定标准是否合理

汪炤认为汪志高世系排行应为第五十五世，而汪松寿则认为应为第五十三世。汪松寿的判断标准如下：元和七年（812）至宋元丰八年（1085）共二百七十四年，以每代二十年算，二百七十四年最多可有十四代人；而在凤庭居住的人，在没"失二祖之名"的情况下，正好十四代，即元和七年五十一代汪万于，到元丰八年六十四代汪文昉正好为十四代，所以汪志高应为第五十三代，其前不可能"失二祖之名"。[①]

汪松寿的推断很有道理，这是很容易算出的计算结果。我们可以知道，汪松寿应该看过汪炤此谱，汪炤总序有言："六十六代祖二十一公，文昉，为人古介，有操略，凡所处置众咸服之，时本都金竹横坑上庄塔岭山东五保为一社，以户计之百二十余，公为之规划其故，具有可取遗墨犹存。没于元丰乙丑（1085）。"

笔者现在来推算下汪松寿的结论是否合理：

五十一世祖万于宪宗元和七年（812）壬辰擢三铨科、授户曹参军，按正常推算，此时其应该在 30 左右。六十六世祖汪文昉没于元丰乙丑（1085），中间悬差 274 年。汪松寿认为从五十一代汪万于到六十六代汪文昉之间公有 14 代，以每代 20 年，推算合理。

不过我们来具体看下实际情况：汪万于三十岁擢三铨科、授户曹参军，此时他应该已经有了下一代，如下所示：

年份	812	832	852	872	892	912	932
汪万于 1 代	2 代	3 代	4 代	5 代	6 代	7 代	8 代
…952	972	992	1012	1032	1052	1072	1092
…9 代	10 代	11 代	12 代	13 代	14 代	15 代	16 代

古代结婚往往较早，最后 1085 离 1092 虽少七年，但统筹起来，16 代应该是合理的。这些都是按照汪松寿和汪炤都接受的时间推算的，如果上面推算合理的话，则汪炤认为在五十一代汪万于到汪志高之间还有两代没有记录，但因各种原因此二祖"失其名次"，故把此二祖在《总序》里留空，以

---

① ［元］汪松寿：《汪氏渊源录·论竹溪新谱书》，卷二，元刻本，浙江图书馆藏。

待后来考证补入，是合情合理的。而汪松寿，对待此世系问题，简单粗暴，没有考虑当时的实际情况，其承认汪万于升官的时间和汪文昉过世的时间，但他却不承认汪志高迁入旌城的时间，其中有九十三年的时间，繁衍两代人按说是少的（光由此点即可证明汪松寿为误）。

总之，汪焰《新安旌城汪氏家录》中的汪氏世系推断是合理的，汪松寿《汪氏渊源录》中的世系推断是武断的（有合理成分，但汪焰的推断也是有合理成分的，不应该断然认为汪松寿为对，而汪焰为错），但是由于汪松寿的强势地位，更有可能是其对汪氏姓源的发挥得到了众人包括汪华后裔的认可（后文将有论述汪松寿修谱对明清强烈影响的内容），所以后人皆采用汪松寿世系（修汪铁佛后裔世系采用），而对于汪焰的推理无人过问，令人遗憾！

三、徽州家谱视野下的徽州社会

（一）旌城汪氏宗族社会①

宗族是历史上形成的以父系血缘关系为纽带的社会人群共同体。赵华富先生认为一般宗族形成的标志有 8 个特征：一、有共同的始祖；二、以血缘关系为纽带；三、有明确的昭穆世次；四、有一定的聚居地点；五、有一定的组织管理形式；六、开展一定的集体活动；七、有宗族的族规家法；八、有一定的公有财产。凡是具备这 8 个基本特征的社会人群共同体，都是独立的宗族。②下面我们就用这 8 条标准一一对照汪焰家族。

1. 有共同的始祖

旌城汪氏家族，以汪侯为始祖：汪氏实出黄帝，盖后稷为黄帝曾孙，帝喾元妃姜嫄之子曰"弃"，其后为周……为鲁公传至成公黑肱，夫人有娠，尝梦虹绕其身及生子也，有文在左手曰汪，因名之，长而敦敏有功于国，封汪侯，食采颖川以为氏焉。成公之次子也，在周定王之十七年辛未是为汪氏始祖。

———————————

① 此节内容主要参见［元］汪焰《新安旌城汪氏家录》，七卷，元刻本，安徽省博物馆藏。
② 赵华富：《从徽州宗族资料看宗族的基本特征》，《谱牒学研究》第四辑，书目文献出版社，1995 年版。

2. 以血缘关系为纽带

旌城汪氏以第三十一世汪文和为始迁祖，以汪文和的血缘世系关系为纽带。

3. 有明确的昭穆世次

旌城汪氏在第五十一代汪叔和前，已经有了明确的世系家谱，并且汪焰能够根据当时流传下来的多部家谱，进行综合辩证，发现在五十一代汪叔和至汪志高之间应该缺两代祖先没有记载，但已经失其二祖的名字和世次："五十一世祖万于之世，当唐宪宗七年元和壬辰，至志高祖之来旌城则昭宗之元年天祐甲子，凡九十三年。……以年论世，则在凤庭者当失二祖之名。今为空存，五十三、五十四世二祖俟后考焉。而以志高为五十五世祖，伦次流传，庶于事圣为愿。盖不若是，则五十二世祖下无所续，志高祖上无所承，而据其所迁即□始祖是开后世潜紊忘祖之心，而失谱牒流传之序矣，其可哉？兹故正之。"①

旌城汪氏不但可以用家谱来辨其昭穆次序，通过祖墓也是很重要的方法。

我们从谱中发现，南宋的汪世贤，即思杰观使公，"以贾妃亲属补承信郎，端平乙未从右科出官忠翊郎、温州乐清盐场，次御厨监办、阁门看班"，端平乙未为1235年，可见汪世贤当之无愧为当时旌城汪氏的头面人物。始迁祖唐时汪志高的墓，就应该是其带头修缮的："五十五世祖七公起，祖字志高，始居旌城，其详已见《总序》，妣宋氏合葬旌城孔过岭，坳辰山戌向，思杰观使尝立石表其墓。可见汪思杰在发达之后，对旌城的始迁祖汪志高石表其墓，以订旌城汪氏昭穆之序。"

谱中还有明确记载汪思杰："六十二世祖八公，琯字自律，贯之次子，葬杨木坞东坑西堍其兄曰珣，字自珍，传系别录，妣戴氏一娘，葬石坑戴明经梳洗楼基，癸山丁向有思杰观使立石表墓。"

思杰观使汪世贤，在退休之后，专门重视此项内容：思杰观使亦前宋在所官满归而省墓，即街头墓葬场建屋焉，命李书表居之，以藩樵牧以便祭享。

汪世贤此处的"街头墓葬场建屋"，应该是汪氏特别是其自己这一支的墓屋，专为祭享之方便，而不应该是祠堂。其实汪氏祠堂，在北宋六十五代

---

① ［元］汪焰：《新安旌城汪氏家录》，七卷，元刻本，安徽省博物馆藏。

汪仁俸时期就已经明确有了："六十五代祖，十一公仁俸，葬江潭盘田，坎山丙午向，妣项氏，街头地，前宋经界系三十都，保坟地二亩一拾步，宇字二伯号今经理，字、号、地俱佳。……盘田墓前田一区，前宋经界三十都，三保二亩二角二拾四步，元字六百三十号，今经理字号，其田二十一公，已物戒子孙永以□□□□，得租二十秤左右，每春奠墓，擘纸之外，以赒秩下之贫者……"①

4. 有一定的聚居地点

祖墓，特别是始迁旌城的汪志高之墓，应是此汪氏族人有事聚集的地方之一。还有就是有宗族祠堂之后，祠堂就成为最重要的聚集场所。

5. 有一定的组织管理形式

旌城汪氏此时已经有了一套较先进的组织管理形式，宗族有事，在祠堂众人参加商议，谱中明确说道："不谓昨来水患焉，墙屋为墟，众议所以复其旧而未果。"

6. 开展一定的集体活动

"墙屋为墟，众议所以复其旧而未果"，从中可见是集体活动后的结果。祠堂祭祀祖先，谱中没有明确有族长带头并主持，但可想应该是集体参与的情况。另外，关于修谱，此次明显为汪焰的个人行为，但应该是以他为主导，得到了很多人的支持，其能得到多部族谱，而进行参考比较，有的甚至直接照录，应该是得到众人的支持："从道二十四公，以孙泳，仕宦承事郎，以下至本秩末，皆湖州书付义庄谱中所载。"

旌城大社更能反映集体活动，不过这种本身用来祭祀土地神的活动却被用来吃喝，并且给有些家庭带来了严重的困难："先是族里有旌城大社。凡族之远而十都珰溪、十一都石田，近而山东、金筑等处皆在焉。承平时以华侈相高，赴社来，远者皆节前三二日至，日盛设宴饮。……但务真率，祀神尽诚，祀毕聚饮，据其所有，不得加品，违者举罚。"②

可见族里举行大社搞祭祀活动，轮流举办，增加了人与人之间的交流，但"社后又必命奴张乐宴饮，或数日乃归"，让中户之家都举债经营，何况

---

① ［元］汪焰：《新安旌城汪氏家录》，七卷，元刻本，安徽省博物馆藏。

② ［元］汪焰：《新安旌城汪氏家录》，七卷，元刻本，安徽省博物馆藏。

穷家，此种情况后来"遂矫其失"，得到了很好的改正。

7. 有宗族的族规家法

族规家法，谱中没有明言，但我们可从侧面窥探当时族规的一些细节，六十五代仁俸公小传中："前宋宝祐间江潭吴□□□其姓者，以多资，借侈自称，盘田墓秩下忽一岁寒食诣墓祭扫，構一亦□□以身家族中非之时，滨州方倅通州满秩受官而归也，偕众于墓下呼之，来叱其借，正其非族，碎其所構。"

可见江潭吴氏家族的一些祭祀祖先的活动，由于不符合当时族中的礼仪规范，后来吴氏有名望的族人，召集众人，来到墓地，进行教育，并当众拆毁了不合规范的祭祖设施。

汪炤把此条引入自己的族谱之中，可见当时旌城汪氏也应该有具体的族规家法。

8. 有一定的公有财产

旌城汪氏当时在汪炤修谱之前的很多年，已经有了祠堂，围绕祠堂，已经有了相应的配套的祭田，资料显示此时已经靠这些墓田来维持祠堂的运营，对一些贫困的族人，已经开始了相应的救助："盘田墓前田一区，前宋经界三十都，三保二亩二角二拾四步，元字六百三十号，今经理字号，其田二十一公，已物戒子孙永以□□□□，得租二十秤左右，每春奠墓，擘纸之外，以赒秩下之贫者，近岁□□□□□□肥佃流，众议乃以入，于其傍常清宫，膳诸羽客（道士）。"①

以上资料，多引自六十五代汪仁俸公小传的内容，汪仁俸为宋中期人物，可见那时旌城汪氏已经成为相对独立的一个汪氏宗族。

旌城汪氏家族除表现出以上 8 项作为独立宗族所有的特征外，其还拥有以后世家大族所经常表现出来的气象：

1. 诗礼传家，文脉相承

以下为汪炤谱 50 至 55 世祖的小传，从中可看出诗礼传家之脉：

珍碎，五十世祖，崇儒学。乐宾朋。义方笃教。诗酒自娱（详此则汪氏

---

① ［元］汪炤：《新安旌城汪氏家录·提纲第一》，七卷，元刻本，安徽省博物馆藏。

诗礼之脉有自来矣）。……

珍碎生万于，五十一世祖，宪宗元和七年壬辰擢三铨科，授户曹参军（万于祖之登科，盖珍碎祖之乐教为之读书为人，父不可不以教子为重，人子亦不可不以务学为急）……

万于生叔和，五十二世祖，从此避地凤庭……

五十三世祖某，失其名。

五十四世祖某，失其名。

起祖字志高，合为五十五世祖，唐昭宗天祐元年甲子自凤庭挟琴书而来遇友人宋士元，因至旌城学子留师事焉，竟莫游去。（旧谱此处云：志高祖挟琴书将之京，遇友人宋士元，至旌城，……所挟琴书斯时也，以之独善可也……）①

可见五十世祖小传时，汪焰直言："详此则汪氏诗礼之脉有自来矣。"五十世祖珍碎，崇儒学、乐宾朋、义方笃教、诗酒自娱。五十一世祖登科入仕，宪宗元和七年壬辰擢三铨科授户曹参军。汪焰自己解释了这种情况发生的原因：万于祖之登科，盖珍碎祖之乐教为之读书为人，父不可不以教子为重，人子亦不可不以务学为急。到汪志高时，"唐昭宗天祐元年甲子自凤庭挟琴书而来"，挟琴书，可以弹琴以修身，读书以养志，学生们非常喜欢这样的老师，"旌城学子留师事焉，竟莫游去"。

汪焰《新安旌城汪氏家录》不但记录了祖辈清贫时期的诗礼传家，也记录了后裔毫盛时仍然能够以诗礼自居，难能可贵："（汪世贤）一时气焰，声称甲于族里。然能以诗礼自牧。设孔、孟像于花圃之前、书房之右，朔望瞻敬。其家塾子弟之师，不虞远地，唯其才学遴选宾致焉。"

2. 新安旌城汪氏的义庄、义学

（1）建立义庄、义学

新安旌城汪氏的汪泳，在南宋时自己曾建立义庄和义学：

"初，湖州（汪泳）自谓已迁平江，去先垄远，与兄弟子侄日疏，事没

---

① ［元］汪焰：《新安旌城汪氏家录·提纲第一》，七卷，元刻本，安徽省博物馆藏。

抚存，无以尽其情。遂于本乡起义庄、义学。"①

（2）义庄、义学的经营管理

汪泳置办义庄，首先自己拨出田产、房屋，然后在官府留印存根，并规定不准子孙典卖，并规定不得更改契约；义庄的日常开销用度从二税中输入，以后历年不得更改；除此而外，文中还明文规定义庄创收的办法，可以利用外地和本地米的差价进行往来运输销售，等等，这些全部记录在案，分三本留存："义庄之立，以明德名，从所居里名也。在嘉定八年（1215）五月一日，公尝手笔其祖承事以下子孙男女若妻年甲月日时生为籍……此籍付在乡掌管位主之，其庄中规约别行关报。是后义庄田土录其地名、水色、亩步，经有司印给砧基。其所陈词略曰：朝议大夫休宁县开国男食邑三百户赐紫金鱼袋汪某今起置旌城赡茔义庄，产业系本户田产、屋宇拨入，准令。愿以财产不许子孙分割典卖者，凭官司为给凭，照会子孙不得追改。今照契书批割输纳二税，永充赡茔义庄支用云。"②

（3）义庄、义学的积极影响

"所立义学，承事秩下及凡族之秀，皆入学，诗礼之风，到今未坠，良有自也。学之所以可久周者，盖分庄中租入具膳给俸延师，俾掌事位岁以其目关报会计，而不仰给于他故也。"③

由此可知，湖州派的汪济，由于在外做官，怕家乡的兄弟子侄不学，自己无以尽关心之情，于是在老家置办义庄和义学，用义庄的租金来赞助义学。"凡族之秀，皆入学"，管理好的义庄能支持义学，义学能对族中子弟的初级教育奠定基础。

3.旌城汪氏建立经籥书院——使子弟闻见日新，不患不有成

和汪济同期的宋代旌城汪子能创办了经籥书院，汪济鼓励众多旌城汪氏子弟："使子弟闻见日新，不患不有成。"

---

① ［元］汪烜：《新安旌城汪氏家录》，七卷，元刻本，安徽省博物馆藏。

② ［元］汪烜：《新安旌城汪氏家录》，七卷，元刻本，安徽省博物馆藏。同见于汪庆元《徽学研究要籍叙录》，《徽学》，安徽大学出版社，2002年版。

③ ［元］汪烜：《新安旌城汪氏家录》，七卷，元刻本，安徽省博物馆藏。同见于汪庆元《徽学研究要籍叙录》，《徽学》，安徽大学出版社，2002年版。

……前桥水而南，川平山秀，即之为书院，贮书千卷，为宾贤教子之地。峡州名以"经籑"，书扁之；又为作记刻之石。记中谓：叔玠与其同师，恪勤贤厚，虽竟以不投有司而终。今其家从膠庠里选登仕籍陛朝列者，父子兄弟蝉嫣相属。子能思以义，方延师训子，建堂藏修，良可嘉已。嘉定六年（1213）三月也……见湖州答公书曰："闻子能辟黉馆延贤儒以训诸郎，甚喜。宜精择师友，使子弟闻见日新，不患不有成也。吾乡近日士气不甚振，正以乐教者少有性质，自多不病于富，则病于自持山川风土，岂改于前哉！"①

4. 旌城汪氏家族的科举繁荣

汪炽《新安旌城汪氏家录》卷六《类题》中详细记载了旌城汪氏科举情况：

"正奏"七名：1汪远猷，字彦远，绍兴二十四年（1154）张孝祥榜登第，官至宣教郎太学正；2汪泳，字伯游，乾道五年己丑（1169）郑侨榜登第，官至知湖州中奉大夫；3汪雄图，字思远，淳熙十一年（1184）卫泾榜登第，终建昌教；4汪仁荣，字荣叔，绍熙四年（1193）陈亮榜登第，官至健康溧水宰；……

"特奏"入仕者五名；

"门荫"入仕者七名；

"别科"入仕者十五名；

……

"赠官"八名。②

可以想见，特奏、门荫等皆应该是在很有贡献的情况下才会享有的权利，南宋旌城汪氏由于平时注重兴学，"旌城小邹鲁，大半家有塾。俊造满膠庠，道艺贡乡曲。屈指一乡间，能有几白屋"（见上文书院题字），才造成了南宋旌城汪氏科举的繁荣。

① ［元］汪炽：《新安旌城汪氏家录》，七卷，元刻本，安徽省博物馆藏。同见于汪庆元《徽学研究要籍叙录》，《徽学》，安徽大学出版社，2002 年版。

② ［元］汪炽：《新安旌城汪氏家录》，七卷，元刻本，安徽省博物馆藏。同见于汪庆元《徽学研究要籍叙录》，《徽学》，安徽大学出版社，2002 年版。

5. 家族资产雄厚

汪世贤家族富裕程度："杭宋随朝，时密迩清光，见重寮采，府县官吏咸礼下之。……宋之山税每亩三文，盖山四千三百亩而赢。其他水陆园池之富不言可知也。"[①]

汪安礼家族富裕程度："汪安礼，字敬兴。世积富强，不坠益衍。承平之日，每有宴饮……他田园山地所入，各于其附近为庄贮之，盖不一所。岁未秋以前，数十里外之籴者咸赴之，其门如市。"[②]

此两家是旌城汪氏家族繁盛的代表，但都以经营土地获益，上文提到的汪济，兴办义庄义学，而购置了大量的土地，可想其也应该是个财大气粗的官僚地主。

（二）汪松寿对自身家族的认定及与外族的交往

1. 首开承认与陇西汪世显家族通谱的记录

汪松寿开篇《叙谱》曰："视今秦越，于古为亲，稽牒则同，明伦不远。"汪松寿认为陇西和徽州，从古以来都为亲戚，谱牒源流相同，世系代数相距不远（即认为陇西汪氏为徽州越国公汪华三子汪达之后裔）。"稽牒则同"可见在汪松寿修谱之前，陇西应该已经与徽州联谱。但目前还没发现比汪松寿此观点更早的。通过汪松寿卷一《叙谱》《原姓》《谱论》《周鲁叙系》《江字说》《汪芒辨》《平阳辨》《颍川辨》《平阳后辨》、卷二《晋汪旭上谱表》《旧谱唐族汪勒》（及此两篇汪松寿文下注释）和卷十《谱录古今地理图》《古鲁国颍川图》《后序》《字音》（《字音》为其子汪度之作），可见汪松寿本人精通古代历史之学、姓氏之学、地理之学、音韵之学，且善于考辨。在这种情况下，汪松寿认为"视今秦越，于古为亲，稽牒则同，明伦不远"，可见陇西汪氏和徽州汪氏族源相同应不是空穴来风。

汪松寿在《后序》中明言"请奠系、辨分支，星罗棋布系之遗，并杨秦越不相为，披图按牒会同归"，杨地、秦地、越地本相距甚远，但披图按牒（知道同出一祖），所以可归为一处。

---

① ［元］汪炤：《新安旌城汪氏家录》，七卷，元刻本，安徽省博物馆藏。同见于汪庆元《徽学研究要籍叙录》，《徽学》，安徽大学出版社，2002 年版。

② ［元］汪炤：《新安旌城汪氏家录》，七卷，元刻本，安徽省博物馆藏。同见于汪庆元《徽学研究要籍叙录》，《徽学》，安徽大学出版社，2002 年版。

汪松寿虽然在他所修谱中没再涉及陇西汪氏，但在他这一观点后，很多汪氏后人才有类似主张。据汪受宽先生《巩昌汪氏的族属及其与徽州汪氏的通谱》[①]一文载元末礼部尚书汪泽民就承认陇西巩昌汪氏与徽州汪氏的通谱："'元至正中，礼部尚书（汪）泽民尝会（陇右汪义武）王之子孙袭总帅者于燕京，相与通谱'……陇西汪氏子孙会见汪泽民应在至正五年（1345）。"考虑汪泽民为元代儒学进士（据弘治《徽州府志》卷六《选举》，有元一代徽州进士只有五人），官至礼部尚书，他能够为家乡父老奋战敌人，不屈致死。死都不怕，按说他应该不会因元时陇西汪氏家族功业大而无依据地冒祖认宗。

同样乾隆年间汪玑、汪嘉祺主修的《汪氏通宗世谱》也承认两地通谱，此谱是汪氏谱牒学中的权威之作，在当时考据成风的情况下，认为陇西军功家族代表人物汪世显为汪华第三子汪达后裔，在世系中为第六十六世[②]。

2. 充分显示徽州汪氏与元代高层（少数民族）之亲密交往

（1）回纥高官廉希贞序

《汪氏渊源录》只有序言两篇，其一为谱首廉希贞序，其二为卷十汪松寿自己作的《后序》。

廉希贞为元朝回纥重臣廉希宪的兄弟。元苏天爵《元朝名臣事略》载廉希宪"兄弟十人，官皆至一品"。此序因是元时所作而备受后人青睐，但后世有人却认为此序是廉希贡所作，实误[③]。

通过此序，我们发现徽州汪氏特别是汪松寿本人和廉希贞关系很是亲

---

① 汪受宽：《巩昌汪氏的族属及其与徽州汪氏的通谱》，《民族研究》2006 年第 3 期。

② ［清］汪玑、汪嘉祺：《汪氏通宗世谱》（第十册）第二十九卷第 202 页，乾隆五十二年（1787）木刻活字本，上海图书馆藏。

③ 按：考查廉希贡、廉希贞皆为廉希宪之弟，清卞永誉《式古堂书画汇考》卷三十载"廉希贡，字端甫，号芎林"。清倪涛撰《六艺之一录》卷三百五十六载"廉希贡，字芎林，辉和尔人（回纥），官至昭文馆大学士"。而元代鲜于枢撰《困学斋杂录》载廉希贡死于至元二十七年七月（1290），时其兄参政公来访，时二人皆五十岁以上。临死时他对参政公说"吾父母已死，大兄已死，五六弟已死"，可见廉希贡应排行老四，其兄参政公或排行老二或老三。《汪氏渊源录》谱首序署名为泰定三年（1326）十一月十五日集贤大学士招讨制置待贡芎林老人，此时廉希贡已于三十年前死，故此芎林老人绝非廉希贡。又考查明代陶宗仪撰《书史会要》卷七载"廉希贞，字芎林，回纥人，官至昭文馆大学士，封蓟国公，善扁榜大字"。由此可知谱首芎林老人应是指廉希贞。《元史·廉希宪传》载廉希宪死于至元十七年（1280），时年五十岁。考虑廉希贡死时，排行老十左右的廉希贞应为三十岁左右，则泰定三年时他应在六十六岁左右。

密，不然廉希贞不可能写出对汪氏如此知根知底的序言：汪氏之初，别于东鲁，传记可稽焉，后裔实繁，散而之四方者，盖莫之闻也。于是汪芒合于汪锜，晋绛混于平阳，子孙能言其先祖者稀矣。世传七十有二，而其裔孙松寿谋之士安，始思推究其源。……

（2）两人名直接以蒙古习惯命名

婺源《回岭分支续表》中，七十一代汪良垕，生四子，分别是汪伯不花、汪泰初、汪也先不花、汪燕山[①]。其中汪伯不花和汪也先不花两人明显和蒙古族的姓氏命名习惯有关。卷七《风云记》载汪良垕，字厚卿，……江浙等处财赋都总管；汪伯不花，字国辅，承直郎、同知两浙财赋都总管府；汪也先不花，字景周，前承务郎、太师、大丞相府咨议参军。父子三人，要么是江浙地方财税方面最高长官，要么直接参与军队。可见婺源回岭这支汪氏和蒙古族关系亲密程度之深。

3. 国之柱之汪非徽州汪

《唐族望勅》为汪姓谱牒必引史料之一，其中河西汪姓为十大国之柱之第六位[②]。汪松寿在其谱中，并没有如后世有些谱牒论述的那样，认为此河西汪和汪华有关系。而是认为此河西汪，为居北土之汪，"文和南渡大江，由会稽迁歙遂安之地，实为首基，下播绩溪，而支裔日蕃矣。居北土者以河西著，曰环、曰礼、曰遵、□极之徒，谱史叵稽者众，故唐称柱石之宗焉"[③]。故唐朝时十大国之柱之汪和徽州没有一点关系。汪松寿认为"河西，即秦西河之地。……盖河西地近京师而族蕃，宜其名为柱石"。此河西汪始祖应为汪氏第二十四代的汪洪（汪洪兄为汪澄，汪澄后代有第三十一代汪文和）[④]。可见唐时以汪华为代表的徽州汪氏和河西汪氏比起来，声势地位还是相差甚远。

4. 强调本支非汪华之后

汪松寿因竹溪翁新谱把他作为汪华后裔而修自家谱，同时他也不认可罗

---

① ［元］汪松寿：《汪氏渊源录·回岭分支续表》，卷四，浙江图书馆藏。

② ［元］汪松寿：《汪氏渊源录·旧谱唐族望勅》，卷二，浙江图书馆藏。

③ ［元］汪松寿：《汪氏渊源录·后序》，卷十，浙江图书馆藏。

④ ［元］汪松寿：《汪氏渊源录·支始图》第二十四代汪洪注释，卷五，元刻本，浙江图书馆藏。

愿"黟、歙十姓九汪，皆华后也"①的观点，这两点在其《论竹溪新谱书》中都做了重点强调。汪松寿在谱中，除自己这一支世系详细，一贯到底，让人一目了然之外，其余各支皆以"代表"或"支始图"的方式保存于谱中，明显是重铁佛支而轻汪华支。不过鉴于他一点也没有神话汪华的意思，笔者倒认为汪松寿关于汪华的有些情况介绍得就比较客观些，如他和罗愿的观点一样，认为汪华只有八子，但比罗愿更近一步，认为汪华第六子汪逊无子。所有的这些情况，被汪松寿在支始图中清楚地标出。而笔者所见明代最早汪氏谱为明汪让成化二十三年（1487）修的《城北汪氏族谱》②，此谱汪华儿子已明确注明九子。随后弘治十五年的《徽州府志》也记载汪华有九子③，并且弘治后凡有家谱记载汪华诸子情况的，则往往都记录为九子。这或许和当地逐步神话汪华有关，而罗愿、汪松寿的记载则显得对客观研究汪华具有重大意义。

（三）汪垚谱中所见宋元汪氏宗族特征

1. 汪云龙：宗族盛在于德垂后裔

唐模汪氏历经几百年，仍然昌盛，汪云龙认为主要在于祖宗有美德垂训后裔。汪云龙谱序曰："唐模六宗，从前宋建隆初，迄今元氏一统，将四百年矣，而依靠祖宗积德，富裕繁盛：新安城西二十五里曰平辽乡，名唐模者即今之衮绣乡，吾始祖汪公馗，遂家于此焉。躬耕畎亩，每以有余而济不足，经营生业，能遗子弟以就师儒讲习经书，使知礼义，他无外慕，或峭于正身，乐传延芳，有子六人，别为六宗，德垂后裔，昭穆之绳绳有序，亲疏秩秩可考，务本齐家者，则孝悌蔼然，闺门肃穆，务学仕宦者，则忠义凛如棣萼联辉，以司农少卿而总财赋、以起兵主簿而佐中兴，曰秘阁，曰虞美部，此则延芳之云仍也。以枢密而兼参政；以探花而官给事，曰侍御，曰提刑，此赐延朱之来裔也。父子祖孙接武，当时纡朱曳紫，登金步玉持人爵耳，未敢以此自多也。"④

---

① ［宋］罗愿：《新安志》，卷一附《汪王庙考实》，影印《文渊阁〈四库全书〉》本。

② ［明］汪让：《城北汪氏族谱》，成化二十三年（1487），中国国家图书馆藏。

③ ［明］彭泽、汪舜民：弘治《徽州府志》卷之七，《人物》（一）汪华词条，影印《文渊阁〈四库全书〉》本。

④ ［元］汪垚：《新安汪氏庆源宗谱》，不分卷，元抄本，中国国家图书馆藏。

可见汪云龙认为唐模六宗始祖汪馗虽是名门之后，但能够躬耕畎亩，心地善良，爱赈济别人，"每以有余而济不足"；在做生意的同时，族人还能够"能遗子弟以就师儒讲习经书，使知礼义，他无外慕，或嚙于正身"。因为"德垂后裔，昭穆之绳绳有序，亲疏秩秩可考，务本齐家"，所以才有了"孝悌蔼然，闺门肃穆，务学仕宦者，则忠义凛如棣萼联辉，以司农少卿而总财赋、以起兵主簿而佐中兴，曰秘阁，曰虞美部……"

2. 汪高梧：汪氏家族的繁荣，有祖宗荫护，更是宗人勤于进修之因

汪高梧谱序认为汪氏家族的繁荣，有祖宗的荫护，更是吾宗之人勤于进修的原因，即"虽祖宗功德丘墓所荫，亦在吾宗之人进修之功"。

祖宗功德丘墓所荫："吾宗源于唐模，独为江东甲族姓，盖大诸侯之裔。世袭衣冠，礼乐绕以门池，视高不娱，世德或登台辅，或历乡监，或典名郡，或执法外台，是时自中眉劈水，蜚声间或十一为并泮紫阳之领，初为后生晚学之师（汪）模和（汪）淑诸人于乡塾，车载斗量，美永盛矣。"①

宗之人进修之功："樀木黄陂，蝉联至今。四明、新建，貂冠相续，而六大族架下有志，复责壐收功黄、申正□然也。今吾禄较陶朱之富，不下税赋万缗，曾不以此自骄于人，自耀于时，而人望来之则若南笠北斗，斯为贵所，岁时相会，道途相逢，尊卑必昭，昭穆必白，苟毳焉。在卑遇髫焉，在尊虽贵必式，虽富必恭，无乖争，凌犯之者，斯亦吾宗盛美矣。"②

可见源于唐模六大族的汪高梧家族，在南宋末年，生意已经做得很大，"今吾禄较陶朱之富，不下税赋万缗，曾不以此自骄于人，自耀于时，而人望来之则若南笠北斗"。虽然这么富裕，但汪氏族人却都深讲礼仪，汪模和汪淑应该算是当地的名师，虽然朱子过世不久，但"蜚声间或十一为并泮紫阳之领"，此时汪氏族人已经有"从朱子之学而蜚声"的人了。

3. 汪垚《汪应声小传》见汪大作家族状况

《汪应声小传》中我们可知道，汪应声为当地父母官，对坏人很严而对民众甚宽："虚日门郡有盗，狱多泛滥，不实吏或锻鍊，而周内之里人以为宽，公至则撤□矣。他日民有讼其宽者，公大书其楹曰：不为势屈，不为利

① ［元］汪垚：《新安汪氏庆源宗谱》，不分卷，元抄本，中国国家图书馆藏。
② ［元］汪垚：《新安汪氏庆源宗谱》，不分卷，元抄本，中国国家图书馆藏。

诎，断断唯是之后悚然。里民有与势家役者闹于卷，民执役者曰：吾与若俱诣汪公。役者遽而引去。于是越人皆畏公之神明，而乐公之平易也。"①

汪应声能让越人皆畏之神明而乐公之平易，是因为其在当地一方面为父母官，另一方面其家族势力雄厚，以之为后盾，民众才能有此反映。汪应声死后，程元凤为他护丧，可见一斑：死之日，剖决犹不辍，四年七月甲午卒于寝，一语不及家事，寿年娶罗氏，封安人，一子几先；一女，适登仕郎鲍宗海，丞相程元凤为遣使护其丧，明年冬十一月葬于颍源之醴泉里。

4. 从《汪象先小传》见当时风俗

汪垚父《汪象先小传》曰："象先，字似之，行第仲五，应端之子也，生嘉禧二年戊戌十二月初二日亥时，天不假年，寿止三十九岁卒，十三年丙子十一月二十三日巳时，至元二十九年葬大里下村，癸山丁向，娶罗下田方氏，生嘉禧八年甲辰十二月十九日酉时；二子长茗老，复改名垚，次名怡老，出继与祖武为子；四女长润揭田朱仲斌；次名宁，登第江，夫丧，改适槐塘程德范；三名敬，适长林郑憩；四名熙，适向杲吕晋。"②

由此小传可知：

（1）元代时兄弟可以过继给兄弟，降一辈过继实属少见：汪垚之弟汪怡老（字派应该是"老"字，汪垚即叫汪茗老），过继给祖武，查世系图可知，汪祖武为第七十二代，汪垚为第七十二代，其弟汪怡老肯定也为七十二代，同辈的汪怡老过继给同辈的汪祖武，这种现象实在特殊。

（2）过继出去的人，族谱不书：汪怡老为汪垚的亲兄弟，过继给了别人，汪垚修家谱，世系中没有其弟汪怡老的世系。这种现状实在特殊。

（3）元代时嫁女儿用字多变：汪象先生了两子四女，长子汪垚继承家业，次子过继给了别人，四女：长女嫁朱仲斌，用字"润"；次女嫁给了江氏，用字"登第"；三、四两女儿皆用字"适"。其中，次女"登第"江氏后，江氏不久过世，此女并没有守在婆家，而是"改适槐塘程德范"，这里用字"改适"，可见此女在程德范家，仍为正室。

汪垚作谱时期出于元代的中期，笔者揣测，此时，以朱熹为代表的新安

① ［元］汪垚：《新安汪氏庆源宗谱》，不分卷，元抄本，中国国家图书馆藏。
② ［元］汪垚：《新安汪氏庆源宗谱》，不分卷，元抄本，中国国家图书馆藏。

理学，在徽州正处于发展壮大阶段，此时徽州人的观念还没有完全按照朱熹之礼法思想行为处事，而真正到了明代，形成三从四德的思想规范之后，像汪垚家族嫁女儿的这种情况，应该不会出现了！

（四）从明清时期对汪垚谱中两宋序的改动见两宋序的价值

元代汪垚谱中的汪克一序，为现在所发现的汪克一序的最早版本，入清后的序言已经大为改动：

汪垚谱中汪克一《汪氏族谱序》如下（序号笔者所加，下同）：

1. 汪氏之出，始于黄帝，帝少典之子，姓公孙，居轩辕之丘，号曰轩辕。二子长曰玄嚣、次曰昌意。子高阳是为帝颛顼，颛顼氏崩，玄嚣之孙高辛，立是为喾，帝喾生放勋，是为帝尧，元妃姜源生子弃，在唐虞时为后稷，后曰姬氏，在周为周公，长子伯禽封于鲁，后亦曰姬氏，至成公黑肱之子汪，有功王室，食采于颍川，子孙以之为氏，故号曰颍川汪氏焉。鲁哀公时，有童汪锜者，即颍川侯之玄孙也，自此而后代有隆显。在秦则有汪考、汪量，在汉则有汪胜、汪晁，至后汉建安之年，有文和者，乃汪之三十一代孙也，以龙骧将军迁会稽令，岁家于新安，于是颍川之汪派流江左矣。

2. 及晋之初，始用望族而江左淮安后汪旭者，又文和之五代孙也，尝治旧谱，记其所出，至唐贞观时，复举故事，故英济世谱自越国公以上，可得而考。

3. 其后则缺略无闻焉。余回观其故本，惜其前后紊乱，终始乖舛，遂采其所载，去烦苛撤鄙俚，上自轩辕，下至越国公，为国以见其世系，别之谱以记其旧闻，非取有所增损也，将庶几乎统纪可观云耳。绍兴三年（1133）七月二十五日七峰汪克一序。①

清《汪氏通宗世谱》中把汪克一《汪氏族谱序》改动如下：

1.……

---

① ［宋］汪克一：《汪氏族谱序》，见［元］汪垚《新安汪氏庆源宗谱》，不分卷，元抄本，中国国家图书馆藏。

2. 及晋成帝成康初诏索天下谱系，而文和之五世孙旭以谱表上奉，勒品入望族。唐贞观中，高士廉等撰次天下姓氏而汪又与于国姓之列。

3. 今以世谱观之，由越国公而上，图系之传，历历可考，越国公而下支派繁衍迁播无常，若非纂续而详述之，则后之来者将何所据？然予因是代为编辑始自轩辕至于越国，以至于今，为之国以续其世系，别之谱以记其旧闻，庶几本末，不遗支派，聊属而统纪，可观耳。^①

后谱与前谱最大的区别有两点，首先后序认为"又十四传而为成公，黑肱之子汪生而有文在手，因以为名，长而有功，王食采颍川，子孙遂以王父名为姓"，而前谱只曰"至成公黑肱之子汪，有功王室，食采于颍川，子孙以之为氏，故号曰颍川汪氏焉"，即前序认为黑肱之子汪有功于王室，所以才能食采颍川，进而子孙以之为氏；而后来的谱序内容"变成黑肱之子汪生而有文在手，因以为名"，即生下来后，手里就有"汪"字之纹，就因以为名。可见后谱序进一步神话了汪姓来源，让其充满了神秘的内容。

其次是，后序认为贞观谱之后，"今以世谱观之，由越国公而上，图系之传，历历可考，越国公而下支派繁衍迁播无常，若非纂续而详述之，则后之来者将何所据？"即认为唐后汪氏之谱，历历可考，但越国公后裔支派繁衍，迁播无常，如果不修谱的话，后世将无以为据；而前序认为贞观谱后"其后则缺略无闻焉。余回观其故本，惜其前后紊乱，终始乖舛，遂采其所载，去烦苛、撤鄙俚，上自轩辕，下至越国公，为国以见其世系，别之谱以记其旧闻，非取有所增损也，将庶几乎统纪可观云耳"，即认为唐后汪氏之谱缺略无闻，查询旧谱后可知，这些谱往往都前后紊乱，终始乖舛，于是才去烦苛、撤鄙俚，上自轩辕，下至越国公而编成一谱，此前序最大的特点是"为国以见其世系"，即按照朝代的发展而编其世系，把自己家族的世系放在国朝更替的背景之下，以达到"统纪可观"的效果。

通过后人改动过的序（后序）和作者的原序（前序）比较后我们可以

① ［清］汪玑、汪嘉祺：《汪氏通宗世谱》，乾隆五十九年（1794）木刻活字本，上海图书馆藏；此序同见［民国］汪宗海《歙县歙西汪氏重辑支谱》，民国八年（1919），钞本，上海图书馆藏。

发现前序的非常重要的价值：前序的作者很实在，认为汪氏之由来，全是由于汪氏始祖有实际功劳于当时的王室，被按功行赏，食采于颍川，子孙才以之为氏；并认为唐时的家谱紊乱，且错误较多，于是自己才"去烦苛、撤鄙俚，上自轩辕，下至越国公而编成一谱"。作者并且明言"为国以见其世系"，可见汪氏后来的家谱皆把世系放置到王朝的更替的背景之中，当是由宋代的汪克一始。

除了以上汪克一序在清代被大大改动后，汪垚谱中汪高梧《新安汪氏庆源宗谱序》序同样如此，其在元代谱中的序文如下：

1.家谱有图久矣，自上世因生赐姓，胙土命氏至陶唐、平章、有虞后，叙俾各以族相从，然后和协之风始传，至周文王立为宗法，别子为祖、继别为宗，继祢为小宗，使相联属而不忘其祖，复设庠序以明其大宗，小宗之法序其昭穆，有喜则相庆，有急则相救，死葬相恤，而疾病相扶持，欢然有恩以相爱，粲然有文以相接，然则皆出于亲也。虽亲尽服绝，而和气蔼然，虽家析户分而尊卑秩善如初，皆宗有谱、谱有图之所致也。后世以妻为刘，以陈为来（以娄为镏、以疏为来）、姓系淆乱、宗法不明、情不洽而若胡越，服未远而如途人，是独无人心之天乎？良由谱，不明族，不合情，不通而势不相亲也。

2.吾宗鱼龙汪氏，由人皇之世，以迄于今，聚族新安数千年矣，非平阳、颍川二望所从来也。汪芒氏再得国于斯，显圣王复开国于此。以神武之功，勋德之裔，绵绵不绝，佑我后人。而我祖大宣义，实王之后，积德依仁，子孙寖昌。新安之汪，其宗不一。吾宗源于唐模，独为江东甲族，姓盖大诸侯之裔。世□衣冠，礼乐绕以门池，视高不娱，世德或登台辅，或历乡监，或典名郡，或执法外台，是时自中眉劈水，蜚声间或十一为并泮紫阳之领，初为后生晚学之师，模和淑诸人于乡孰，车载斗量，美永盛矣。虽祖宗功德丘墓所萌，亦在吾宗之人进修之功，桐木黄陂，蝉联至今，四明新建貂冠相续，而六大族架下有志，复责瓆收功黄、申正□然也。今吾禄较陶朱之富，不下税赋万缗，曾不以此自骄于人，自耀于时而人望来之，则若南笠北斗，斯为贵所。

3.岁时相会，道途相逢，尊卑必昭，昭穆必白。苟耄焉在卑，遇髫焉在尊，虽贵必式，虽富必恭，无乖争、凌犯之者，斯亦吾宗盛美矣。因阅谱牒见所该系然在目。

4. 曩续不书，今则地名森列矣；曩内馈不载，今则姓氏昭明矣；因女侄之贵封郡国，亦知而必书，并书所适矣。试阅斯谱如族团围，后之视今犹今视昔，虽百世同在一日，岂不韪欤！咸淳上章（1270）敦祥蒲郎裔孙高梧翔凤书。①

入清后，清《汪氏通宗世谱》中汪高梧序改动如下：

1. ……

2. 吾宗汪氏为周世苗裔，鲁伯禽胤、成公之次子、汪侯之后，历千余年至于越国公，以聪明神武之功，复开业于新安勋德之裔，绵绵不绝，佑我后人而我祖大宣义者实越国公之后也，肇基于唐模，积德累仁，子孙寔昌，号为甲族，诗礼衣冠不陨，世德或登台辅，或历卿监，或典职名群，或执法外台璧水蜚声芹宫、驰誉领袖紫阳而文学已著范模，后进而隐德自高至若资产恢乎疆土赋税，冠于乡邦，曾不以此自骄于人，自耀于时而人望来之，则如南箕北斗光辉相映者矣。

3. 谱书之载，信而不诬，风俗之淳，有非他族之可比。拟其于岁时之相会，道途之相逢，尊卑必以昭，昭穆必以白苟，耄马而在卑遇，髦马而在尊，虽贵必式，虽富必恭，无乖争凌犯之风，有忠厚仁爱之义，族远犹近，服疏犹亲，谱图之传，岂无裨于世教者乎？

4. 曩坟墓不书，今则地名森列矣。内助不载，今则姓氏昭明矣。因女位之贵封群图，亦知而必书，并书所适矣。试开斯谱，如族图，乐后之视者，犹今视昔虽至百世，同在一日，岂不伟欤？

　　咸淳庚午（1271）年宋高梧　翔凤书②

---

① ［宋］汪高梧：《新安汪氏庆源宗谱序》，见［元］汪垚《新安汪氏庆源宗谱》，不分卷，中国国家图书馆藏。

② ［清］汪玑、汪嘉祺：《汪氏通宗世谱》，乾隆五十九年（1794）木刻活字本，上海图书馆藏；此序同见［民国］汪宗海纂修《歙县歙西汪氏重辑支谱》民国八年（1919）钞本，上海图书馆藏；同见休宁《黎阳汪氏渊源录》，雍正三年（1725）版，河北大学图书馆藏。

由上可知，两文主要分别在（笔者划分的）第 2、4 部分内容上：

前篇第二部分认为："汪氏出于鱼龙，在新安已经居住了数千年，地望新安，而非平阳、颍川；此宗源自唐模，独为江东甲族，有高官厚禄者，有泮紫阳之领者，有较陶朱之富者，此皆六宗或六大族之裔孙。"之所以取得这么好的成绩，序作者认为一方面是因为祖宗之荫，另一方面则是后辈子孙的个人努力。可见写得很实在。

后篇第二部分认为："汪氏为周世苗裔，鲁伯禽胤、成公之次子汪侯之后。"这是前后两序最大的不同，因为这是两种截然不同的观点：前篇认为汪氏出自汪芒，后篇认为汪氏出自汪侯，并认为汪氏有今天，皆汪侯所荫之至。

前篇第四部分认为：以前谱中不书叙（序），现在书；后篇第四部分认为：以前谱中不书墓葬，现在书。这种前后改变的情况，是谱学分阶段发展的产物。宋前谱中正常没有序，多则只有一篇，欧阳修《欧阳氏族谱》没有序，苏洵《苏氏族谱》有《族谱引》，相当于序言。前谱因是写在宋末，仍表现为这一规律。后谱应该改在明后，一般明代时谱中都有多篇序言，但墓葬还没有引起足够的重视，所以有此说。

我们可以从汪高梧原序和被改动的序中，得出如下重要价值：

汪高梧认为汪氏来源于汪芒，后人把它改了，这一点前文多有论述，这里不再赘述；宋代以前，谱中的家谱序言篇数不多，往往只有一篇序，但宋末时，则经常有多篇；更重要的是宋代时汪氏有些谱中往往不载坟墓之类的内容，如宋代汪高梧自己编修的家谱就没有，其谱序就没有提过，但明清后，汪氏后裔把此内容改为"曩坟墓不书，今则地名森列矣"，这一改动，家谱记录的内容就变得宽泛多了。笔者认为按家谱所记录的内容为标准划分家谱的定型与否，如果一部家谱中光记录家族成员生前荣耀信息，这样的家谱发展得还没有定型，因为其没有记录人死后的相关情况，一部家谱既记录了生，又记录了死，才表示了一部家谱发展到成熟定型阶段。元代汪垚修谱时，征引了宋末汪高梧的此序，并没有对其改动，显示了汪垚对自己族谱编修的自信；而明清时，则把"曩续不书"改成"曩坟墓不书"，可见明清时众人对家谱要收录墓葬祭祀信息心态之迫切，其改动或可认为：明清时期可以不写谱序，但一定要有墓葬祭祀信息之类的内容。

　　总之，汪垚谱中含有的汪克一的序和汪高梧的序，有谱序内容可知，其二人应该修过汪氏家谱，并为自己所修的家谱作过序言，即汪垚中所见二篇。此两篇序言后来为汪垚修谱时所征引于谱中，作为旧谱序而存在。后来汪克一、汪高梧的谱皆失传，而汪垚谱中此二人的序言就更显得弥足珍贵，而为后人一再征引。但他们征引此二文的滥觞应该源于汪垚所修的此谱。入明后，世人对此二谱改动较大。汪克一认为绍兴前的汪氏谱前后紊乱，有很多错误，因怕后代无所据，所以其重修汪氏谱，并认为汪氏出自黑肱之子即汪侯。而入明后的谱人们则把其文改为前代之谱历历可考，因为后代繁衍生息快，故重新修谱，并改成汪氏来源为鲁成公次子，其次子生下后，手上有"汪"文，上天有眼或上天注定似的，所以以后成汪侯，后代以之为氏。汪高梧的序言改动更大，其于宋末修谱，并写了序言，认为汪氏是出于汪芒之后，新安之汪，地望即新安，新安之汪不是来自平阳或颍川，本身即生活在新安，现在已经数千年。而入明后，汪高梧此序也是人们征引频率高的谱序之一，但内容大变，皆改汪高梧所认为的汪氏源流为汪氏就出自汪侯，并认为今天汪氏所取得的成就，几乎全部来自于门第之荫，而较少有后天个人努力的结果。可见此二序内容被后世大改动，是随着时代的发展，汪氏后代对汪氏族源认识的逐渐变化上而出现的情况，元代以前，特别是宋代，有些学者名家往往都对汪氏来源难以定论，有的认为出自汪芒，有的认为出自鲁成公黑肱之子汪侯，有的两种观点并存，南宋的汪藻是两种观点并存，罗愿也是，但有所偏向。王克一认为出自汪侯，而汪高梧认为出自汪芒，应该说，汪垚修谱时，参照了以前二汪的谱系，并引入了二汪的谱序，在没有见到汪松寿《汪氏渊源录》之前，笔者认为其是相信汪氏是出于汪芒，因为所引七篇相关文章，其中有五篇认为汪氏出自汪芒，只有两篇认为出自汪侯，而其中就有看过《汪氏渊源录》而写成的《叙谱》。当然，入明后，特别是随着汪湘统宗谱修撰的需要，汪氏族源问题往往开始趋向统一，即认为新安汪氏来自汪侯，[①]入清后，《汪氏通宗世谱》的编撰也摒弃了汪氏来自汪芒之说，

---

① ［明］汪湘：《汪氏统宗谱》，五卷，明隆庆三年（1569）木刻本，一册，河北大学图书馆藏；另见其后期重修版本［明］汪湘：《汪氏统宗谱》，一百七十二卷，明万历三年（1575）家刻本，中国国家图书馆藏。

思想统一为来自鲁成公次子，因生下来时，手中有"汪"纹，故以之为氏。[1] 可见汪氏姓氏渊源发展的渐趋统一，是随着社会的发展逐步变化而来的，是随着汪姓修谱的需要而在主流思想上逐步统一（并没完全统一，至今还有多种来源说法）。

四、徽州家谱与史学的交融

（一）曹泾修谱的"世家"之念

曹泾曾为山长，并延请陈栎为师教授学生，因年龄太大，曹家人力劝曹辞职还家，临行前，与陈栎谈论族谱，曹把自己族谱命名为《云萍小录》，很是谦虚，却让陈栎为"世家"：近秋，丁一再上谒，其还也，蒙力留之馆中，且云："嗣岁（来年，新的一年）确侠老于家，嗣春未必可会晤，可不留一惜别乎？因不敢辞。"入夜纵谈，忽出一纸，首题曰《云萍小录》，乃叙述家世，及平生，及贤子孙，以赐教者也，且令栎亦书世家以呈。[2]

（二）方桂森的"世家"情结

宋代歙县方桂森修家谱，为三派联谱之义，其在谱首刻有罗愿署名的《方山雷公世家》（笔者未知真伪），充分显示了其引史之意：雷为榆罔之子，自雷至望皆公侯之裔，子孙分封大郡，南面称孤，世济其美，代不乏人，列以小传，实垂大体，今仿《史记》世家体例作方山雷公世家："雷为榆罔帝之子，炎帝九世孙，母陈郡风氏，雷生而有圣德，综蚩尤有功，让位于轩辕，封于方山，生子明辅御黄帝游大隗，具茨之山事见庄，子明生玑，玑四十一世俊，俊生回有圣德，于许由巢父为友，唐尧受以天下弗受，隐于成阳，雷子回列班固人物表，回生显，舜封于河南为河南望祖，生子千期，袭父封位，舜兼掌农官，百姓歌之，千期生相，佐夏禹奠高山大川封侯相生越，越佐禹凿龙门，辅佐启任豫州牧，越生丹砂以才干帝纳为婿，丹砂十世至云，云生灼佐夏封六合县，开国侯，十二世至毅小甲元年为河南郡守，生子威，帝乙以女妻之，三世至亦，亦生誉，佐武王伐纣，封河南，三世至琛，琛生论，破徐偃以功，拜平侯，八世至舜，佐宣王，诗人美之，列班固

① ［清］汪玑、汪嘉祺：《汪氏通宗世谱》，乾隆五十九年（1794）木刻活字本，上海图书馆藏。
② ［元］陈栎：《陈氏谱略》，《定宇集》卷十五，影印《文渊阁〈四库全书〉》本。

人物表，三世至朴，生子瑗，佐秦为上卿，瑗生约，汉初封下相侯，约四世至忻之生子伟，汉拜金紫光禄大夫，陪葬昭帝陵，伟生望，为军师，劝隗嚣以立高庙，卒葬东迈山，至子纮为丹阳始祖。赞曰：雷让位于轩辕，回让位于虞帝，何其祖孙相继，轻天下如是哉？世有箪食豆羹，以争者，其得失孰重也？观叔佐宣王以中兴，望劝隗嚣以立高庙，斯其为世济其美欤！"[①]

方桂森在其所修之谱的凡例中又明言："二旧谱自雷公而下次图系世毫无补掇，殊失之然，史尚有缺文，谱无遗失矣，削其图次，录入世家以备一谱大纲，传示得姓本源实录，且以昭缺文之义。"笔者通过其录入《方山雷公世家》以备一谱大纲，感觉此文应该不是罗愿所作，但即使是氏方桂森自己所为，其引史入谱的动机是明显的。

（三）汪松寿的史学情结

1. 汪松寿引唐玄宗敕书如下：

旧谱唐族望敕

唐开元考定从前至今族望

先奉敕旨：四海望姓家，永徽六年考定二十六姓与诸姓不同，各得出处远近；其乾封元年君美考定，至今依令：

武阳李　荥阳郑　陇西牛　并州郭　上党陈

河西汪　安定皇甫　中山鲍　河间刘　雁门夏

右件十姓为国之柱。

武阳贾　白水张　扶风马　京南叶　陈留王　冯翊赵　蒙扶水　冀兆苏

京兆杜　河内荀　梁山姬　南山何　岭南庞　安定胡　高阳许　南阳侯

右件十六姓为国之梁。

开元五年四月八日下[②]

2. 汪松寿首开"谱注"先河

上文汪松寿引唐玄宗敕书后，汪松寿即仿《史记注》或《世说新语注》

---

① ［宋］方桂森纂修《汉歙丹阳河南方氏衍庆统宗图谱》1卷，中国国家图书馆藏。

② ［元］汪松寿：《汪氏渊源录·旧谱唐族望勅》卷二，元刻本，浙江图书馆藏。

而有了如下之注：

按：唐太宗时，山东崔、卢、李、郑诸族矜负世望，子孙虽衰，他族欲与为婚姻，必多责财币，人谓之卖婚。上恶之，贞观十二年，诏高士廉、韦挺、岑文本、令狐德棻遍责天下谱牒，质诸史籍，考其真伪，进忠贤，退悖恶，先宗室，后外戚，右膏粱，左寒畯，专以今朝官爵品秩为高下，合二百九十三姓，千六百五十一家，为九等，号《氏族志》。高宗时，许敬宗以不叙武后世望请改之，乃命孔志约、吕才十二人刊定二百三十五姓，二千二百八十七家，显庆四年书成，改号《姓氏录》。时李义府为子求婚于山东之族不获，恨之，以太宗旨劝帝，诏后魏陇西李氏等七姓十家，子孙不得自为婚姻，仍定天下嫁女受财之数，三品以上纳币不过三百匹，四品、五品二百匹，六品、七品百匹，悉为归装，夫家毋得受陪门财。然俗尚终不能禁，往往自称禁婚家，益增厚价。中宗景龙中，柳冲复请修其书，诏魏元忠、萧至忠、徐坚、吴兢等及冲修之。会魏元忠等物故，至玄宗先天时，复诏柳冲、徐坚、魏知古、陆象先、刘子玄等讨缀，书始成，号《姓系录》。开元初，诏冲与薛南金复加刊窜，乃定。冲之《录》以四海望姓为右姓。今详谱中所载，许敬宗之始请，当在永徽六年立武后时。考诸姓之不同，以为改《氏族志》之本后。书成于显庆四年六月，乾封丙寅距显庆己未凡七年，李君美已诛死于贞观间。此未详谁氏，兼此篇讹脱甚多，今姑考大概而阙其疑，以待后之览者。[1]

3. 汪松寿首开家谱"赞"之先河

汪松寿在对唐玄宗敕书作注释后，又写了"赞"，如下：

赞曰：

孔壁坏，简书摩。汲冢圮，简书讹。没龟马，断蛟鼍。

谱之遗，代年多。编毕绝，正者何？惟业业，沿其波。

① ［元］汪松寿：《汪氏渊源录·旧谱唐族望勅》卷二，元刻本，浙江图书馆藏。

谱之成，尚研磨。史阙文，事旁罗。张本原，庶无颇。①

4.汪松寿的"世家"之引，如："后世姓氏书谓汪姓出于汪芒，其说依于《孔子家语》及《世家》。《世家》云：吴伐越，得骨节专车……《左氏传》曰宋武公之世……《谷梁》谓……《公羊》亦谓……"②

5.汪松寿改汪华生卒年月原因猜测

有关汪华生卒年月的记载，笔者注意到最早有此记录的，当属五代时期的汪台符《歙州重建汪王庙纪》："感天人知己，瞻玉阙言怀。龙剑一沉，死而不朽，贞观二十三年也。有棠树之诗，无良吏之叹！固得父老请建祠堂，在厅之西。大历十年，刺史薛邕迁于乌聊东峰，元和三年刺史范传正又迁于南阜，即今庙是也。中和四年刺史吴公圆克荷冥应，复新栋宇，迄今司空浔阳公景慕英尘，经始灵宫。"③汪台符此语包含了汪华死亡的年份，即贞观二十三年。今人多认为汪华或死于唐太宗李世民之手，④笔者通过汪台符之语，并不这么认为。首先我们知道，李世民也死于贞观二十三年，"龙剑一沉"，当指李世民之死，汪台符此处并没有暗含皇帝杀害汪华之意；并且李世民和汪华同于一年而死，汪台符认为"有棠树之诗，无良吏之叹"，君臣有兄弟之意，并没有良臣被诛杀的感叹。因为我们从北宋的胡伸为汪华写的行状里，可知道"贞观二年，授左卫白渠府统军，十七年改忠武将军、右卫积福府折冲都尉。太宗伐辽，诏为九宫留守"。⑤其余授官重要与否暂且不论，就是太宗征伐辽东之时，任命汪华为九宫留守，可见对汪华的信任，故当不会在贞观二十三年杀掉汪华。

---

① ［元］汪松寿：《汪氏渊源录·旧谱唐族望勅》卷二，元刻本，浙江图书馆藏。

② ［元］汪松寿：《汪氏渊源录·汪芒辨》卷一，元刻本，浙江图书馆藏。

③ ［宋］李昉等：《文苑英华》，卷八百十五，文渊阁影印四库全书本。

④ 参见冯剑辉《徽州家谱宗族史叙事冲突研究》，合肥工业大学出版社，2014年版，第144页：至于汪华投降王雄诞之后的遭遇及他本人的最终结局，遍考史书，没有踪迹可寻。汪华投降王雄诞次年，杜伏威入朝长安。武德六年七月，辅公祏杀王雄诞起兵反唐。七年二月，杜伏威在长安暴卒，辅公祏在年底失败被杀，原江淮起义军将领多被处死。……汪华投降后若留在江淮军中，则结局难言光明。

⑤ ［宋］胡伸：《唐越国公汪华行状》，见程敏政《新安文献志》卷六十一，影印《文渊阁〈四库全书〉》本。

汪台符之文讲到了汪华死亡年份，但并没有其出生年份，而这最早的文献当属胡伸之文了："公姓汪氏，……父僧莹，皆仕于陈。母歙西郑氏，梦黄衣年少长丈余，拥五云自天而下，因与之，遇觉而有娠，至德四年正月十七日夜半乃生，香雾覆室三日始散。"由此可知，汪华出生充满了神话色彩，其生日为至德四年正月十七日。而其死亡时间可从下面这句话知道，"二十三年三月三日，薨于长安，享年六十有四。公初疾，上常劳问，赐医药。及薨，赐杂彩十床、黄金百两，东园秘器，恩礼如功臣。永徽二年，诸子以公丧还。四年十月二十六日葬歙县七里云郎山。"①由此我们知道汪华死亡的具体时间是贞观二十三年三月三日。

由上可知，五代时期的汪台符认为汪华死亡年份是贞观二十三年，但没有具体死亡年月日，而北宋的胡伸认为汪华生卒年月日分别是至德四年正月十七日、贞观二十三年三月三日。后人则根据胡伸之行状，确定汪华的生卒日期。但是汪松寿在其《汪氏渊源录》中却提出了不同的生卒日期，此日期见于其为《唐左卫白渠府统军告》诰书的注释中，如下："前歙州总管汪华：右可左卫白渠府统军门下，前歙州都督汪华等，或久经任使，或夙著款诚，并宜参掌禁兵，委之戎旅，可依前授主者施行。贞观二年四月五日中书舍人李百药行。"汪松寿对此的注释如下："按《唐史》，高祖入关，颜师古累迁中书舍人，专典机密，诏令一出其手，故《越公告》当其行。后公为王雄诞所诬，武德六年至京师，距五年始有白渠之命，李百药为中书舍人，当行，岂雄诞之奸久而始白耶？百药尝劝杜伏威入朝，几为所害，雄诞又为辅公祐所杀，百药由是升□□，贞观元年拜中书舍人，四年授太子右庶子。公之忠诚于是益□□□□。伏威、雄诞、公祐之徒，首鼠怀奸者也。公以隋开皇十年（590）正月生，至贞观二十二（648）年薨于长安，归葬歙之云郎山，邦人怀其功德，立庙乌聊山。"②

由此《越公告》我们可知，汪华的生卒年份是隋开皇十年（590）正月及贞观二十二年（648）。刚才笔者叙述的北宋胡伸的行状和此时间明显是不

① ［宋］胡伸：《唐越国公汪华行状》，见程敏政《新安文献志》卷六十一，影印《文渊阁〈四库全书〉》本。

② ［元］汪松寿：《汪氏渊源录·唐左卫白渠府统军告》，十卷，元刻本，浙江图书馆藏。

同的，那么元代的汪松寿是否看过胡伸为汪华写的行状呢？答案是肯定看过，其此条注释的末尾，汪松寿又曰："又按事实，初，隋歙州守张公贪酷，且欲叛隋从杜伏威，众遂奉公为主。后伏威以饶洪兵入寇，公遣将汪天瑶击败之。及称吴王，以天瑶、铁佛为相。盖公尝与伏威构怨，故雄诞因袭之。又《行状》云：'辅公祏叛唐，公引兵讨之，遂朝京师。'盖雄诞先假唐行台之号而来，故公下之，未释位也，至是而始入朝耳。"此语前半部分皆为胡伸行状中之内容，而中间其又明言《行状》，此《行状》无可非议当指示胡伸之《唐越国公汪华行状》，现在问题是，既然汪松寿明确看过胡伸写的行状，那他又为何改了行状里汪华的生卒年份呢？

笔者认为，胡伸所写汪华行状中，其的生卒年月应该为真。但宋元以来，世人多认为汪华之死和李世民有关，或者说猜测是被李世民杀害，毕竟汪台符在五代时即言"龙剑一沉，死而不休"，让人很有猜想的空间。但徽州宋元时期的众多士人多不愿接受"龙剑一沉"为杀害汪华的证据，而是认为汪华寿终正寝。通过北宋的胡伸和南宋的罗愿为其所著的文章我们即可看出后世众人多愿汪华正常死亡。而汪台符和胡伸的文章皆明确的是汪华死于李世民死亡之前不久发生的，让人猜测是李世民临死之前而杀掉汪华以除后患似地。汪松寿当然明白当时风言风语，于是在其明确告诉世人其参考了胡伸、汪台符之文章后，仍然改掉了汪华的逝世年份，就是为防人之口。汪松寿认为"盖雄诞先假唐行台之号而来，故公下之，未释位也，至是而始入朝耳"，即汪华是在看了王雄诞"假行台之号"后，而屈身于他，并不是投降于王雄诞，而是其有唐王朝的番号，所以才投降。而其之前是已经归顺了唐王朝，"故公下之"，但其实"未释位也"。也正是因为汪华先前已经归顺了唐王朝，而这里王雄诞又持有唐王朝之节，所以汪华才屈身于王雄诞（其实被迫，实在打不过）。后来不久杜伏威、王雄诞、辅公祏很快相继被杀，而汪华又比他们多活了二十多年，如果唐王朝想杀汪华的话，早就应该在跟杜伏威前后杀掉了！

汪松寿不但改了胡伸为汪华写的行状里面的生卒年月，而且还改了汪台符《歙州重建汪王庙纪》，笔者注意到影印《文渊阁〈四库全书〉》本中李昉之文，汪松寿在征引其文时删去了三分之一的篇幅，并且改了其中关键的一句话，即李昉文中有"龙剑一沉，死而不朽，贞观二十三年也。有棠树之

诗，无良吏之叹！"而汪松寿把此语改成"龙剑一沉，死而不朽！有棠树之
诗，无良弓之叹！"删除了记录汪华的死亡时间，更重要的是把"无良吏之
叹"改成了"无良弓之叹"，[①] 可见意蕴明显。

五、理学对家谱编修内容的影响

元代理学，已经深入到徽州生活的方方面面，对家谱编修的影响更是如
此，朱熹言：三世不修谱，则为不孝。[②] 徽州能产生如此众多的家谱，就是
此因。理学鼻祖程颐程颢对徽州影响很大，"程夫子之教人也，使人居敬以
存夫心，如主人在家，童仆之职各供其使，令而不紊，宾客之来，各随所应
酬……处父子则尽父子之仁，处兄弟则尽兄弟之礼，处夫妇则全夫妇之别，
处朋友则全朋友之信。"[③] 因程颐和程若庸（徽庵先生）素有渊源，所以此处
突出了程颐对徽州之人的日常伦理之影响。但毋庸置疑，朱熹理学对徽州的
影响更为巨大，赵汸认为，"新安自南迁后，人物之多，文学之盛，称于天
下，当其时自井邑田野，以至于远山深谷民居之处，莫不有学有师、有书史
之藏，其学所本则一以郡先师朱子为归，凡六经传注，诸子百氏之书，非经
朱子论定者，父兄不以为教，子弟不以为学也。而讲之熟、说之详、守之
固，则惟新安之士为然。"[④] 明朝《东林列传》中记载：明太祖"一宗朱子之
学，令学者非五经、孔孟之书不读"。可见朱子之学的影响之大。元代《朱
子家礼》已经影响到生活中的方方面面，丧礼、祭礼自不待说，笔者认为理
学对元代徽州家谱具体编修内容的影响，表现在如下方面：

（一）在谱序中的反映：理学深入，彰显伦理

1.修德与全身的相互关系

元代理学家郑玉在谱序中强调了修德与全身的关系，修德然后能全其
身，全身所以为修其德，然后才能念其祖考，孝其父母："人之所以念其祖

---

① ［元］汪松寿：《汪氏渊源录》，十卷，元刻本，浙江图书馆藏。按：［宋］李昉等《文苑英
华》中汪台符《歙州重建汪王庙纪》，在汪松寿《汪氏渊源录》中名字被改为《重建越国公庙
记》，内容只有李昉版的三分之二左右。
② 转引自汪庆元《〈新安旌城汪氏家录〉初探》，《文献》，2003 年第 4 期。
③ ［元］吴澄：《谢徽庵先生书》，《新安学系录》卷九，第 1 页，黄山书社，2006 年版。
④ ［元］赵汸：《商山书院学田记》，《东山存稿》，影印《文渊阁〈四库全书〉》本。

也，全而归之；人之所以孝其父母也，然修德以显身而体无不全，全身以道而德无不修，盖修德然后能全其身，全身所以为修其德，则念其祖考，孝其父母也，亦非有二道也。方氏之先多闻人，其子孙当益进于学，求所以显身修德以光大其门闾，使家声复振。斯谱之传不坠，此则谱外意也。"①

2. 遍交理学名儒

对于研究理学的学者来说，陈栎《跋五城黄氏族谱》之序可谓重要，序中详述了陈黄二家的数世相好，且展现了徽州当地部分重要理学家的情况，如黄智孙、吴俯、吴儆等："予生于五城与求心诸兄为同队，鱼而求心，独为出群鹤，生虽晚，犹幸及见，诸先生如黄提干公（雷奋）、司户公（雷复）、制干公（雷利）、主学公（山）、间蒙赏识若草牕先生（智孙）、则吾先师也漕元公（弥昌），则父执而尝参请焉者也。人徒见一时儒风之盛，实甲吾邑"，又曰"吾族自陈村迁五城，数世矣，有从曾祖父应城尉（唯），擢科从祖父福，倅继乃叔世科福倅（庆勉）、弟贡元（应午），亦领乡荐，黄陈二家之父兄子弟，往往交切互磋，重婚叠媾，所谓父兄之教，诏师友之讲，磨盖两得之栎也。不肖实亦内得之父，外得之师旁得之友，年廿有四，始侍亲自五城归，陈村于是又与求心，诸兄动隔一舍，而遥或别数年，而见讲磨疏矣。科目久歇于焉，雷复、雷利山、智孙、弥昌，何、俯、儆、玅，唯庆勉应午、聿兴同志。……"②

3. 讲究性理，重视心谱

唐元为元代著名理学家，其对理学之气理研究很有自己的观点，在修谱上，唐元认为应该谱心谱，即不谱之谱，心谱不欺心，因不欺心，所以不欺天："天地有初乎曰函三（天、地、人三气），为一是已生民；有初乎曰气化，而孩是已；由气化而形禅。……前乎千万世，其孰知为吾祖耶？后乎千万世，其孰知为吾子吾孙耶？然其初一本，而已知其一本，则知吾所自出，推之为吾同出，可不敬钦？吁，因生赐姓，皆出神明之后，晋太康中俾臣僚共订家谱，而唐贞观因之，前代为重事，何后世视之为寥阔耶？然盛衰相承，如寒暑代谢，或由田舍而为公卿，或由公卿大夫降为皂隶，论者以数

---

① ［元］郑玉：《方氏族谱序》，《师山集》遗文卷一，影印《文渊阁〈四库全书〉》本。
② ［元］陈栎：《跋五城黄氏族谱》，《定宇集》卷三，影印《文渊阁〈四库全书〉》本。

存焉。以自诡天其可欺乎哉？世之欲吾子吾孙无穷之传，实自不欺心，始不欺心，斯不欺天矣，此所谓不谱之谱也。可谱之谱，人所同见；不谱之谱，吾所独知，甚矣乎，心之难养也。"①

（二）徽州家谱与引墓入谱

1.一字之差见宋人和元人对墓与谱关系的认识

元人为了在谱中突出含有墓葬信息的内容，而对前人的文章故意改动，有时一字之差，则可深刻反映元人的内心状态。笔者特以北宋韩琦文章之例，来对这一问题做一探讨：

（1）韩琦《安阳集》中《重修五代祖茔域记》曰：

夫谨家牒而心不忘乎先茔者，孝之大也！惟坟墓祭祀之有托，故子孙以不绝，为重自志于学，每见祖先所为文字与家世铭志，则知宝而藏之，遗逸者常精意收掇，未始少懈。时编岁绠寝，以大备其所志先域之所在，虽距今百有余年，必思博访而得之，卒不坠先业，推及先域之八世，得以岁时奉祀，少慰九原之志，向使宗牒之不谨，祖先文字不传，虽有孝于祖先之心，欲究其宅兆，而严事之其可得乎？②

（2）徽州宋末元初的方回在其《瀛奎律髓》里曾征引了北宋中期韩琦的祖茔记内容：

魏公《重修五代祖茔域记》云："夫谨家牒而心不忘乎先茔者，孝之大也。惟坟墓祭祀之有托，故子孙以不绝，……而严事之其可得乎？"③

（3）舒頔《章氏族谱序》曰：

因之唐季康州刺史及居浦城，五代间枝叶繁盛，太傅仔钧泊夫人练氏，

---

① ［元］唐元：《李氏族谱序》，《筠轩集》卷九，影印《文渊阁〈四库全书〉》本。
② ［宋］韩琦：《安阳集》卷四六《重修五代祖茔域记》，影印《文渊阁〈四库全书〉》本。
③ ［元］方回：《瀛奎律髓》卷二十八，影印《文渊阁〈四库全书〉》本。此内容源于韩琦《安阳集》卷四六《重修五代祖茔域记》，影印《文渊阁〈四库全书〉》本。

阴功硕德，载培载植，用昌厥后，……老泉云，观吾祖宗之谱，孝敬之心油然而生，韩魏公云谨家牒而不忘乎先茔者，孝之大也。①

（4）舒頔《北门张氏族谱序》曰：

自一世祖始至于八九世，凡坟墓之在某乡某原某山某向，及生没之年月，与夫或隐或仕，悉书之，若子若孙娶某氏聘某氏亦书之，区分派别衷于一集。俾后之云仍粲然可观。……老泉云，观吾祖宗之谱，孝敬之心油然而生，韩魏公云谨家牒而不忘乎先茔者，孝之大也。②

笔者所引四段内容，每段均有"夫谨家牒而心不忘乎先茔者，孝之大也"这句话，但内容稍有不同，这句话先为韩琦所说。韩琦（1008—1075），字稚圭，自号赣叟，相州安阳（今河南安阳）人，北宋政治家、词人，为北宋中期著名人物；首先征引韩琦之语的是方回，所征内容和原文丝毫不差。方回（1227—1305），元朝诗人、诗论家、善论诗文，论诗主江西派，为江西诗派殿军，为宋末元初的著名人物；其次两段引文作者为舒頔，是其分别为章氏和张氏题写的序言中的内容。舒頔（1304—1377），字道原，绩溪人，擅长隶书，博学广闻，曾任台州学正，后时艰不仕，隐居山中，入明屡召不出，洪武十年终，此人可看成是元末明初之人。

笔者注意到韩琦之语"夫谨家牒而心不忘乎先茔者，孝之大也"。在由宋入元的过程中，在个别字上稍微发生了些变化，宋中期是"夫谨家牒而心不忘乎先茔者，孝之大也"；宋末元初方回征引时还是原话；但到了元末时，此语则变成了"夫谨家牒而不忘乎先茔者，孝之大也"，中间少了个"心"字。笔者认为此"心"字之少，不是舒頔的无意之举，而是舒頔刻意而为之的。正是此一字之差的变化，恰恰反映了宋人和元人对墓与谱关系的认识过程。

我们可对韩琦之语的意思进行分析，"夫谨家牒而心不忘乎先茔者，孝

① ［元］舒頔：《贞素斋集》卷二，影印《文渊阁〈四库全书〉》本。
② ［元］舒頔：《贞素斋集》卷二，影印《文渊阁〈四库全书〉》本。

之大也"，意思应该为慎重地修撰谱牒，同时心不要忘记先人的祖墓，即修撰谱牒和不忘记先人祖墓是平行进行的。对于如何才能不忘记先人祖墓，韩琦在其文中给了明确的语言："每见祖先所为文字与家世铭志，则知宝而藏之，遗逸者常精意收掇，未始少懈，时编岁缉寖（寝），以大备其所志先域之所在"，"家世铭志"笔者猜测应该为墓志铭一类的文章，对于这类文章，在宋初时期已经广为流行，韩琦"知宝而藏之，遗逸者常精意收掇，未始少懈"，平常之时经常编辑先辈的生卒和庙寝的内容，到寻找先辈的"先域"时都可以用上。韩琦又言："向使宗牒之不谨，祖先文字不传，虽有孝于祖先之心，欲究其宅兆，而严事之其可得乎？"如果编纂谱牒时不慎重编纂自己祖先的世系，平时又不收集好祖先传下来的文字（墓志铭、墓记等之类的文字），这样即使对祖先有孝心，但想要寻找他们的墓地，进行慎重的祭祀之类的事情时，凭什么做到呀？祖先的墓都找不到，当然不能祭墓等。此处可见，在宋中期时，谱牒系统和墓祭系统还是分开进行的，谱牒专门用来记录世系，这样对寻找祖墓有很多的帮助作用，所以以古时经常发生引谱入墓之情况，韩琦之文章即是此例，此文之名字为《重修五代祖茔域记》，是重修祖墓时作的墓记而引用了自己的家谱，家谱平时只是用来记录家族世系的，其和墓祭系统是两个分开的系统。由此笔者想到在写作欧阳修的族谱研究时，为何欧阳修第一版的家谱会含有墓葬信息，而第二版的家谱却一字没提，为何思想处于徘徊状态，原来当时情况还是家谱系统和墓祭系统是分开的，虽然当时庙制不立，礼制松弛，但人们的习惯还是引谱入墓，很少有引墓入谱的情况，欧阳修第一版家谱引墓入谱，但第二版又跟随当时习俗，而不再在家谱中引入墓葬信息。

方回在宋末元初时，在其诗论作品《瀛奎律髓》中，征引了著名诗词人韩琦的文章，对于此《重修五代祖茔域记》，方回并未作改动，可见宋末元初时，情况不是有好大的变化，但到元末明初的舒頔为别家作谱序时，情况则发生了巨大的变化，舒頔改此语曰："谨家牒而不忘乎先茔者，孝之大也。"意思是慎重修家谱时，而不忘记在家谱中注录祖墓，这是大孝！以前家谱系统和墓祭系统是分开的，经常是引谱入墓，但是通过舒頔的一字之差的改动，则变成修家谱时要引入墓葬信息了，且在修家谱时，如果要是不忘记引入墓葬，则是大孝，把家谱和墓葬紧紧地联系在一起。

舒頔改动韩琦的话不是偶然的，入元后，礼制松弛，家谱编修中越来越多的引墓入谱，从而标志了家谱的定型，下文和本书的临近结尾之处，都有论述这一问题的重点内容。

2. 汪炲旌城世系，因墓而设

汪炲《新安旌城汪氏家录》中，旌城世系是指从五十五代始居旌城的汪志高到六十六代的汪文昉之间的世系，汪文昉后可以看成是旌城分派世系（因为为十九派分支世系）。我们发现，从五十五代到六十六代，这些世系全都把墓葬记录作为重点，甚至这些世系说是为墓而记，为墓而设当不过分，因特重要，值得笔者征引如下：

五十五世祖七公起，祖字志高，始居旌城其详已见总序，妣宋氏合葬旌城孔过岭，坳辰山戌向，思杰观使尝立石表其墓；

五十六世祖三公，温字和之，妣宋氏，合葬旌城湖石台；

五十七世祖十一公子明，字聪甫，妣项氏，合葬旌城枫香林；

五十八世祖五公润字良卿，妣戴氏，合葬旌城枫香林；

五十九世祖十五公恭字敬德，妣戴氏，合葬旌城查木坞口；

六十世祖六公云字天章，妣宋氏，合葬旌城横山下小坞口；

六十一世祖二公仍字贯之，妣程氏，公葬枫香林，东坞内，妣葬孔径大林坞头；

六十二世祖八公，琯字自律，贯之次子，葬杨木坞东坑西堑其兄曰珣，字自珍，传系别录，妣戴氏一娘，葬石坑戴明经梳洗楼基，癸山丁向有思杰观使立石表墓；

六十三世祖小七公兴，字思文，自律之子，葬旌城枫香林，妣吴氏一娘，葬孔径大林，二子，长可荣，仁之；次可闻，从之三可潮，东之上三房也；

六十四世祖六公可闻，从子思文次子也，葬孔径大林正山头亥山丙向，妣刘氏大娘，葬查木坞口，三子，长仁赞世称三公，葬吴家充茶园，次仁俸，十一公，三仁道，世由九公次三房也，余见分图；

六十五代祖，十一公仁俸，葬江潭盘田，坎山丙午向；妣项氏，街头地，前宋经界系三十都，保坟地二亩一拾步，宇字二伯号，今经理字号地俱佳。初项有阴地四处，而女三人，各女与其一，为奁资，仍约女之不幸，先亡者其所余一悉与之三娘者。（祖妣）平居谓世禄，言朴木地出子孙必贤必贵，忽抱疾不饮药而没。项果怜之，俾葬其处（没有给三娘）。吁，不爱其身而爱子孙之贤且贵，祖妣之为见如此，世世子若孙其何可忘之？所生七子，文昉有初二十一公；文亮有明二十五公，葬演口；文泰有通，二十六公，娶宋氏曰十一娘，合葬石上山塘；文起有升二十七公，葬乌博充；文超有进二十八公，葬孔径；文嵩有高二十有九公，葬吴仲充；文珙有珍三十公葬枫香林。七房也。盘田墓前田一区，前宋经界三十都，三保二亩二角二拾四步，元字六百三十号，今经理字号其田二十一公，已物戒子孙，永以□□□□，得租二十秤左右，每春奠墓，擘纸之外，以赒秩下之贫者，近岁□□□□□□把佃流，众议乃以入于其傍常清宫，膳诸羽客，但不许移易田骨；奇兴汀湮二□□立二土置祠堂，祝版世祀之，予扁之曰"德报"，为书扬焉。即今二房中人物阜蕃□□□□，二十一公秩下而已，孝悌之报不？信然哉。前宋宝祐间江潭吴□□，汪其姓者，以多资，借侈自称盘田墓秩下，忽一岁寒食，诣墓祭扫，构一，亦□□以身。家族中非之时，滨州方倅（副官）通州满秩受官而归也，偕众于墓下，呼之来，叱其借、正其非，族碎其所构。思杰观使亦前宋在所官满归，而省墓，即街头墓葬场建屋焉，命李书表居之，以藩樵牧，以便祭享，自后墓有守护公之力也，不谓昨来水患焉。墙屋为墟，众议所以复其旧而未果。

　　六十六代祖二十一公，文昉，为人古介，有操略，凡所处置众咸服之，时本都金竹横坑上庄塔岭山东五保为一社，以户计之百二十余，公为之规划其故，具有可取遗墨犹存没于元丰乙丑葬二十七都璋坑壬坎山丙午向地佳其山东坑西降南陈延山前宋经界本都二保二千九百十三号，今经理字号又墓之旁近山田地等前宋经界系二千七百四十三二千七百六十七二千七百七十二二千七百七十六二千六百七十九，凡五号地内屋凡三所云妣吴氏十四娘葬旌城山东岭下，生五子，十七公曰坚，永叔，生前宋皇祐乙丑，没元祐辛未，仅年四十三，阴阳家谓璋坑为飞天蜈蚣形，出贵而杀长子云。既没，葬金竹村心震山，娶陈氏，曰十一娘，没前宋大观乙丑，葬十二都当坑，小二十一公曰潜，时叔，葬汤田，娶程氏曰十四娘，葬同处，二十四公曰良，纯叔，葬黄龙坞亥山丙向，地佳娶吴氏曰十八娘，葬石田溪边，二十八公园，彦方，葬山背，娶吴氏曰五娘，葬金竹山，四十公曰特，彦立，葬金竹娶吴氏曰三娘葬岭背充山，就七房之一而析之五房也，此五房者，既派各亲其亲各有其有矣，墓田地理纤悉，非如自此以前之渐远而渐难知也，故不复载于此。①

由上可知，汪焰记录的历代小传，从五十二代开始，特别是从五十五代之后，几乎全部记录的是关于墓葬礼仪方面的。这种情况在以往还没有出现过。

以六十五代祖为例，元代时，墓地所在地及面积以宋时经界的测量文书为依据，小传中可见宋时，汪氏即特别重视墓地的经营维护。六十五代祖汪仁俸，其妻为项氏。项氏父亲本来有可供埋葬之地四处（阴地），而其有三个女儿，项父则规定把其中的三块阴地，作为嫁妆，一女送一处，并相约，谁先死，则其地就送给老小三娘。汪氏祖姑项氏应该同意此意见，她平时很注重教育自己的儿子们，"平居谓世禄，言朴木地出子孙必贤必贵"，但不幸"忽抱疾不饮药而没"，其父项父并没有按照以前的约定把她的地送给老小三娘，而是可怜她，认为她"不爱其身而爱子孙之贤且贵"，所以就把她埋在当初分给她的那块墓地上。作为汪氏子孙，"不爱其身而爱子孙之贤且贵，祖姑之为见如此，世世子若孙其何可忘之？"②

六十五代祖小传除了介绍以上内容外，还介绍了盘田墓前田一区属于二十一公的墓地情况，二十一公应该是享受到了祖姑的庇护，平时自己也很有德行，所以后代蕃阜，汪焰曾写匾赠曰"德报"。而后来，有一江潭吴姓人，后来姓汪，说盘田之墓地皆是他的，并在一年的寒食节，在墓地上插了一块木牌，以确定此墓地属于他的身份。

然而在家族墓地遭受凭空"中非"不久，滨州副守于通州满秩后，受官而归，带领众族人，把那个江潭汪某（本姓吴）"呼之来，叱其借、正其非，族碎其所構"，把他插的木牌也砸碎了。这是汪氏有名望的祖先为争取自己家族的墓地权利而进行的一次斗争。有宋一代，思杰观使也为汪氏家族的墓地建设立功不小：思杰观使亦前宋在所官满归，而省墓，即街头墓葬场建屋

---

① ［元］汪焰：《新安旌城汪氏家录·提纲第一》，七卷，元刻本，安徽省博物馆藏。

② ［元］汪焰：《新安旌城汪氏家录·提纲第一》，七卷，元刻本，安徽省博物馆藏。

焉，命李书表居之，以藩樵牧，以便祭享，自后墓有守护公之力也，不谓昨来水患焉。墙屋为墟，众议所以复其旧而未果。

3.《汪氏渊源录》：史上首次在家谱中明确刻意记录祖墓

汪松寿《汪氏渊源录》中很重视对祖墓的记载，在谱中单独开一篇，专门记载祖墓情况，即《旧谱叙祖墓》叙曰："窃闻有形必化，亘千古而无违；卜宅以藏，更百王而不易。白骨求安于长夜，黄肠宁望于复朝。故周官辨兆域之图，而左氏谨窀穸之事。玉棺表王乔之灵柩，理益难明；石椁颂滕公之佳城，事皆前定。既获牛眠之所，当崇马鬣之封。诔德无穷，宜特刊于金石；追思罔极，益增土于松楸？所有南北坟茔，备录于左，庶几后世知其墓焉耳。"①《旧谱叙祖墓》具体内容如下：

颍川侯讳汪，葬颍川城南三十八里。三十五丧，合葬其中。铭曰：……
司谏讳挺，葬洛阳牛耳山。四十丧，合葬其中。
武锋将军讳言，葬右扶风茂陵马邑山。九丧合葬其中。碑铭曰：……
中郎将讳陈，葬长安左冯翊，即秦内史地。十八丧合葬其中。
龙骧将军讳文和，葬新都郡西九里邵石山。二十五丧，合葬其中。其碑铭曰……
越国公讳华，葬歙县云郎山。
宣城郡公讳铁佛，葬绩溪东二十里洪村白鹤山。海阳令翊墓同处。
此篇铭、叙、俱系后人追识之辞，墓茔迁远，恐非出于一时，字句或有讹误不伦，不及悉正。赞曰……②

汪松寿是在现存家谱中，第一个在家谱中明确刻意记录墓葬的人，"所有南北坟茔，备录于左，庶几后世知其墓焉耳"，其认为自周代就有专门的官员负责辨别好的埋骨之地，"故周官辨兆域之图，而左氏谨窀穸之事"，可见家谱系统和墓葬系统由来已久，且并行已久。

---

① ［元］汪松寿：《汪氏渊源录·旧谱叙祖墓》卷二，元刻本，浙江图书馆藏。
② ［元］汪松寿：《汪氏渊源录·旧谱叙祖墓》卷二，元刻本，浙江图书馆藏。

4.《汪氏渊源录》首次记录了汪华的多次诰封

汪松寿《唐左卫白渠府统军告》注释中，汪松寿列出了汪华死后所获得的历次封诰：1.至宋真宗大中祥符二年，追封灵惠公。2.政和四年，赐庙额曰忠显。3.政和七年，追封英济王。4.宣和四年，加封显灵英济王。5.至隆兴二年，加封信顺显灵英济王。6.乾道四年，加封信顺显灵英济广惠王。7.德祐元年，封昭忠广仁武神英圣王。8.泰定二年，江浙行省上其事□□□谓八字王，封已极尊崇，宜改锡嘉名，于是改封昭忠广仁武烈英显王。惟公丰功茂实，归于大统，赏不酬忠，储光郁庆，卒硕秩祀，亦□盛矣。①

5.汪垚《新安汪氏庆源宗谱》中关于墓葬及诰封问题

汪垚《新安汪氏庆源宗谱》中单独记录墓葬的情况没有，只是在记录某祖先的小传时，才涉及葬某处，某向，如：《汪象先小传》曰：象先，字似之，行第仲五，应端之子也，生嘉禧二年戊戌十二月初二日亥时，天不假年，寿止三十九岁卒，十三年丙子十一月二十三日巳时，至元二十九年葬大里下村，癸山丁向。

汪垚此谱在内容上最大的功劳是详细记录了汪华死后朝廷给予其及其直系并夫人的历次封赠，历数了汪华由人而成神的具体过程，充分显示了朝廷对汪华作为地方神的承认甚至依靠，其中关于汪华的记录比汪松寿多出五条：宋嘉定四年十一月，封昭应显灵英济广惠王；宋淳祐八年十二月十二日，封昭应显灵英济威信王；宋淳祐十二年九月二十八日，封昭应广灵显德英烈王；宋宝祐二年三月二日，封昭忠广佑显圣英烈王；宋宝祐六年正月十八日，封昭忠广仁显圣英烈王。②

除对汪华的诰封多出五条之外，汪垚谱中还记录了大量朝廷对汪华父祖及儿子及相关配偶的封赠，如：曾祖汪泰，赠基福昭佑侯，妻刘氏赠基善衍祐夫人；祖父汪勋明，陈会稽令，赠衍庆灵佑广济后，封戴国公，妻许氏赠衍庆灵裕协祐夫人；父汪僧莹，陈海宁令、郡长史，赠世惠垂贶善应灵明

---

① ［元］汪松寿：《汪氏渊源录·唐左卫白渠府统军告》卷十，元刻本，浙江图书馆藏。

② ［元］汪垚：《新安汪氏庆源宗谱》，不分卷，中国国家图书馆藏。另见赵华富《元代世家大族谱牒之最——徽州汪氏谱牒》，《中国历史文献研究会第26届年会论文集》，2005年10月。

侯，妻郑氏赠协惠赞佑善积昭福夫人；……①

（三）徽州家谱与引祠入谱

徽州家谱至少在元代已经引祠入谱了，汪炤《新安旌城汪氏家录·提纲》中第六十五代祖汪仁俸小传曰："六十五代祖，十一公仁俸，葬江潭盘田，坎山丙午向，……盘田墓前田一区，前宋经界三十都，三保二亩二角二拾四步，元字六百三十号，今经理字号，其田二十一公，已物戒子孙永以□□□□，得租二十秤左右，每春奠墓，擘纸之外，以赒秩下之贫者，近岁□□□□□□肥佃流，众议乃以入于其傍常清宫，膳诸羽客（道士），但不许移易田骨，□□□□□□□，立主置祠堂，祝版世祀之。"② 汪仁俸为北宋时期汪氏先祖，在他那个时期，汪氏已经"立主置祠堂，祝版世祀之"，但是在汪氏历代家谱中，都没有记录，虽然当时家谱无存，但宋元汪氏的谱序中都没有显示宋代引祠入谱。而元代的汪炤则应该是开创先例，不但记录大量墓葬信息，而且还引入了部分祠堂的内容，虽然少，但对家谱记录内容的扩宽，功不可没。

另一点需要特别注意的是，"众议乃以入于其傍常清宫，膳诸羽客"，此语中"常清宫"笔者分析应该是汪氏的家庙，平时交给道士打理，祭祀时道士们可帮助完成祭祀过程。宋时道教兴盛，汪氏对其家庙常清宫的维持当显示出此时家族势力已经很大。

汪炤谱中不但记录了祠堂、家庙，祭祀土地的社日，也已经写入了谱中，不过汪炤记录社日，并没有写如何祭祀，而是写了社日的众人聚餐、宴引："先是族里有旌城大社。凡族之远而十都琶溪、十一都石田，近而山东、金筑等处皆在焉。承平时以华侈相高，赴社来，远者皆节前三二日至，日盛设宴饮。及社日，举祀受釐，宴饮视常日尤盛。社后又必命奴张乐宴饮，或数日乃归。"③

以下是笔者从汪松寿《汪氏渊源录》中收集的个别例子：

---

① ［元］汪垚：《新安汪氏庆源宗谱》，不分卷，中国国家图书馆藏。另见赵华富《元代世家大族谱牒之最——徽州汪氏谱牒》，《中国历史文献研究会第 26 届年会论文集》，2005 年 10 月。

② ［元］汪炤：《新安旌城汪氏家录·提纲》，七卷，元刻本，安徽省博物馆藏。

③ ［元］汪炤：《新安旌城汪氏家录》，七卷，元刻本，安徽省博物馆藏。同见于汪庆元《徽学研究要籍叙录》，《徽学》，安徽大学出版社，2002 年版。

《汪氏渊源录》卷之四《续谱代表》之《婺源州大坂支代表》：公卒，镇人怀德如生，相与□面叩心，□然追慕，至剖木成像，春秋祀之为神，号曰"汪端公祠"。

此记录后，记着分支代表世系，其中六十九代：瑞（元宝），掌祠。

卷之六《垂名记》：汪汲，字子迁，歙州绩溪县人。嘉祐二年，与苏东坡同年登第，历奉议郎、慈溪县令。溉田数千顷，民歌且祠之。

卷之六《垂名记》：汪伯彦，……未几请祠……

卷之六《垂名记》：汪勃，字彦及，徽州黟县人。年十八首乡荐，绍兴二年进士及第，十七年调升签书枢密院兼权参知政事，以端明殿学士领外祠。

卷之八《辞源集》：汪台符《重建越国公庙记》：……父老请建祠堂，迁于乌聊南阜……

卷之八《辞源集》：汪普（字仲周）诗一篇：《和题神女庙》：梦觉阳台事渺茫，空遗庙貌祷祠忙。……

卷之八《辞源集》：汪序（和）《题神女庙》：楚襄神女事荒茫，香火丛祠祷祀忙。……

卷之八《辞源集》：汪巽元诗三篇：《腾溪古祠》：……

卷之九《辞源集》：汪松寿：《大祥祭父祝文》：……谨（因）奉神主于家祠，尔其监□忱……

卷之九《辞源集》：汪松寿祭祀词：《远招辞》：……乃下招曰：纮埏之外杳无极，忌鸿蒙溟滓魂焉集，忌北户燔煜吴回宅，忌回薄西蒙山林奕，忌枭羊猰㺄待人以食，忌云嘘雨沫中眕薰疾，忌渐入寒门冰雪绎绎……

从这些记录中，我们可以看出，记录有汪端公祠，即祭祀婺源大坂的汪濆，其"唐大中年间，汪氏自歙徙而来此，至今十余传矣。李氏时盗贼蜂起，端公以勇略选为三梧镇将，捍御乡间，拒贼死之。众慕其义，遂立庙镇傍，而鳙溪咸恩，僧舍亦有祠像在焉。"[①] 此语为南宋王炎所语，可见在南宋，婺源大坂即有汪端公祠堂了。汪松寿在其《汪氏渊源录》中，不但记录了汪

---

① ［南宋］王炎：《汪端公濆祠堂记》，见［明］程敏政《新安文献志》，卷九十六上，影印《文渊阁〈四库全书〉》本。

端公祠，然后又记录"六十九代：瑞（元宝），掌祠"；然后记录宋代慈溪县有汪汲祠；在两处的《题神女庙》中，皆提到了祭祀；然后是汪松寿《大祥祭父祝文》中自言"谨（因）奉神主于家祠"，可见在元代，休宁汪松寿支还自己建有家祠，并写了祭祀词《远招辞》。

当然，汪松寿以上的这些记祠内容，皆非汪华或汪华后裔之祠，其谱中记录汪华的祠堂是汪台符的《重建越国公庙记》，此记上文已经进行过相关的介绍，这里想再说明下，汪台符认为至迟在五代的时候，汪华已经被家乡父老建有祠堂，而汪台符的上司杨行密对汪华也非常的崇敬，并为其建造了符合道教规范的灵宫以祭祀汪华："有棠树之诗，无良弓之叹。父老请建祠堂，迁于乌聊南皋，今司空浔阳公景慕英尘，又经始灵宫，民不告劳，物惟其旧。"

赵华富先生曾在《徽州宗族研究》中认为明代中后期徽州谱牒才增加了"祠堂"这一内容，是嘉靖十五年（1536）礼部尚书夏言上《请定功臣配享及臣民得祭始祖立家庙》奏议的情况下才出现的，并随着民间祭祖礼仪的改革，徽州世家大族掀起大建宗族祠堂的热潮。[1] 笔者认为赵先生分析得很有道理，只是增加祠堂一项的时间可以提前到元代。

（四）小结

宋代时，庙制不立，士大夫纷纷尝试以自己的方式祭祀祖先，随着朱熹理学的逐步深入，理学鬼神观逐渐在生活中为人们所接受，理学的鬼神观确定了"祭祀"的重要性，并通过规范祭祀的正当与否来实现对鬼神权能的控制。[2] 于是，坟是祖先埋骨之所，藏魂之所，而有生之人的功名"赖其荫力"，所以很早的人们即对墓葬之地特别重视，并记住父母及以上祖先的生卒，四时墓祭。入元时，随着理学的深入，墓祭更加规范，朱熹五礼中，专门制定了丧礼和祭礼来安排人们如何具体操作，于是墓祭逐渐规范化，以后祠祭同样如此。对于这些丧葬祭祀的礼仪，自古以来即使和家谱的编修不在同一系统内，笔者感觉祭祀系统比家谱编修的系统可能更慎重（或更神圣）些，这些笔者将在以后的研究中逐渐深入，但笔者可以肯定，墓祭、墓碑等是率先

---

① 赵华富：《徽州宗族研究》，第 237 页，安徽大学出版社，2004 年版。

② 章毅：《理学社会化与元代徽州宗族观念的兴起》，《中国社会历史评论》第九卷，2008 年。

引入了家谱世系的内容，还有祠堂祭祖也一样。可以说，宋前引谱入碑或引谱入祭很正常，但目前还没发现有引碑入谱的，当然也没有引祠入谱的。应该说，随着宋元庙制不立，特别是朱熹理学的深入，丧礼、祭礼更细化，更日常化，规范后形成的文字记载也逐渐规范，并渐渐引入到家谱记载之中，而数代一修的家谱，对记载并保存祖先的墓场及祭祀所需的环节并年年传承下去，有很好的资料储备作用，在庙制不立的情况下，在家谱中记录丧礼、祭礼的内容逐渐增多，随着引墓入谱及引祭入谱的日常化，家谱也渐渐定型，于是元代成为近世家谱的定型期。

第五章

元代徽州家谱编修的定型（下）

第一节　谱序所见元代徽州家谱内容中墓葬祭祀信息数量分析

一、元代徽州含墓葬信息谱序篇目

安徽师范大学徽州文化研究中心谱牒库，笔者曾从库中众多的家谱中，收集到元代徽州谱序 133 篇（见附录），含有墓葬信息的具体谱序如下：

1 毕元凤《石耳毕氏谱序》（［明］毕济川《新安毕氏族谱》）；2 郑玉《长陔毕氏家谱序》（［明］毕济川《新安毕氏族谱》）；3 吴澄《题河南程氏谱》（［清］程佐衡《歙县新安程氏世谱征文录》）；4 程龙《书婺源龙陂程氏谱》（［清］程佐衡《歙县新安程氏世谱征文录》）；5 程文《书程氏宜振录后》（［清］程佐衡《歙县新安程氏世谱征文录》）；6 汪泽民《婺源环溪程氏续谱序》（［清］程佐衡《歙县新安程氏世谱征文录》）；7 胡南华《婺源龙山程氏谱序》（［清］程佐衡《歙县新安程氏世谱征文录》）；8 程岘《休宁陪郭程氏谱序》（［清］程佐衡《歙县新安程氏世谱征文录》）；9 韩廉《婺源凤岭程氏世宝书序》（［清］程佐衡《歙县新安程氏世谱征文录》）；10 程文《程氏世系考纪》（［清］佚名《婺源尤溪程氏支谱》）；11 程君选《程君选序》（［明］程景珍《安徽休宁率口程氏续编本宗谱》）；12 戴端肃《新安休宁隆阜戴氏纪源序》（［清］戴鸿儒《戴氏宗谱》）；13 郑玉《方氏族谱序》（［清］佚名《歙县淳安方氏族谱》）；14 方杰《桐冈方氏族铭》（［民国］方增云《歙县河南方氏宗谱》）；15 方巨川《聊墅方氏源流序》（［清］方善祖《歙县淳安方氏柳山真应庙会宗统谱》）；16 郑玉《方氏族谱序》（［清］方善祖《歙县淳安方氏柳

山真应庙会宗统谱》)；17 佚名《洪氏谱序》(［民国］佚名《婺源敦煌郡隐溪洪氏宗谱》)；18 洪菊泉《菊泉洪公序》(［民国］佚名《婺源敦煌郡隐溪洪氏宗谱》) 19 胡济鼎《济鼎先生序》(［民国］胡国华《歙县金川胡氏宗谱》)；20 胡世荣《玉林先生序》(［民国］胡国华《歙县金川胡氏宗谱》)；21 胡次焱《明经先世省墓序》(［清］董桂敷《婺源仁裏明经胡氏支谱》)；22 胡次焱《明经先世省墓序并规约》(［清］董桂敷《婺源仁裏明经胡氏支谱》)；23 胡次焱《省墓后序》(［清］董桂敷《婺源仁裏明经胡氏支谱》)；24 吴观万《左田黄氏续谱序》(［清］黄茂诗《新安黄氏横槎重修大宗谱》)；25 赵时春《黄氏重修宗谱序》(［民国］佚名《安徽绩溪双井黄氏宗谱》)；26 江祖元《元至正庚寅族祖元序》(［清］江廷霖《婺源济阳江氏宗谱》)；27 陈栎《元儒定宇先生陈公栎序》(［清］金门诏《休宁金氏族谱》)；27 吴澄《李氏宗谱序》(［清］佚名《婺源严田李氏家谱》)；29 陈栎《李氏宗谱序》(［清］佚名《婺源严田李氏家谱》)；30 李与廉《李氏宗谱序》(［清］佚名《婺源严田李氏家谱》)；31 李初月《李氏宗谱序》(［清］佚名《婺源严田李氏家谱》)；32 苏显《苏氏家谱序》(［清］苏大《休宁新安苏氏族谱》)；33 孙政祖《元延祐丙辰谱序》(［清］孙家晖《古筑孙氏家谱》)；34 吴沐《吴叙》(［清］吴起凤《新安歙西溪南吴氏统宗志》)；35 吴嵩高《吴叙》(［清］吴起凤《新安歙西溪南吴氏统宗志》)；36 王肇《肇公续谱序》(［清］王之策《婺源新安太原王氏宗谱》)；37 汪垚《庆源宗谱跋》(［民国］汪宗海《歙县歙西汪氏重辑支谱》)；38 汪垚《重修谱序》(［民国］汪宗海《歙县歙西汪氏重辑支谱》)；39 汪泽民《鲭溪汪氏世乘录序》(［明］汪奎《歙县重修汪氏家乘》)；40 欧阳玄《汪氏宗谱序》(［清］汪立铭《仙源岑村汪氏族谱》)；41 俞师鲁《清流汪氏续修谱序》(［民国］汪顺昌《汪氏世守谱》)；42 汪思仁《汪氏世守谱》(［民国］汪顺昌《汪氏世守谱》)；43 汪斌《谱由》(［清］汪準《祁门韩楚二溪汪氏家乘》)；44 汪斌《姓氏续论》(［清］汪準《祁门韩楚二溪汪氏家乘》)；45 欧阳玄《汪氏族谱序》(［民国］汪立中修《绩溪余川越国汪氏族谱》)；46 汪松寿《元渊源录序》(［清］汪立正《休宁西门汪氏大公房挥金公支谱》)；47 项延宝《汝南项氏宗谱序》(［清］项茂祺《婺源汝南项氏宗谱》)；48 项修职《绩溪项氏绩修家谱自叙》(［清］项茂祺《婺源汝南项氏宗谱》)；49 宋煜《绩溪项氏宗谱序》(［清］项茂祺《婺源汝南项氏宗谱》)；50 冷橡章《重修

族谱序》([清]许德辉《新安许氏家谱》);51 佚名《编修世谱序》([清]许德辉《新安许氏家谱》);52 佚名《余氏族谱序》([清]余克制《新安余氏世系像谱》);53 朱升《龙川詹氏族谱忠孝传序》([清]佚名《新安庐源詹氏合修宗谱》);54 詹荣宗《秋湖谱序》([清]佚名《新安庐源詹氏合修宗谱》);55 詹应魁《秋湖谱记》([清]佚名《新安庐源詹氏合修宗谱》);56 詹晟《婺源庆源集编宋谱序》([清]詹大衡《婺源庆源詹氏宗谱》);57 宋梦鼎《婺源庆源家谱序》([清]詹大衡《婺源庆源詹氏宗谱》);58 舒頔《华阳张氏宗谱旧序》([清]张沛泽《绩溪北门张氏宗谱》);59 周杰《绩溪周氏族谱旧序》([清]周之屏《安徽绩溪城西周氏宗谱》);60 周杰《约山公序》([民国]周启海《周氏续修族谱正宗》);61 朱森《朱氏综图序》([清]朱彦祥《婺源桐川朱氏宗谱》))

宋元徽州含墓葬祭祀信息谱序统计表

	各姓总数	宋篇数	宋含墓	元篇数	元含墓
毕	7	3	3	4	2
查	2	2	0	0	0
陈	2	1	0	1	0
程	49	27	11	22	9
戴	13	6	2	7	1
方	23	12	4	11	4
冯	4	4	1	0	0
葛	2	2	1	0	0
洪	9	5	3	4	2
胡	23	12	7	11	5
黄	21	12	4	9	2
江	3	1	0	2	1
金	7	4	1	3	1
李	11	7	2	4	4
吕	7	6	1	1	0
罗	6	1	0	5	0
佘	2	1	0	1	0

续表

	各姓总数	宋篇数	宋含墓	元篇数	元含墓
舒	5	5	0	0	0
宋	1	1	0	0	0
苏	2	2	0	0	1
孙	3	2	0	1	1
吴	5	3	0	2	2
王	20	16	3	4	1
汪	42	21	4	21	10
项	7	3	1	4	3
谢	5	5	0	0	0
徐	3	2	1	1	0
许	6	4	1	2	2
姚	1	1	1	0	0
余	4	2	0	2	1
詹	12	6	1	6	5
张	2	2	0	0	1
郑	2	1	1	1	0
周	2	0	0	2	2
朱	5	3	1	2	1
总计	318	185	54	133	61
			29%		46%

二、谱序所见元代徽州家谱内容中墓葬祭祀信息分析

由上可知，元代笔者收集到的徽州谱序，以程氏 22 篇最多，其次是汪氏 21 篇，其次是方、胡各 11 篇；程氏有 9 篇涉及墓葬祭祀信息，占 22 篇的 41%，汪氏有 10 篇，占 21 篇的 48%，方、胡分别有 4 篇和 5 篇，分别占 36% 和 45%。程氏的 9 篇谱序中，其中有 7 篇皆选自清程佐衡《歙县新安程氏世谱征文录》中，而此家谱中的所有宋元谱序，皆同明成化十八年程敏政所编《新安程氏统宗世谱》，因程佐衡《歙县新安程氏世谱征文录》是清代刻本，比程敏政谱清晰易辨，所以以程佐衡举例为多。相较宋代而言，以家谱内容是否记录墓葬祭祀信息为角度考察，汪氏无疑是发展最显著的徽州姓氏，笔者所收集的宋代谱序中，汪氏21篇，谱序篇数仅次于程氏，但汪氏涉及墓葬信息的篇数只有4篇，而程氏涉及的有27篇中的11篇，但就从这一角度和这一统计数据来看，宋代程氏家谱编修的理念要高于汪氏的，当然，由于笔者收集资料有限，暂且存此一说。但入元后，汪氏在家谱记录内容的编修上，比宋记录了更多的墓葬祭祀信息当是肯定的，从这一统计数据看，汪氏元代笔者收集的谱序有21篇，其中就有10篇涉及墓葬相关信息，但就数据来看，元代汪氏在家谱编修所要记录的内容上，对是否要记录墓葬祭祀信息逐渐由宋代的探索而进入元后的普遍认可状态，21篇中的10篇记录有此类信息，几乎达到了一半的状态，应该可以判断在元代汪氏修谱中，已经普遍相信要记录墓葬祭祀等家族成员死后哀荣的相关信息，把这样的信息记录入家谱中，不但可以收族敬宗，也可以对家族成员起到教化、警醒作用。

由上《宋元徽州含墓葬祭祀信息谱序统计表》中可以看出，元代徽州家谱内容中记录墓葬信息的篇数比宋代在百分比上有明显的提高，宋代查氏、陈氏、江氏、罗氏、余氏、舒氏、宋氏、苏氏、孙氏、吴氏、谢氏、余氏、张氏共13姓在宋代有谱序，但他们在谱序内容中均没有记录任何墓葬祭祀信息；元代陈氏、吕氏、罗氏、余氏、徐氏、郑氏共6姓有元代谱序，但没有记录任何墓葬信息，已经比宋代少了一大半；其余除程氏、汪氏、方氏、胡氏墓葬信息篇数多外，就数李氏和詹氏，其二氏在所占百分比上要远远高于徽州其他姓氏，因李氏元代谱序4篇，含墓葬祭祀信息4篇，占100%；詹氏元代6篇谱序中有5篇含有，占83%。李氏、詹氏家谱记录含有这么高比例的信息，可能只是特例，但汪姓在宋代21篇谱序中，只有4篇含有，只占19%，而到了元代，巧合总的谱序还有21篇，但已经有10篇含有，占48%。汪姓的比例这么高，反映在元代家谱编修中，对家谱中所要收录的内容，人们已经普遍赞同记录墓葬祭祀等方面的了。汪姓由宋到元的发展不是个例，元代中，有洪氏、江氏、金氏、苏氏、孙氏、吴氏、项氏、许氏、余氏、张氏、周氏、朱氏十二姓中所收集到的元代谱序篇数都不多，但含墓葬祭祀的内容篇数往往都占有一半的比例，这其中或许有因为笔者所收录的谱序不全的原因所造成，但这发展存在的一种情况应是可以确定的，即整个徽州，不管大姓小姓，在家谱中收录墓葬祭祀等内容在元代已经很普遍当是无可置疑。

苏洵《谱例》："古者诸侯世国卿大夫世家，死者有庙，生者有宗，以相次也。"①此语揭示出了古代家谱和祠堂各有各的系统而各自发展。其实二者中间还应有一个系统，即丧礼系统，或墓制系统。②如前所述，丧礼系统和祠堂祭祖系统多引用家谱之内容，而家谱在宋代才开始逐步引入墓制及祠堂祭祖之内容。宋代很少发生把祠堂祭祀的内容编入家谱的情况，元代时已经可以看到多处发生，以笔者收集如上元代谱序为例，徽州李姓是记录祠堂信息最多的姓氏。如吴澄《李氏宗谱序》曰："古者诸侯世国大夫世家，死者有庙，生者有宗，以相次也，自秦以来封建废而宗法寝，宗法寝而后谱学兴，谱学，宗法之余意也，尊君抑臣，而庙制限，庙制限而后祠堂建，祠堂庙制递之及也。"③此处吴澄论述了祠堂和庙制的关系；陈栎《李氏宗谱序》曰："盖尊祖而敬宗，敬宗以收族，非谱不可也；奠享有其所，昭穆有其序，非祠不可也。是故凡天下之人，于其族也，忘而勿叙者陋也，附而强荐者二本也，祖考之精神散而不知叙子孙之尊卑，紊而不知别者悖也，贼也。"④陈栎在此处论述了族谱和祠堂同样重要；李与廉《李氏宗谱序》曰："势乃出于天，吾莫如之何也，己情则由于已不能体祖宗之心，而推之可乎哉？欲体而推之，莫切于续谱，莫大于建祠；盖谱者保族之文，祠者聚族之本也；祠建而谱不续，则尊卑无由序，亲疏无由别；谱续而祠不建，则栖神无其所叙，伦无其地。此二者所以不可缺一也。"⑤此处李与廉

---

① ［宋］苏洵：《谱例》，《嘉祐集》卷13，第4册第10页，宋刻本，上海图书馆藏。同见于中华再造善本数据库。

② ［宋］汪松寿曰："周官辨兆域之图，而左氏谨窀穸之事。"汪松寿此语可见周代即有辨别墓地好坏的专职官员。见汪松寿《汪氏渊源录·旧谱叙祖墓》，浙江图书馆藏。

③ ［元］吴澄：《李氏宗谱序》，见［清］佚名《婺源严田李氏家谱》，光绪二十七年（1901）木活字本。

④ ［元］陈栎：《李氏宗谱序》，见［清］佚名《婺源严田李氏家谱》，光绪二十七年（1901）木活字本。

⑤ ［元］李与廉：《李氏宗谱序》，见［清］佚名《婺源严田李氏家谱》，光绪二十七年（1901）木活字本。

认为家谱是保族之文，而祠堂是聚族之本，所以对于一个家族来说，族谱和祠堂二者缺一不可。

第二节　元代徽州家谱的编修方法

一、指导思想：礼以义起，皆可接受

历代修家谱，都有两个难以回避的问题，首先最难的是始迁祖以前的世系，不管是某姓，在历史上都有名人。宋后，家谱"别选举、辨婚姻"的功能消失，但其尊祖敬宗的功能始终尚存。对于历史上的祖先，世系久远就难以编录，如果这样的话，一方面达不到尊祖敬宗的目的，另一方面更主要是不能光耀现在的门楣，这是历代修谱之人所不愿看到的。但是郭崇韬拜子仪之墓[①]、杜正伦凿杜氏之固[②]历来传为笑柄，殊不知有时确实有不得已的苦衷，郑玉《方氏族谱序》曰："予每怪世之奸人侠士，妄取前代名公卿，以为上世自诧、遥遥华胄，以诬其祖，以辱其身，如郭崇韬拜子仪之墓者，其亦可诛也；已至若以为谱系有限，高曾之外，即不复著，而不知先王制服以情，后世著谱，以考其源，二者义实不同，如苏明允之序其族谱者，其亦隘矣。方公之谱，举无此弊，可谓善于书法者，抑犹有说，聿修厥德。"[③]

郑玉在这里提出了家谱编修的两点难处，其一："妄取前代名公卿，以为上世自诧、遥遥华胄，以诬其祖，以辱其身，如郭崇韬拜子仪之墓者，其亦可诛也。"郑玉认为像郭崇韬这样的人罪不可赦，作为人以诬其祖，以辱

---

① 按：《晋书·郭崇韬传》记："当崇韬用事，自宰相豆卢革、韦悦等皆倾附之，崇韬父讳弘，革等即因他事，奏改弘文馆为崇文馆。以其姓郭，因以为子仪之后，崇韬遂以为然，其伐蜀也，过子仪墓，下马号恸而去，闻者颇以为笑。"豆卢革、韦悦皆唐名门之后，把唐名门的郭子仪和后唐的郭崇韬相联系实属正常，在查无实据的情况下，郭崇韬拜子仪墓也属应该，在知道二郭明确世系后而加以耻笑则属五十步笑百步。郭崇韬在实在不知先辈世系的情况下，认祖郭子仪，正常。不过他作为一代名将而公然在大庭广众之下于坟前大哭，则过。试想后代家谱上的那些历史名人，有多少是和谱中之人有确切的世系。

② 按：《新唐书·杜正伦传》："正伦与城南诸杜昭穆素远，求同谱，不许，衔之。诸杜所居号杜固，世传其地有壮气，故世衣冠。正伦既执政，建言凿杜固通水以利人。既凿，川流如血，阅十日止，自是南杜稍不振。"杜正伦与京兆杜氏，本为一系，但因支系较远，而把其排斥在外，这一点也是不对的。而把京兆杜氏从此一蹶不振的原因归结于杜正伦的凿通杜固，倒是很有意思的说法。

③ 〔元〕郑玉：《方氏族谱序》，《师山集》遗文卷一，影印《文渊阁〈四库全书〉》本。

其身的事应该绝不可做。但紧接着郑玉又指出了家谱编修的第二点难处："以为谱系有限，高曾之外，即不复著。"高曾之祖到修谱人的世系，往往都应该可以明了，不会出现差错，但如果修谱只修高曾以下的世系，而对以上的世系弃而不记，则也是不应该的，毕竟高祖也有高祖的父辈，人之有来，其必有源，修谱为了只修明确的世系，而置远祖于不顾，当不是孝义所为。

但这二者之间的矛盾如何解决，郑玉倒是提出了一套其自认为堪称完美的方法，郑玉认为："高曾之外，即不复著，而不知先王制服以情，后世著谱，以考其源，二者义实不同，如苏明允之序其族谱者，其亦隘矣。"郑玉之意为苏洵修谱只修五世，而对于五服之外的人，则为途人，这种观点是很狭隘的，因为古人制定礼仪，制定五服之亲，是因为五服之内为亲人，而后世之人编修家谱，是因为想考其源流，二者义实不同。换句话来说，为考其源流，而对高祖之上不明确知道的世系进行记载也是可以接受的！

我们在这里暂且不讨论苏洵修谱是否只修五世，但郑玉认为古人制服以情，现在人们追溯远祖、以考其源当是礼以义起，都是可以接受的。郑玉认为礼以义起，真心寻祖和那些甘心冒他人之祖的人，情况会截然不同。但是如何把握这个尺度，就要看编修族谱之人的编修书法了。郑玉认为孝很重要，能够修好一部家谱，是因为其善于书法，但关键是有孝心才能达到这一地步。与其说是善于书法，不如说是拥有德行孝心才会如此："方公之谱，举无此弊，可谓善于书法者，抑犹有说，聿修厥德。"

由上分析可知，郑玉在解决追远及如何谱本宗的问题上，认为只要编修之人有孝心，有德行，尊祖敬宗，在这样的编修背景下，即可随心而记。"礼以义起"，只要有"义"，编修的族谱都是可接受的。

修谱礼以义起，皆可接受的观点，应该是当时人们所普遍认同的思想。陈栎为徐氏写的《族谱赞》曰："世之谱族尚矣，未闻兼谱异姓之亲。今伯英为高曾世谱，而解、吴、王三氏皆有记焉，其惇九族、厚彝伦之义尤笃敬。"[①]以前未闻在谱中记录异姓的世系，但是现在看到徐氏族谱中则有，陈栎认为很好，这样可以惇九族、厚彝伦。不但异姓世系可以记录入家谱，异姓在元代也可以承继。元代吴海在《新安吴氏家谱叙》中就言以前认为只有

---

① ［元］陈栎：《族谱赞》，见《定宇集》卷十二，影印《文渊阁〈四库全书〉》本。

同姓且有亲的情况下才可以承继，未闻异姓可到某一家族承继的事情，这样也不符合礼制，"夫异姓之不可以相承，犹马之不可以继牛，桃之不可以续李也，祖宗之于子孙一血气之所传也"，但"奈之何举世安之而不为非也"？但是异姓承继为何全天下的人都不认为有错？原来是因为出于孝义，"吾于是有取焉者，盖取得夫子存羊之意，亦孝弟之不容已也"！^① 这里和前文所论述郑玉的情况一样，追远肯定会遇到不实的世系，只要有孝义，都行，因为礼以义起，这里全社会的人都认为异姓承继是可以的，虽然古人礼制认为是错误的，但是这样是符合人心的，所以礼以义起。

笔者注意到，元代吴海除了写有新安谱序外，还记录有其他地方的谱序，其中一篇记录了元代和尚也修谱，并得到了吴海的认可，并从礼法上对其给予确认："若正念既已出家，毁形以从异教，而犹惓惓然念其亲，因林琦来请，益见天理之不可泯，孝悌之在人心者，无时而已也，况其宗族兄弟在家者乎？"^② 魏正念作为和尚，剃度出家，毁形以从异教，虽然其当和尚得不到作为理学家吴海的认可，但其以异教徒的身份，仍然惓惓然念其亲，可见天理之不可泯，孝弟之在人心，礼以义起，所以吴海认为是值得表扬的。

可见，元代在礼制荒疏的情况下，世人多有修谱，而所修之谱是否都符合古代礼制，皆可以不论，因为这些都可以用"礼以义起"来为其取得现在礼法制度上的解释，所以当时元代编修族谱的总的指导思想是可以确定的，即"礼以义起，皆可接受"。

二、元人对苏洵谱法的误解

（一）元代徽州苏洵谱法影响深

欧苏谱法是两种家谱的编修方法，欧法好还是苏法好，见仁见智。通常情况来说，编修的世系若是多的话，用欧法方便些；若是世系少的话，用苏法则更容易展现。明清时期，由于王朝的大统一思想，除欧苏谱法外的家谱编修方法，很少被用到，而家谱编修往往倾向于一种家谱编修方法，要么倾向欧法，要么倾向苏法。同时明清时期往往家谱编修的世系较多，苏法就显

①［元］吴海：《闻过斋集·新安吴氏家谱叙》卷二，影印《文渊阁〈四库全书〉》本。
②［元］吴海：《闻过斋集·魏氏支派图叙》，卷二，影印《文渊阁〈四库全书〉》本。

得不方便，故明清时期还是用欧法的较多，这一点，前文已经偶有提及。

欧法和苏法对元代徽州的影响，我们可以从现存四库 25 篇元代谱序中，作一对比。含"苏洵"谱信息有：郑玉《方氏族谱序》、舒頔《戴氏族谱序》、李祁《俞氏族谱序》、李祁《汪氏族谱序》、陈栎《族谱赞》、朱升《重修本宗族谱序》、舒頔《章氏族谱序》、陈栎《陈氏谱略》；含"欧阳修"谱信息有：陈栎《陈氏谱略》、陈栎《族谱赞》、程龙《书婺源龙陂程氏谱》。

由此可知，含"苏洵"谱信息的有八部家谱，而含"欧阳修"谱信息的有三部家谱。直观上比较，元代徽州受欧苏的影响，二者选其一，还是苏洵影响徽州更深一些。但有一点需要说明的是，苏洵影响深，但并不一定代表某一家族修谱即按照苏洵谱法而修，有些只是在谱序中对苏洵修谱狭隘的地方提出批评，以显示自家修谱远超苏洵五服之限，如上文提到郑玉的《方氏族谱序》，"如苏明允之序其族谱者，其亦隘矣"。郑玉在这里面批评了苏洵谱法的缺陷，但具体方氏修谱或郑氏修谱有没有用苏法，不得而知，但其两家编修族谱时受苏洵影响当无可非议。同样，谱中提到欧阳修的，也并不一定用欧法。

需要说明的是，元代的几部现存家谱，詹晟的《新安庆源詹氏族谱》、汪焰的《新安旌城汪氏家录》、汪松寿的《汪氏渊源录》及汪垚的《新安汪氏庆源宗谱》，所用谱法，皆既有欧法成分，又含苏法内容，并没有严格按照某种谱法而进行编修。严格来说，他们用的是不同于欧苏谱法的另外的家谱编修方法，即倾向于正史中断代史的断代世系法，此法操作灵活，可展现某些断代的详细世系，用得较多。汪垚《新安汪氏庆源宗谱》一谱用的全是断代世系，共用了二十多处；汪焰《新安旌城汪氏家录》也是如此，其分派为图，一派一个世系图。从这些也可看出，元代确实是礼制宽松，家谱编修同样如此，人们可以任意编谱，而可以不按现成的法式。

（二）元人对苏洵谱法的误解

苏洵比欧阳修对徽州影响得深入，不过徽州人有些赞成苏洵观点，有些则强烈反对。

1.苏洵"其初一人之身分说"到元代的发展

苏洵是宋代礼法大家，其曰："情见于亲，亲见于服，服始于衰，而至于缌麻，而至于无服。无服则亲尽，亲尽则情尽，情尽则喜不庆、忧不吊，喜不庆、忧不吊则途人也。吾之所与相视如途人者，其初兄弟也，兄弟其初一人之身也，悲夫，一人之身分而至于途人，此吾谱之所以作也。"① 其根据"四世而缌，服之穷也，五世祖免，杀同姓也，六世亲属竭矣"② 认为"无服则亲尽，亲尽则情尽"当理所应当，但"亲尽则情尽"并不一定而成途人，"喜不庆、忧不吊"的族人才会成途人。苏洵"其初一人之身分"说来源于"万物本乎天，人本乎祖"③，苏洵修谱就是为了让"其初一人之身分"而可能成为途人的情况不会发生，以达到敬宗收族的目的。

元代人解释族谱，也多引用一身、一脉、一祖或一本的观念。如至元二年的毕复初认为，子孙千万皆一人之身分，而人本乎祖，祖若在，则族愈盛而不疏，世虽远而不忘也："一身而继之千万，一族而继之千万；世继之者日盛，则疏传之者日远，远则易亡，此亦世之使然也。记曰：'万物本乎天，人本乎祖。'本之犹在，则族愈盛而不疏，世虽远而不忘也。"④ 至正甲午的毕祥认为人皆一脉而分，所以生也同，死也同，所以对于族内之贫贱者要拯救，富贵者要注意安全："天地间可传于无穷者，善名之外其惟身之一脉乎！一脉之分其始固无不同，而其终亦不能无异。善谱其族者，原其同而合其异，世是则存之，非则去之，贫贱者吾无外焉，一脉之所以分也，不思有以拯之乎？富贵者吾无内焉，一脉之所以分也，不思以安之乎？休戚相关，恩义无间，合千万人为一人之身矣。"⑤ 汪松寿认为"虽族散万途而宗归一本"。程文曰："凡为程氏子孙，世次将会为大谱，俾谱无不系之族，族无不传之谱，彦明之用心厚矣，庶几明夫一本之义者。国家承平已久，文教大张，民德日趋于厚，有好事者必来取法，则谱书之行当自彦明始，不独为吾

① ［宋］苏洵：《苏氏族谱（引）》，《嘉祐集》卷13，第4册第1页，宋刻本，上海图书馆藏。同见于中华再造善本数据库。

② ［汉］郑氏注，［唐］陆德明音义，孔颖达疏《礼记注疏》卷三十四，影印《文渊阁〈四库全书〉》本。

③ ［汉］郑氏注，［唐］陆德明音义，孔颖达疏《礼记注疏》卷二十六，影印《文渊阁〈四库全书〉》本。

④ ［元］毕复初：《长陔毕氏重修家谱序》，见［明］毕济川《新安毕氏族谱》，民国间墨栏钞本，安徽师范大学徽州文化研究中心谱牒库藏。

⑤ ［元］毕祥：《上北街毕氏家谱旧序》，见［明］毕济川《新安毕氏族谱》，民国间墨栏钞本，安徽师范大学徽州文化研究中心谱牒库藏。

宗喜，又将为天下贤士大夫望也。"① 程文之内容，其是想模仿欧阳修赞苏洵的方法来赞美族人程彦明之修谱，其认为程彦明修谱，有古人一本之义，且能够像苏洵家谱那样为后世所垂范。

以上皆是以"一身而分众子孙"的观点来解释家谱对于收族敬宗的重要，并暗含对苏洵修谱的称颂。

2. 元人对苏洵谱法的误解

《洪氏谱序》认为苏洵的观点是"亲尽为途人"："昔苏明允序其族谱，叹曰：'一人之身分而至于涂人。'余则曰：'天下之理，一本而万殊，族之有谱，所以合异而为同也。仁者以天地万物为一体，民吾同胞物吾与也，而况于其族乎？人有秉彝之良心，遇墟墓则生哀，遇宗庙则生敬，而况于其祖乎？后之贤者，观余之谱而悟其理焉，则万指犹一身千载犹一日也。'"② 此段文字作者只标示了写作时间为元延祐五年（1318）戊午，但并不知作者为谁，通过内容我们可知，其认为苏洵的观点是亲尽为途人，而作者之所以修谱，是因为人子孙是一本而万殊，族谱是合万殊于一本，仁者以天地万物为一体，何况我们出于一体的族人呢！表明自己做的和苏洵所做的截然不同。

郑玉至治四年（1324）的《谱序》认为"苏洵修谱只修五世"："至若以谱系有限，高曾之外即不复著，而不知先王制服以情，后世著谱以考其源。二者实义不同，如苏明允之序其族谱者其亦隘矣。"③ 郑玉认为苏洵修谱只修高祖以下的五世，并认为其这样很是狭隘。

胡南华至顺癸酉年（1333）的《谱序》认为"苏洵情尽则途人"的观点大错："古之人厚矣。遇饮食必祭先啬，望原隰（湿田）则思禹功，况其先乎？前（苏洵）《修谱引》云：'服尽则亲尽，亲尽则情尽，情尽则途人而已。'吾病其言之隘也。人生天地间，一嘘一吸，一毫一发，皆厥初生民、翁姥之所传也，假令无服之亲可视若途人，则无服之祖亦可视为途人乎？途

---

① ［元］程文：《程氏世系考纪》，［清］佚名：《婺源尤溪程氏支谱》，咸丰四年（1854）木活字本，安徽师范大学徽州文化研究中心谱牒库藏。

② ［元］佚名：《洪氏谱序》，［民国］佚名：《婺源敦煌郡隐溪洪氏宗谱》，民国刻本，安徽师范大学徽州文化研究中心谱牒库藏。

③ ［元］郑玉：方氏族谱序［清］方善祖：《歙县淳安方氏柳山真应庙会宗统谱》，清刻本，安徽师范大学徽州文化研究中心谱牒库藏。

人相诟不足计也。若使诟吾之先者，鲜不赤耳而怒之，若是，岂可谓无别乎？"① 胡南华认为苏洵情尽则途人的观点大错，每个人都是祖先所生，如果无服之亲可视为途人，那无服之祖不更是途人了吗？

以上《洪氏谱序》及郑玉和胡南华的观点笔者不敢认同。胡南华认为苏洵是"服尽则亲尽，亲尽则情尽，情尽则途人"，胡南华在这里是对苏洵原文断章取义而得出的结论，苏洵是否有"情尽则途人"的观点值得商榷。苏洵原文是"无服则亲尽，亲尽则情尽，情尽则喜不庆、忧不吊，喜不庆忧不吊则途人也"，苏洵意思应为族人在无服情尽后，对于其他族人家的喜事不去庆贺，对于其他族人家的丧事不去凭吊，这样的话才会像途人而成为途人；若喜去庆、忧去吊，还会是途人吗？

笔者赞同苏洵有"亲尽则情尽"的观点，但不赞同苏洵会有"情尽则途人"的观点。苏洵在《苏氏族谱（引）》后文中明言："悲夫，一人之身分而至于途人，此吾谱之所以作也。"苏洵就是因为怕族人喜不去庆、忧不去吊而像途人，所以才修了族谱，目的就是睦族而鼓励族人间遇到喜事或丧事时要互相慰问，但《洪氏谱序》和胡南华都断章取义，曲解了苏洵修谱的谱法文意。郑玉认为苏洵修谱只修五世也是对苏洵谱法的误解，笔者已在前文的第一章第四节中详细论述了苏洵谱法，认为苏洵修谱是想修无穷世的，不可能只修五世。②

三、元谱编修方法

（一）修谱的积累、对比、模仿

徽州地区的修谱，明显表现出了积累、对比与模仿的特点。以保存至今的元代汪氏家谱为例，首先修谱的是汪炤，修成《新安旌城汪氏家录》，其谱中明言是得到了其家传旧谱，即一代到第五十二代的世系，然后综合考量，五十二代之后应该缺了两代世系，然后从第五十五代有明确的世系记录，进而编成。而汪松寿的《汪氏渊源录》则是在对比甚至批判《新安旌城

---

① ［元］胡南华：《婺源龙山程氏谱序》，见［清］程佐衡《歙县新安程氏世谱征文录》，光绪十九年刻本，同见［明］程敏政《程氏统宗世谱》，明成化十八年（1482）刻本，安徽师范大学徽州文化研究中心谱牒库藏。

② 详细观点可参见笔者拙作《苏洵谱法探析》，《安徽史学》2016 年第 6 期。

汪氏家录》的基础上，以驳倒《新安旌城汪氏家录》为目标，进行编订，众多的分支谱系，却独不载汪焻的旌城谱系，可见渊源之深，实在难以解开，但坦诚来说，汪松寿《汪氏渊源录》虽记恨颇多，但其结构完成，考辨翔实，史谱互现，实在是难得一见的元代家谱。但笔者经过认真比对，发现汪焻所言五十二代后，缺两代世系是有根据的，而汪松寿则凭借其咄咄气势，让后世续谱，很少采用汪焻之世系，令人遗憾。汪焻、汪松寿此两谱，皆是汪华弟汪铁佛后裔，对于汪华后裔的汪垚来说，前面已经有了两部堪称上乘的家谱，于是也在家传旧谱的基础上，借鉴两谱特别是汪松寿之谱，进行了模仿，而修成《新安汪氏庆源宗谱》，此谱模仿前两谱的最明显表现即其世系图全是分支世系，从得姓始祖开始，共有二十多个分支世系，三谱中，前两谱世系编排很类似，先是叙述一至五十二代世系，然后即记录各到汪文昉的世系，接着即记录文昉后各分支世系，汪焻分十九派，而汪松寿分五派，而参学此两谱的汪垚《新安汪氏庆源宗谱》则从第一世开始即记录各分支世系，表现了不同于前两谱的编法。

（二）随派而篇，中间杂糅欧苏

元代疆域广阔，元人视野开阔，元代之人在家谱编修上，也展现了如此之风，在宋代时，祝穆就在《古今事文类聚》中引用如下之语："文忠公，苏明允各为世谱，文忠依汉年表，明允以礼大宗小宗为次，虽例不同，然足以考其世次。余窃怪文忠所谓不知姓之所自而昧昭穆之叙，则禽兽不若也。其讥诮世之人可谓至矣。然欧阳氏得姓凡几年，其间文学之士盖亦多矣，文忠始为之谱，斯言恐未为得也。"[1]祝穆之父为朱熹表弟，笔者引用此一语是想说明在宋末，欧苏即对徽州产生很大的影响。而元代的士大夫在编修族谱时，肯定考虑到了欧苏，如上文谱序统计也可见，但有影响并不一定用其谱法，笔者认为徽州家谱编修，最主要的方法是随派而篇，中间杂糅欧苏。

1.《新安旌城汪氏家录》随派而图，随派而篇

"随派而图"是笔者根据其五十五代汪志高世系小传后的自注而派生的词："从宗枝顺次，该述其见有子孙者表为某房为一篇，其虽绝而有可书者，亦特曰某房为一篇，其已绝而无可书者，但直书；其直下子孙若干、名某、

---

① ［宋］祝穆：《古今事文类聚·为世谱》后集卷一，影印《文渊阁〈四库全书〉》本。

字某、娶某而止，或无可考止书其名，或行第而止，自五十五世祖迁旌城，而下止泰定甲子岁，先总提其纲，次各列为图，次随派而篇。"

分七卷，体例有总序、提纲、世系图、传记、类题（相当于后世题名录）、拾遗。总序叙述了从一世汪后至五十五代汪志高的世系小传；提纲为五十五代汪志高到六十七代汪坚的世系小传，以叙述相关墓葬信息为主；卷二《十九派世系图》从六十七代汪坚起：1 五房长之一；2 五房长之二并分派；3 五房长之三并分派；4 五房二之一并分派；5 五房二之二并分派；6 五房三之一；7 五房三之二并分派；8 五房之四；9 五房五之一；10 五房五之二；11 七房之二；12 七房之三；13 七房之四；14 七房之五；15 次三房之长；16 次三房之三；17 三上房长；18 上三房三；19 上三房三之二，共十九派。[①]

此十九派世系图，主要以六十六代汪文昉所生的五子为五房为主，兼及七房，不限世系代数，世系小传记录有子孙若干、名某、字某、娶某等。这里可以看成世系图的随派为图，而卷三、四、五共三卷内容，皆是"随派而篇"记录各派的人物传记。

六十六代汪文昉：生五子，十七公曰坚（仁），永叔，……小二十一公曰潜（义），时叔，……二十四公曰良（礼），纯叔，……二十八公员（智），彦方，……四十公曰特（信），彦立。

2.《汪氏渊源录》编修方法：仿《新安旌城汪氏家录》

笔者曾细查两谱，发现汪松寿假想了有竹溪翁新谱，但其所举竹溪翁谱有十误，其只列出五误，但笔者一一对应汪焌之谱，发现汪焌之谱一项也不符合，所以笔者认为汪松寿假想有竹溪翁新谱的十误，是为自己修谱提供了一个冠冕堂皇的理由修谱。汪松寿在谱中并没有列出同为休宁的汪焌的世系，应该是故意而为之，但其修谱模仿汪焌之处很多，以下就是证明：

首先，汪松寿仿汪焌的五十二代旧谱，其行文风格都很像，前文已经列出，这里不再赘述。

其次，汪焌修谱世系及传记皆以六十六代汪文昉所生五子为五房为基

---

① ［元］汪垚：《新安汪氏庆源宗谱·十九派世系图》卷二，元刻本，安徽省博物馆藏。同见于汪庆元《徽学研究要籍叙录》，《徽学》，安徽大学出版社，2002 年版。

础，兼及七房。此五房为："十七公曰坚，永叔……小二十一公曰潜，时叔……二十四公曰良，纯叔……二十八公员，彦方……四十公曰特，彦立。"[①]而汪松寿《续谱代表》也是以此五房为基础，但其把他们命名为：礼字号良；仁字号坚；义字号潜；智字号员；信字号特（其实也是按照兄弟排序为仁义礼智信，但引汪松寿为汪良后裔，故礼字号排在最前）[②]。然后一号一个系统图（五号只有五个世系图），不像汪炤那样，把五房分成十九派而作了十九个世系图。汪松寿另一不同是其在编完此五个系统图后，又编入了当时汪氏的一些其他分支谱系，从而使此谱有统谱的味道。汪松寿另一个不同是把苏洵"详尊吾自出"在世系图上没模仿，但其专门开创了一体例，即"详亲录"，而专门成篇，记录自己的可记情况，这样比在世系图上更细更详。

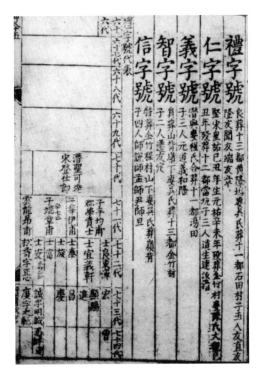

（此图见［元］汪松寿：《汪氏渊源录》卷四，元刻本，浙江图书馆藏）

《汪氏源流录》影印页

① ［元］汪垚：《新安汪氏庆源宗谱·提纲第一》卷一，元刻本，安徽省博物馆藏。
② ［元］汪松寿：《汪氏渊源录·续谱代表》卷四，浙江图书馆藏。

3. 汪垚《新安汪氏庆源宗谱》和以上两谱皆不同，其从轩辕黄帝即开始分派作世系图，一直作到汪垚当世，共作了二十多个小世系图。如下两图：

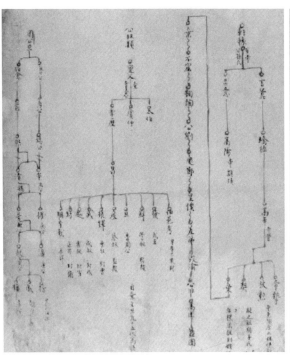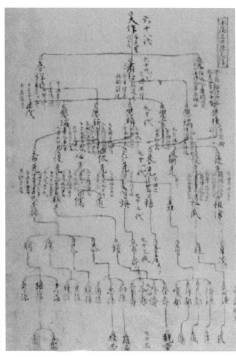

（此两图见［元］汪垚《新安汪氏庆源宗谱》，不分卷，中国国家图书馆）

《新安汪氏庆源宗谱》影印页

小结：汪炤、汪松寿先叙一至五十二代的世系，然后再叙各分支谱系，有欧阳修谱法的影子，而包括汪垚的三谱，谱系中均对重点人物作了世系小传，特别是汪垚谱中，如《新安汪氏庆源宗谱》，很明显模仿了苏洵之谱法，但综合起来，此三谱，既不是欧体，也不是苏体，而应该叫"随派为篇，中间杂糅欧苏"。当然元代的这种"随派而篇"编辑家谱的方法，应该和当时礼制松弛有关系，人们可以不受礼法之限，只要达到尊祖敬宗的目的，可以任意修谱，随派而篇。这样的编修方法不拘一格，更容易展现世系的记录之内容。但明确后，礼制逐步规范化，家谱编修也逐步走上尽皆欧苏的体例范式上，而把这种随派而篇的好方法逐渐舍去，令人遗憾。

（三）元代徽州家谱体例

宋代由徘徊期的家谱，而逐步发展到元代的定型家谱，随着内容由原来全记录生前荣耀而逐步扩展到既记录生前荣耀又记录死后哀荣的内容，所以体例也跟着增多了。从朱升的三篇谱序我们可以看出元代体例的大致情况：《石门陈氏族谱序》曰："自其高祖以下，则名字、第号、仕隐、年寿、配姓、卒葬，往往得而书，盖幸乎其逮事与夫传闻所未泯者也。"[①] 可知谱中要求记录：名字、第号、仕隐、年寿、配姓、卒葬等；《重修本宗族谱序》曰："今余族谱列族之人，生岁、葬年、出娶、子女、身世穷达，凡见而知者、闻者、传闻者，靡弗载谱。为朱氏作也，仿乎理，一之仁也。"[②] 可知谱中要求记录：生岁、葬年、出娶、子女、身世穷达，凡见而知者、闻者、传闻者，靡弗载谱；《詹田孙氏家录序》曰："古者王朝有史官，诸侯亦各有国史。下而至于都，若家有土地、人民、甲兵、钱谷之数，宫室、宗庙、官司、祭祀、往来之事，则亦必有纪录焉。又下至于事物之书，若山经、地志，职官，氏族之类，皆史流也。"[③] 可知谱中要求记录：墟墓之纪，言行之传，感慕之情，忠厚之道，无不具见。归结起来即要像古代史官记录的那些一样："古者王朝有史官，诸侯亦各有国史，下而至于都，若家有土地、人民、甲兵、钱谷之数，宫室、宗庙、官司、祭祀、往来之事。"

这样我们可以大致总结出元代的家谱编修体例有：名字、第号、仕隐、年寿、配姓、卒葬、生岁、葬年、出娶、子女、身世穷达，凡见而知者、闻者、传闻者、土地、人民、甲兵、钱谷之数，宫室、宗庙、官司、祭祀、往来之事，再加上如前文列出的祭祀词、祭祀诗、祠规、墓图、墓讼、墓记，还有谱注、谱赞、拾遗（即艺文）、恩荣录、详亲录、风云集（艺文）、辞源集（艺文）等，可见在元代，徽州家谱已经基本接近宗族史的百科全书了。

四、元代家谱编修对明清修谱的影响

如上文所论述，元代徽州家谱在家谱内容的记录上，已经达到了家谱成

---

① ［元］朱升：《石门陈氏族谱序》，《朱枫林集》卷之三，四库别集本。

② ［元］朱升：《重修本宗族谱序》，《朱枫林集》卷之四，四库别集本。

③ ［元］朱升：《詹田孙氏家录序》，《朱枫林集》卷之四，四库别集本。

熟定型的标志，此时的家谱内容，总体上来说，已经可以分成两大块，即一块记录家族成员生前荣耀的信息，另一块记录家族成员死后哀荣的信息。明清家谱编修的发展只是在这两大块内容上的继续丰富。

元代家谱在编修内容上，对后世的直接影响，以汪松寿的《汪氏渊源录》为例：

明洪武十五年，婺源汪叡依大畈汪氏旧谱，参考渊源录，编成新谱；不久汪斌、汪回在汪叡基础上，又进行续编；正德三年，汪叡玄孙汪奎再次重修成统宗谱；隆庆四年，浯溪汪湘参考其有纂成《汪氏统宗谱》172卷；次年汪云程又参其纂成《汪氏统宗正脉》28卷；乾隆九年，汪来青在汪云程谱的基础上，续修正脉28卷；乾隆五十二年汪玑修成《汪氏通宗世谱》140卷。[1] 所有的这些家谱，都是参考了元代汪松寿《汪氏渊源录》中的大量内容而编修的，或者说很多内容受《汪氏渊源录》的影响而编成的。

《汪氏渊源录》的不足也很明显：

1. 故意扬铁佛抑汪华。作为汪铁佛公后裔，汪松寿修谱，以铁佛公为主，扬铁佛而抑汪华，无可厚非。但他在谱中没录汪华《越国公上谱表》和《垂裕录》，可能是故意为之。不过即使这样，他还是在不经意之间表现了汪华后裔的繁昌，如其十五个诸支代表中，只有（第十）彭护源本支代表和（第十一）休宁桯村支代表为铁佛公后裔，而其余支皆为汪华后裔。

2. 可填充式家谱局限大。认真比较后我们可发现，可填充式家谱体例有它的优点（以后修谱在谱中填空即可），但它却是相比较更为封闭的系统，后人往往只能在"仁、义、礼、智、信"（五个字号，对应六十四代汪文昉的五个儿子，汪松寿属"礼字号分支"）分支代表后面接着续谱，其余都显简单而没法续上（续上不如重修）。这样看来把此谱改名为《汪松寿本支渊源录》更合适些。

3.《支始图》记录分支太少。《支始图》叙曰"……而分支之始，举不外于是编矣"，即分支之开始之图，举不外乎是下面编录的这些分支（笔者按：三十八个分支）；《支始图》末又叙曰："右《支始图》，虽概略不详，然

① 转引自冯剑辉《徽州家谱宗族史叙事冲突研究》，第133页，合肥工业大学出版社，2014年版。

而大本真源，举不外是。"这样我们可明显看出《支始图》的观点太过绝对，汪氏分支数要远远超过这些。就这三十八个分支中，仅世系在五十二代之前的分支就有十七支，何况五十二代之后的分支会更多。这种情况说明，汪松寿在分支世系上，可能并没有下多大工夫收集，甚至可能都是在别支送谱上门的情况下他才将其入谱的，如高沙分支"（汪）清以其牒来谒书，故登其梗概"[1]。

汪松寿修谱的不足，对明清有没有影响？笔者可以确定，影响很小。

明清汪氏修谱，以扬汪华占绝大多数。罗愿称"今黟歙之人，十姓九汪，皆华后也"，[2]当在明清的家谱编修中，得到最大的验证。上文提到的汪湘《汪氏统宗谱》、汪云程《汪氏统宗正脉》、汪玑《汪氏通宗世谱》皆以记录汪华后裔为绝大多数。

对于汪松寿可填充式的结构设计，汪氏后裔目前还没见过使用。

对于汪松寿支始图的以少代全，汪氏后裔则更没有遵循。据笔者初步统计清乾隆五十二年刻《汪氏通宗世谱》，其具体分支至少在七百支以上（元代虽离清代很远，但分支不可能这么少）。而汪松寿明言支始图，却只记录了三十八支，这样是名不副实的。甚至汪松寿连同处一邑的旌城支都没有记，而此旌城支在汪松寿修谱的两年前已修成《新安旌城汪氏家录》，而汪松寿竟然没此支始图，不能不令人遗憾！

可见汪松寿《汪氏渊源录》对明清的影响，好的被全部继续，不足的多被扬弃，或在明清时期的修谱中都得到了弥补，前文的多部汪氏之谱足以证明，徽州后裔修谱多扬长避短，所以徽州谱牒才成洋洋大观之势。

相较于汪松寿《汪氏渊源录》对于徽州汪氏，宋代程祁所修之谱对整个徽州程氏的影响可以说是有过之而无不及，可以说明清时的任何一部程氏家谱，都或多或少地受到了程祁所编之谱的影响，虽然其家谱目前无存，但我们可从明清程氏后裔在家谱中对其的追述上，充分看出这一点。[3]程祁家谱在宋代即可作为定型家谱的代表，其内容有氏族谱系、本宗谱系；有谱序、

---

① ［元］汪松寿：《汪氏渊源录·高沙分支代表》，卷四，浙江图书馆藏。

② ［宋］罗愿：《新安志》卷一，影印《文渊阁〈四库全书〉》本。

③ 相关参见冯剑辉《徽州家谱宗族史叙事冲突研究》，第18—85页，合肥工业大学出版社，2014年版。

世系图、小传，还有相关墓葬介绍，甚至还有墓图（见前文论述），可以说整个徽州程氏的家谱编修由于被程祁谱起点抬得太高，故程氏在整体水平上在宋元明三代要比其他姓氏稍高些，甚至比一般姓氏要高得多。宋代徽州汪氏在家谱编修上，水平应该远低于程氏，但入元后，显示了明显的长足的进步，《新安旌城汪氏家录》和《汪氏渊源录》完全可以和程氏任何一部家谱达到比肩的水平，也完全可以作为定型家谱的代表，而汪氏家谱编修的发展进步，正是家谱编修在整体上引墓入谱或引祭入谱的大时代的背景下，整体水平发展进步并在元代终于定型的表现。

对于宋元家谱编修内容对明清的影响，以明代汪道昆所编家谱为例即可见一斑，汪道昆所修家谱的内容具体包括：李维桢《汪氏十六族谱序》《本宗谱序》《本宗小序》《周本纪略》《鲁世家略》《越国世家》《龙骧以下世家》《本支世表》《世系小传》、《列传》《丘墓志》《典籍志》。其中《丘墓志》第九（卷）中，介绍了从一世汪侯到宋代承吉公数十代人的墓葬情况，涉及墓地、墓碑、墓志、墓向、墓面积、墓地经营等多项内容；《典籍志》第十中内容有多篇族人死后封诰，多篇人物传记，还有：汪玄锡《云岚山王墓记》、鲍象贤《唐模宗汪忠烈祠记》、邵宝《西沙溪汪氏先祠记》、杨嘉庆《重垣宁邑城隍庙后灵宫记》、汪道昆《余庆堂寝室记》、汪道昆《歙沙溪张庭社记》、汪道昆《建墓祠约》、汪道昆《世墓户从约》、汪道昆《建家祠约》、汪道昆《家祠祀约》、汪若海《宋司农少卿行状》、汪若容《直秘阁若海公行状》、金仆《文林郎抚干公行状》、许文蔚《朝散大夫常州转外郎行状》、许国《故处士汪思云行状》、汪道昆《先府君状》、汪道昆《先淑人状》、汪道昆《仲淹状》、汪玄锡《汪喜公行状》、汪道昆《尚喜公行状》、汪道昆《罗山府君行状》、汪道昆《从淑母吴孺人行状》、汪道昆《先考行状》、汪道晖《先考妣行状》、王应昌《石峰汪公状》、胡道芳《尧化公行状》、陶承学《灵山院汪公宗祠碑铭》、汪知言《通判夫人金氏墓志铭》、程敏政《处安公墓志铭》、程敏政《本亨公墓志铭》、程敏政《处士庆生公墓志铭》、程敏政《汪札公墓志铭》、张衮《处士宗器汪公墓志铭》、李攀龙《明汪次君暨吴淑人合葬墓志铭》、吴应明《明孝友先生汪历山公墓志铭》、汪道昆《都司经历汪季公墓志铭》、汪道昆《云南提举汪次公墓志铭》、汪本《处士绍吉公墓志铭》、汪贵《处士彦济公暨孺人合葬墓志铭》、王世贞《罗山汪次公暨继配杜孺人合葬墓志铭》、王世贞《封通议大夫兵部右侍郎汪公神道碑》、吴宽《彦德处士墓表》、程敏政《耕教公墓表》、黄训《元传公墓表》、鲍楠《成都府判汪显公墓表》、汪舜民《处士绍吉公墓表》、汪道昆《文和公祭文》《清明祭越国王墓文》《清明祭灵山思立公墓文》、王世贞《胡淑人祭文》、汪道昆《孙氏烈妇祭文》、汪道昆《十一府君祭文》、汪道昆《吴氏淑母祭文》、汪汝鹏《十六族祭司马公文》、汪道会《见令公祭文》、汪道会《稠墅烈妇祭文》等内容。①

由上分析，宋代非中国家谱的定型期，元代也非中国家谱的转型期，按笔者的论述，宋代应该处于家谱定型期之前的探索徘徊期。因整个有宋一代，明确见有引墓入谱（包括引祭入谱）的比例不多，北宋时期欧阳修第一部家谱中就有墓葬记载，但第二部并未记载，南宋时倒有几篇谱序表明其所述之谱，应该进行了引墓入谱的尝试，但这些可能是少数的，不成规模的，不具有普遍规律的出现，当表现了此时宋人在引墓入谱等方面的徘徊状态；入元后，以徽州为例，表现了非常强势的引墓入谱倾向，以前都是引谱入墓，或引谱入志，或引谱入碑，而从没有出现反向流动诸如引墓入谱的，而宋代的尝试，开启了家谱记录内容的新方向，虽然这种尝试是初步的且少数的。于是族谱编修中，开始大量记录关于墓葬方面（丧礼）及祭祀方面（祭礼）的内容，标志着家谱记录内容两大块的格局已经基本形成（如前文笔者所述）。到元代时，特别是徽州地区已经开始甚至较大规模的引祠入谱，此时可见，明清时完整家谱的主要内容，元代时已经基本具备了，后面只是陆续加入余庆录、五服图、领谱字号等小体例的内容。可以说，元代以徽州为代表的中国家谱已经成熟定型，明清后的家谱，即是在元代编修两大块内容的基础上，继续丰富内容而已。

第三节　入选四库的元代陈栎家谱个案研究

陈栎在四库全书中，留有五篇给外姓人写的谱序，其中只有两篇提到了

---

① ［明］汪道昆：《歙县汪氏十六族近属家谱》十卷，明万历二十年（1592）刻本，安徽师范大学徽州文化研究中心谱牒库藏。

墓葬祭祀信息；四库中有其自己编修的《陈氏谱略》①，却多次出现墓葬信息，且篇幅较多。陈氏家族在当地属于小家族，陈栎一生师儒，皆在业馆中度过，家族墓葬祭祀系统不是很发达，但仍充分表现了和以往家谱不一样的特性，着实可贵。

　　陈栎（1252—1334），徽州休宁陈邨（村）人，号东阜老人，学者称其为定宇先生，《元史》有传。其一生著作颇丰，按其《年谱》，大德三年编有《论语口义》，大德七年编有《书解折衷》，大德八年编有《中庸口义》，至大三年编有《礼记》，皇庆元年编有《礼记集义详解》，延祐三年编有《书经蔡传纂疏》，延祐四年编有《四书发明》等。②"临川吴澄尝称栎有功于朱氏为多，凡江东人来受学于澄者尽遣而归栎。"③可知陈栎为元中期徽州著名的理学家及教育家，当没有异议。

　　《定宇集》卷十五中，收录了其《陈氏谱略》，这是在文集中收录自己家谱较典型的案例之一，另外还有苏洵家谱之于《嘉祐集》，欧阳修家谱之于《欧阳文忠公集》。对于陈栎《陈氏谱略》，徐彬先生已经对其谱学思想有了深入的探讨，在家谱书法方面徐先生认为"陈栎在《陈氏谱略》中对历史上陈姓名人的态度和对始迁祖陈禧的介绍，以及对本房世略的记述，表达了他避'诬'求实的直笔书法态度，也体现了他对谱学作为特殊地方文献的理解，很好地解决了真实性与家族影响两者之间的关系"；在家谱体例方面徐先生认为其参考了苏洵修谱时所用的体例，取材方面陈栎务必做到了真实，家谱功能方面认为其首要功能体现在教育方面；除此而外，徐先生还敏锐地捕捉到了陈栎谱序的独特作用，认为其谱序④"将自己家族的历史与写序家族进行联系。这与同时代的其他学者所作的谱序相比较是不多见的。……谱序的作用对于陈栎而言，除了增加权威性与合法性之外，还要加上增加家族的影响力"。⑤笔者服膺徐先生诸观点，以下通过家族史的视角对其《陈氏谱略》

---

① ［元］陈栎：《陈氏谱略》不分卷，《定宇集》卷十五，影印《文渊阁〈四库全书〉》本。

② ［元］陈栎：《定宇集·年表》，影印《文渊阁〈四库全书〉》本。

③ ［明］宋濂：《元史》卷一百八十九，《儒学一·陈栎传》，影印《文渊阁〈四库全书〉》本。

④ 元代陈栎的《定宇集》中有其为其他家族写的多篇谱序，如：《汪溪金氏族谱序》《跋五城黄氏族谱》和《徐氏族谱跋》等。

⑤ 徐彬：《徽州谱学理论与方法研究》，2007 年博士毕业论文。

作另外一番探讨：

一、陈栎的本宗谱系

由"自始祖府君十有八世而至栎"一语可排陈栎本宗世系如下：1 陈禧（崶山府君）→……→12 陈天宠（陈栎高祖之祖）→13 陈嘉谟（高祖之父）→14 陈有章→15 陈伯全→16 陈庆大→17 陈履长→18 陈栎→19 陈照（长子）、陈勋（次子）、一女。

二、由《通守陈公传》^① 所见陈庆勉入选陈栎族谱之原因

由陈栎《定宇集》中《通守陈公传》可知陈庆勉具体世系：13 曾祖陈嘉闻—14 祖陈仁杰—15 父陈克绍（叔陈唯，绍兴壬子冠乡举，乙卯再贡，丙辰擢第，调德安府应城尉而卒）—16 陈庆勉（弟陈贡元，讳应午，字志可，以诗经领甲午乡举）。由此谱系可知，陈庆勉为陈栎祖辈，应该同为陈氏第12 世陈天宠之后裔，即陈庆勉与陈栎已经出五服之亲。

《陈氏谱略》由七部分组成，分别是：《陈氏本始》《前代陈姓人》《始祖崶山府君》《本房先世事略》《福州通判》《杂识》和《云萍小录》，福州通判即陈庆勉，为何陈庆勉能单独作为陈栎谱的一部分？陈栎在《杂识》中直言："顾愚之生也晚，未及搜访而备录焉，谨开其端存一条于此，以俟同宗之君子。凡先世之有一节、一行、一善言、善事之可书以为训者，各以所闻续录之。"然陈栎又在《本房先世事略》中直言："自始祖府君十有八世而至栎，他房有以儒学显者而本房独无。"可见他房以儒学显者，并非陈庆勉一人，而其能被唯一选入陈栎所编家谱中，在陈栎《通守陈公传》中阐述得很详尽，具体有如下原因：

（一）安全押运粮草

陈庆勉上任之始，即处于多事之秋，当初徐元辰榜陈庆勉擢丙科，年已五十，授庐州舒城尉，六年癸巳四月到任。可知这时的陈庆勉年龄已经很大了。端平元年，全子才、孟珙等出兵入河南，并谓中原很快可被占领。情况危急，当时制府即命陈庆勉负责运送粮草，"汴京米以石计者万有五千，载

---

① ［元］陈栎：《定宇集》卷九《通守陈公传》，影印《文渊阁〈四库全书〉》本。

以舟百，自合淝部舟至京口，支装涉湖而江又泝河，而淮北过徐泗，南过盱眙，历濠梁，抵寿春，交卸之日斗升无亏，骇风涛，危哨骑，脱万死，而得一生。"可见陈庆勉的有勇有谋。

（二）捕盗有方

陈庆勉虽在知天命的年龄才入仕途，但其很有管理才能："幸公在任，日常率士卒弃马徒步捕获强盗两伙，共二十有一人，解上司，正典刑，劳绩章章，他如相视山寨数十处，教之备，御有方，边民获入堡，安集凡此皆铅椠之士所深避不敢为者，非公文武才全畴克尔？"当时的盗贼很是猖獗，但陈庆勉捕盗有方，很让陈栎佩服。

（三）饥荒之时与民共患难，不推卸责任

陈庆勉在嘉兴府华亭县蒲东监盐场任上时，遭遇了人生的严峻考验，由于遭遇淫雨之天，致使盐课亏额大，遂遭庾台罚俸，而靠陈庆勉薪水度日的众人只能"百指嗷嗷日籴以度"，当时物价很贵，众人皆言只能靠"食天禄"。但更严重的事情是此时又遭遇了百年难遇的疫饥，饿死很多人，陈庆勉一度有被索公印之危险，但其不推卸责任，廉洁奉公，最终能够善归："端平三年丙申，替归，次授嘉兴府华亭县蒲东监盐场，嘉熙三年己亥十一月之任，次年庚子霪雨泥泞，摊晒久妨盐课亏额，遭庾台罚俸。百指嗷嗷日籴以度，楮币一缗，仅得米二升，有半居官谓食天禄；孰料其穷至此，未几大疫，且大饥，亭户四百五十有奇死，且逃之余仅存百九十，贫不聊生。煎办无力，坐是课大亏，所办十不及二三。庾台初索公印，历寄库，继察公廉勤，无可致力，无可归咎，陈于朝，令公解，见任别注一等，合入差遣，奉旨特依公，遂离任别注，淳祐元年辛丑十二月也，不自我先，不自我后，饥荒疫疾，公适丁之所，幸庾使知公，朝廷知公，遂得善去，不然殆哉？"

"饥疫而课亏于一时，非公之过；场复而课办于悠久，乃公之功，公于官何负哉？石公去，马公继之，奏令公善归，马公力也。公尝上马公书，有曰：'淮西之饷，汴海东之疫饥，皆百年所无之事，而某任警曹，则当之任，磋局则当之，岂骨相寒苦而然耶？'嗟乎可叹也！"陈栎认为在大是大非面前，陈庆勉处理得当，不辜负为官一方的责任，遇到灾难，非陈庆勉之责，但陈庆勉能够直面灾难，不逃避责任，并敢于承担责任，很让陈栎佩服。

（四）为官韶州，力呈寺院之弊，言州兵之单

元代政府对佛教持支持态度，但很多地方的寺院因管理不善，造成了很坏的结局，陈庆勉在为官韶州时，即切实遇到了这样的问题："有寺院则有住持，近年以来，僧不以戒行，任住持惟以奔，竞争住持耳，官因常住之多，寡立为租息之定额，利租息之入，开告讦之门，大率常住有千缗之入，则租息收千缗之半。今日僧请增输，则乙可攘甲之处，明日讦其小过，则丁可毁丙之处，是官与僧同盗常住也，某仕于韶，如端溪、英石诸州，多所经历，每到寺院，东倒西倾，未尝有一榻可卧，一灶可炊者，稽所由盖常住归于郡守之囊，橐寺院坏于客僧之住持，听其坏颓，谁任修理，名曰祝圣而废坠至此，成危邦之陋风，岂太平之盛观，为人臣子忍辱视之。"

针对寺院出现的这样种种问题，陈庆勉能够冷静分析，切中要害，其具体提出了解决办法："今宜核奏之，乞委本路监司觉察，有常住持处只许衣钵相传，不许客僧夤缘请住，有戾于此，上下同以赃论，庶主僧不至视寺院如传舍，寺院不至终敝弃如弁髦，其于祝万年寿，岂为无补？"

陈庆勉在韶州为官时，遇到了州兵少，俸禄少，随时都有边祸的危险："广东诸郡，多与章贡郴桂隣溪峒，纵横时乎出没相挺而起，遂至震惊始畏张皇而卒至，滋蔓兵不足故也，昔侬智高之祸可鉴矣。一二年来如韶有九峰之扰，章贡有宁都之扰，惩之于前，则宜防之于后，策将安出？曰：'填补官兵，措置民兵是也。'何谓填补官兵？诸郡厢禁有名无实，欲行招补，奈招之易而养之难，姑以韶一郡言之，郡计匮乏，何以办此？"

陈庆勉提出了具体的解决办法，此办法可谓能从根本上解决问题："本郡虽无生财之道，而有出息之计，窃见江浙郡县，全藉榷税，而独不行于广南，民擅酤之利者日以富，官非酒泛之给者日以贫。倘许官自设法，与江浙一体，施行官酤，界外不妨民酤，则酒息可助招补矣。"

陈庆勉注意到，在天高皇帝远的韶州，寺院为私利已经成为营利场所，应对住持进行约束，只有限制住了住持，寺院的问题才可顺势解决；对于岭南的化外之邦，盗贼祸乱长有，而无兵应对，陈庆勉认为这些地方应该学习江浙发达地区的做法，"全藉榷税"，"民擅酤之利者日以富，官非酒泛之给者日以贫"，官无钱而无法招并，而"倘许官自设法，与江浙一体，施行

官酤，界外不妨民酤，则酒息可助招补矣"。可见陈庆勉是支持官方办理当时的高利贷业务的。其又曰"又窃见广南隣郡官鬻盐，今本郡有寄桩省钱万缗，倘借此钱，以充官鬻，本柄与隣郡一体，施行而于官鬻，界外不妨，钞家则盐息可助招补矣。又窃见本州有万缗解库，岁有出息约二千缗，倘许以此出息，亦充衣粮，费则解息可助招补矣"。这样做的结果是：合此三者，以资招补，于民无损，于兵有养。

（五）被程元凤赏识

陈庆勉能到达程元凤的赏识："宝祐三年（1255）乙卯三月，替归，六授行湖南转运司主管文字，四年丙辰七月之任，时赵公葵家居于潭，乡老程公元鳳以书为公，先容赵公首见公，即有老成持重之褒，自是日信重之。"

（六）家庭儒学相继

陈氏家族儒学相继，陈庆勉更是以儒出名："公自少负俊声，叔侄弟兄自为师友，与应城公治经，虽不同而学术渊源则同，过庭闻诗，出于父命，遂与弟贡元公同习诗，亦同以诗经蜚声场屋，踰冠领荐，士林艳之。"《通守陈公传》一文的结尾处，还入选了陈庆勉唱和陈栎之叔陈履正（陈栎父亲履长之弟）的词，陈栎直言："书此，以见公一家文学之盛，又以见励族侄之严，盛德事之一端云。"

（七）安贫乐道、一心为民

陈庆勉不但以儒出名，从官离任后，更能够安贫乐道，让陈栎佩服："公谨畏自持，终始冰蘖（小心），没之日田亩不盈百，人多以老且贫为公惜，是皆俗见。孔子非万世仕者之法乎，为委吏必会计，当为乘田，必牛羊茁壮长尽其职分，所当为而已矣，使后日不为鲁司寇，孔子之为孔子自若也，何损焉？"

可见，陈庆勉支应该和陈栎支同出于第十二世陈天宠，从十三世开始，陈栎支和陈庆勉支即属于不同的小支派，其实可见陈庆勉和陈栎已出无服之属，实非近亲，而陈栎修谱，只记录12世陈天宠—13世陈嘉谟—14世陈有章—15世陈伯全—16世陈庆大—17世陈履长—18世陈栎这一单线世系，换句话说，《陈氏谱略》应该更名为《休宁陈村陈栎支谱略》合适些。

陈栎和陈庆勉应该同第十二世祖，陈栎修自家族谱，独选作为外支的陈庆勉一人，原因或许通过以上所列可以说明问题。在陈栎的心目中，陈庆勉公始第则已老矣，崎岖州县之职二十年，非无功，非有过，然"赏不酬劳"，为官二十多年，可谓清白一世，为时人所敬重。陈庆勉以儒出身，累官至宣议郎，可谓为休宁陈氏之最高官，为陈栎所深深敬佩，而综观陈栎一生，从没任过任何官职，学官都没有任过，一生的职业只是师儒，所以对于同样以儒出身的陈庆勉前辈，因为其老来从政，宦海四方，有很强的解决地方事务的能力，为程元凤、赵葵等所称赞，平时有机会又与各兄弟子侄诗文相唱和，可谓是陈氏出类拔萃之人物，所以陈栎最终把他入选自己所编之家谱。

三、族谱所见陈栎家族的婚姻圈

陈栎家族的婚姻圈，最主要是和渭桥吴氏世代通婚，而此渭桥吴氏应该和陈氏门当户对，甚至门高于彼。

1.十三世娶渭桥吴氏："高祖之父讳嘉谟，字少皋，行第六，娶同邑渭桥吴氏，公以锡类，恩授迪功郎。"陈嘉谟承父荫，其父"该博练达，田畴甲一乡。绍兴二十三年徽行经界，公为一乡首"，可见其父有为陈嘉谟谋取恩授迪功郎的资本。迪功郎陈嘉谟娶渭桥吴氏为妻，此时的渭桥吴氏境况应该不差。

2.十四世娶渭桥吴氏："高祖讳有章，字朝美，行第三，娶渭桥吴氏（同上，没有对渭桥吴氏进行介绍）。"

3.十五世娶渭桥吴氏："曾祖讳伯全，字全叔，行第六，五娶渭桥吴氏。"此处对渭桥吴氏作了少许介绍，曾祖由于"易于生业，不屑为祖居"，但家里没钱，于是"曾祖妣出所藏，当三钱，创屋三重别居"，可见此时渭桥吴氏带来的陪嫁品很值钱。

4.十六世娶渭桥吴氏："先祖讳庆大，字士俊，行第六，八娶渭桥吴氏。"文中介绍"以侄女从姑，自祖妣以上三世则然"，可见陈吴两家世代婚姻关系之好。"先祖遭家中否将变通于既穷，售祖妣奁珥，以买田，以赢子钱。"陈庆大因为家中遭变，故想变通，使自己家庭重修振作起来，于是他变卖了部分"祖妣奁珥，以买田，以赢子钱"，变卖了部分陪嫁品，买了田，并把部分钱拿出去放了高利贷，以赢子钱。

但是此高利贷却放得血本无归，因为"乡人朱氏子贷以乘桴，桴漂人逝，钱以乌有"，因为乡人朱姓之人，拿出去乘船做生意，但不幸船漂人逝，血本无归。"近族居乡南五城，当孔道，欲依以开肆。绍定元年戊子，祖妣又倒奁珥之余，相先祖迁焉，力可买屋，且尝有赢钱，贷人买屋而已，终僦屋以居，开肆如韩伯休售药以谋什一。"闻乡南五城的近属在开药铺，祖父"欲依以开肆"，于是祖母就卖掉了所余之陪嫁品，一同祖父迁移到了五城。这些钱可买屋，部分有放了高利贷，效果不错，"尝有赢钱"，但最终"如韩伯休售药以谋什一"，开了药店，并"僦屋以居"，住得非常不宽敞。

祖母陪嫁品值钱，而祖母更知书达理："祖妣慈惠敏明，自幼知书孝经，语孟皆诵甚熟，且能记歌行雅词，栎之幼也未尝学，前祖妣已口授之孝经语孟矣，故栎五岁已能背诵论语及歌行古文，实祖妣之训也。"可见陈栎有精深的文学基础，从小即受其祖母的教育，口授其《孝经》《论语》《孟子》等，所以陈栎"五岁已能背诵论语及歌行古文"。

四、家谱所见陈栎师友交往

（一）其父的游学

陈栎父亲在外游学生涯："暨生栎，先考年四十有二矣。……先考之幼也遭家否，极笃志勤，学年十七，从诸叔游淮，因假馆焉。归则先祖迁矣，家益落，故终身假馆，凡六十年，从游二百余人，父子两世从之比比。"

可见陈栎之父因受家道衰落的影响，十七岁即从诸叔游学，并假馆学习和生活。当其在外游学一段时间之后回家，发现其父和母亲已经把家迁到五城做生意去了，于是他"故终身假馆，凡六十年，从游二百余人"，从游学的人超过二百人。

（二）其父对陈栎的影响

"栎年七岁，先考则挟以自随教之，靡不至。"而多年的游学生涯，让陈栎父亲对春秋学有很深的研究：（先考）因改习春秋，熟于春秋三传，于左氏尤熟。栎每问事，不休应口，辄答某公某年也。栎年未三十时，尝仿柳子非国语体作一书，是非左氏传，以首数条质之先考。先考谓曰："汝未洞究春秋三传，国语未可为，此欧阳公曰著述须待老，积勤宜少时，汝其戒之。"

（三）陈栎拜师黄智孙

陈栎小时即受到了其祖母很好的教育，"五岁已能背诵论语及歌行古文"。长大后，陈栎在其族谱中明言曾拜师黄智孙："年十五已为饥所驱，束父书以出，年十六始请举子，课于黄常甫先生，固赖先生点化之；而父子自师友，实为之本也。"

（四）与曹泾的交往

陈栎年少时拜师黄智孙，四十岁后，又拜师曹泾："岁辛卯年四十矣，僭和虚谷方公上南行，诗偶得转闻于判簿宏斋先生曹公（曹泾），闻先生颇称嘉之。栎于先生自少景慕，不啻水之江、星之斗也。丙申二月入泮道、过长林桥，因纳谒拜馆下。"

陈栎与曹泾的师徒交往很是融洽："先生欣然与进，降屈年德如平生欢，自此相奖借训诲者甚至，虽察父哲兄之我，爱良不是过。自丙申至庚子，无岁不见，无月不书，爱之有加焉，无替也。"

临别切磋族谱："近秋，丁一再上谒，其还也，蒙力留之馆中，且云：'嗣岁（来年，新的一年）确侘老于家，嗣春未必可会晤，可不留一惜别乎？因不敢辞。'入夜纵谈，忽出一纸，首题曰《云萍小录》，乃叙述家世，及平生，及贤子孙，以赐教者也，且令栎亦书世家以呈。栎思之：《云萍小录》所以叙交好，示久远也，非敌已，不当书非，稍有可书不敢书，虽今者先生忘年而下交之，先世自唐末由严陵迁陈邸，迄于今登科者一族凡六人，而栎一；累世不仕，栎也。自揆（揣测）晚末，上交何敢僭，不足乎扬云萍之至，又何敢僭然，念先生谦恭之盛德，出于真诚，有如夫子之于人，常俯而就之者，既忘其尊，而以是先施之。栎苟轻爱，不述以报，则真顽冥不灵也已，因敢忘其卑而书以呈焉。"

与曹泾的切磋族谱，我们或可知道，曹泾曾修家谱，谱名或曰《云萍小录》。曹泾元至元年间，因江东按察使之请，出任紫阳书院山长，后辞职归养，州里士林宗之。[①] 由这些我们可推知曹泾辞职紫阳书院山长之时应为大德庚子（1300）。这一年的某夜，曹泾先给陈栎看了其自己所修的家谱《云

---

① ［清］施璜等：《紫阳书院志》卷九《列传》，黄山书社，2010年版。

萍小录》，然后鼓励陈栎也撰《云萍小录》给他看看。陈栎《年谱》云：四年庚子（1300），先生四十九岁，八月二十一日，先生以《云萍小录》呈曹宏斋。①

（五）陈栎终身假馆

陈栎《云萍小录》自言曰："栎自七岁至十四岁，侍先君游学，年十五饥驱之僭为童子师，自此竟不能舍，坚苦蹉跎，无从质正。"此语告诉我们陈栎自十五岁即开始为童子师，从此一发不可收拾，竟假馆终生以师儒为业。《云萍小录》自述曰："迄于今登科者一族凡六人，而栎一；累世不仕，栎也。"陈栎累世不仕，应该是不得已而为之的原因。

关于陈栎师儒情况，章毅先生的文中多有阐述，概述如下：

陈栎师儒的时间简单概括起来，从十五岁开始到八十三岁逝世，长达六十八年，比其父亲在外游学六十年的时间更长，除其本人外，家族中另外有其子陈勋进入师儒这一行业，另外还有其侄陈光、其甥吴彬。而陈栎选择终生业馆为师，就其原因应该是在元代，对于其来说，这应该是最好的出路。其曾于延祐元年（1314）在恢复科举的第一年便远赴江浙行省参加了乡试，并以《书经》登第。但延祐二年的大都会试，其没有参加，原因是陈栎本人自愿称病退出。这并不排除其面对元代高官"托病"的可能性，当时陈栎年已六十三，不愿远赴大都博取功名亦有可能出于本意。不过陈栎在晚年意图凭借其乡试中第的身份，为自己向元代有关高官写信上书申请一个学官的愿望，应该有，还很强烈。可惜这样的请求最终没有实现，陈栎到逝世都没有一官半职。②

五、谱中所见祖先墓葬及祭祀礼仪

（一）《始祖鬲山府君》所见墓葬祭祀情况

陈栎家族为小家族，墓葬祭祀等方面在徽州应该不是很突出，但其所修之谱中，却有大量篇幅记录墓葬祭祀礼仪等方面的内容，强烈展现了对

① ［元］陈栎：《定宇集·年谱》，影印《文渊阁〈四库全书〉》本。
② 章毅：《理学社会化与元代徽州宗族观念的兴起》，《中国社会历史评论》，第九卷第103—123页，2008年。

祖先死后哀荣的记录,《始祖鬲山府君》(小传)因对此观点很重要,特征引如下:

始祖鬲山府君讳禧,唐僖宗时避广明之乱,自桐庐郡沂流而上,至新安郡休宁之西曰藤溪里,爱其谿山之清奇,因家焉。其后子孙益蕃,一村无二姓,故人称是村曰陈村。府君之始迁也,泛宅浮家,托于渔钓,积德敦义,乡称善人。没葬于县之南地曰鬲山,岁益久,一方之民神之,乃创庙墓傍,尸而祝之。凡水旱必祷焉。东作,不祀府君,不敢兴;西成,不祀府君,不敢食。子孙之祀之有,不如鬲山之民之祀者,视桐乡之于朱邑庶几焉。且诸乡大姓之祖有庙食者矣,程忠壮公是也;有墓祭者矣,孙王墓是也。彼其生也,或贵为大将,或南面称孤,没而为神,固其所宜也。若府君生无位于时,托为烟波之钓叟,没乃神于后,永为树艺之田祖,其亦灵异也己。民报事兮,无怠其始自今兮,钦于世世,鬲山成尘,溪水绝,府君之祠始应歇耳。传曰盛德必百世祀虞之,世数未也,府君为虞之子孙,其亦蒙盛德之余泽,而百世祀之者也钦。

众所周知,东作指春耕,西成指收获,"东作,不祀府君,不敢兴;西成,不祀府君,不敢食",可见当地人对鬲山府君的敬仰之情之深,依靠程度之重。

1. 鬲山府君成神的原因

"泛宅浮家,托于渔钓,积德敦义,乡称善人。没葬于县之南地曰鬲山,岁益久,一方之民神之,乃创庙墓傍,尸而祝之。凡水旱必祷焉。"由此可知,陈栎的此始迁祖迁来陈村时,只是为靠捕鱼为生的穷苦人,但其后来发展富裕后"积德敦义",于是乡人称其为"善人",殁葬于鬲山后,年愈久人们可能愈念其好,所以在其墓前建庙,并东作西成之时,祭祀;水灾旱涝时必祷。

2. 祭祀鬲山府君的规格

陈栎言:"东作,不祀府君,不敢兴;西成,不祀府君,不敢食。子孙之祀之有,不如鬲山之民之祀者,视桐乡之于朱邑庶几焉。"由此可见,当时民众对鬲山府君祭祀的规格是相当高的。对于陈村之民来说,鬲山府君就

像桐乡之朱邑。^①

3. 鬲山府君成神应有神灵帮助

陈栎认为鬲山府君没有程忠壮的军功，没有孙王的出身，但死后仍能为神，当是得到神灵的帮助："彼其生也，或贵为大将，或南面称孤，没而为神，固其所宜也。若府君生无位于时，托为烟波之钓叟，没乃神于后，永为树艺之田祖，其亦灵异也已。"

4. 鬲山府君应永久得到祭祀

陈栎认为人们对鬲山府君的祭祀当百世不绝："民报事兮，无怠其始自今兮，钦于世世，鬲山成尘，溪水绝，府君之祠始应歇耳。传曰盛德必百世祀虞之，世数未也，府君为虞之子孙，其亦蒙盛德之余泽，而百世祀之者也欤。"

除了以上对祖先鬲山府君墓葬祭祀礼仪等方面的记载外，陈栎在谱中还表现了对自己盖棺后的忧虑："嗟乎，自始祖府君十有八世而至栎，他房有以儒学显者，而本房独无，有然洪范五福，贵不与焉。数世以来寿皆八九十，无下七十者，祖与妣偕老无再娶者，父子皆亲传无祝螟者，皆称善人，无一为人所指者，良可表于道曰：处士陈君之墓，有儒学而不显，安足计哉？"此处虽然只有寥寥数言，但从一个侧面也可表现了陈栎对死后事情的重视，当然也会包括对以前祖先死后的相关重视。

（二）由陈栎父祖墓葬信息见元代当时墓葬风俗

南宋后期，理学对于鬼神信仰发展出一套完整的观念，其特点是将鬼神"气化"的同时，承认祭祀的有效，并且对当时流行的佛教和各种"淫祠"有着强烈的排斥。理学的鬼神观确定了"祭祀"的重要性，并通过规范祭祀的正当与否来实现对鬼神权能的控制，而这套义理结构最重要的一个假

---

① 按：朱邑相关事迹见《汉书》卷八十九之《循吏传》，其中相关内容主要有：朱邑字仲卿，庐江舒人也。少时为舒桐乡啬夫，廉平不苛，以爱利为行，未尝笞辱人，存问耆老孤寡，遇之有恩，所部吏民爱敬焉。迁补太守卒史，举贤良为大司农丞，迁北海太守，以治行第一入为大司农。为人淳厚，笃于故旧，然性公正，不可交以私。天子器之，朝廷敬焉。……初，邑病且死，属其子曰："我故为桐乡吏，其民爱我，必葬我桐乡。后世子孙奉尝我，不如桐乡民。"及死，其子葬之桐乡西郭外，民果共为邑起冢立祠，岁时祠祭，至今不绝。

想"敌人"就是佛教。①

1. 人死为大

人死为大，即人死后，一切事情以丧事为主："岁丙寅祖妣殁，己巳谋葬事，是年先叔以力不能办，欲缓之。先考曰：'葬亲，何事也？吾当力撙节以办此。'自买舟以往，一切以为己任，毫发不以诿先叔，卒襄事。"

2. 外孙过继给舅舅符合礼制

古代外姓往往不能入继，但元代陈栎认为外孙可以过继给舅舅："先外祖汪公讳辉，有学有文，先母舅讳定，老资俊甚，弱冠工举子业，今其遗墨尚存，不幸早逝，先考哭之极哀，岁癸丑外祖殁，其将殁也，先考往省之告之曰：公不幸无孙，今幸有外孙某，当世公家祀，诏外孙无忘公，其勿以馁而为感，外祖颔之，故先考世必修外祀，栎奉治命惟谨，不以菲废礼焉。"

3. 佛教葬礼与理学葬礼之争

陈栎族谱《本房先世事略》中，详述本家族顶住社会各方面压力，在长辈去世后，坚持用符合理学相关礼仪的葬礼模式，陈栎家族从字里行间，深感骄傲。而元代徽州可谓用佛事葬礼众多，人们不是迫于俗论的压力用佛事，就是被妇人的舌头所打败而用，也可见当时很多妇女是衷心向佛："吾家四世以来，得古意者又有一节，先曾祖平生不好佛，故治命，命先祖曰：'如我死，丧葬其略，参用古今礼，谨毋作佛事。'先考先叔所以丧先祖、祖妣，不肖所以丧考妣，皆不敢变焉。大抵此说儒者知之者多，而能行之者寡。不摇于俗论，则夺于妇人。"

"先考之殁也，来吊者见勉曰：'纵不斋佛，亦必声钟应之，曰升屋而号。'告曰：'鼻某复此儒家之声钟也，欲声佛家之无常钟也，何为？'又有曰：'纵不为佛事，亦必填受生。'又应之曰：'民受天地之中以生，夙兴夜寐，无忝尔所生，此儒家之填受生也；以纸寓钱，填受生也，何为此不肖？所以不摇于俗论者也。'"此处可见陈栎用儒学来针锋相对对抗佛教葬礼的具体条文，反映了陈栎捍卫儒教的强烈态度。

陈栎作为古代的士大夫，其以身卫道，但却遭受别人的怀疑，时人多以为陈栎不用佛事，是其家穷之故，而对于陈栎本想以身卫道，以化乡俗的本

---

① 章毅：《理学社会化与元代徽州宗族观念的兴起》，《中国社会历史评论》第九卷，2008年。

意含有讽刺之意："吴氏女兄明敏，知书习闻家法，固无异论，吾妇朱其父兄，信佛甚，亦化之，无异论焉。此不肖所以不夺于妇人者也。昔程子曰：'吾家治丧不用浮屠，洛中亦有一二人家化之。'近年同邑求逵范公、歙邑古梅吴公之家皆然，然程子大贤、范吴富者人无敢非之。吾家三世不幸，皆贫流俗，不过曰'是贫甚不能为，故立异耳'。"

佛教也讲究孝，当时人故以为若不依佛事，则是不孝，这种道德绑架让陈栎的好友都无可奈何而遵行，但陈栎提出了自己所认为的孝的标准：佛事及流俗认为是孝的，其则认为是不孝；佛事认为是不孝的，他却认为是孝。这里，陈栎抗佛，难免表现出了意气用事的倾向："又尝闻士友之言曰：'平昔非不知佛事，不足为古礼，所当用，一旦不幸，至于大故，则族姻交以不孝责我，虽欲不为，不可得已！'嗟乎，佛入中原祭礼荒，胡僧奏乐孤子忙，后邨（村）刘公叹之久矣，孝也者，其作佛事之谓与流俗之所谓不孝也，乃我之所谓孝也；流俗之所谓孝也，乃我之所谓不孝也。儿辈听之不守家法，非吾子孙，吾岂惟望尔之不敢变哉？将世世望子孙无变也！"

影印《文渊阁〈四库全书〉》本的《陈氏谱略》当非陈栎所修家谱的全本，其中没有具体的世系图即是明显证据。遍览徽州族谱而修成郡谱《新安大族志》的陈栎，不会没有世系图的。可惜目前无法找到其全本，甚是遗憾！不过陈栎修谱，和元代汪炤的《新安汪氏庆源宗谱》、汪松寿的《汪氏渊源录》一样，都保护了大量的墓葬祭祀方面的内容，内容虽然不多，但特征明显，特别是在葬礼方面的与佛教之争，更可看出其卫道的心态，虽然有委屈，人们都相信同县的富翁不用佛事以捍卫儒教，而不相信其能够以小家小户来彻底抗佛，"佛入中原祭礼荒，胡僧奏乐孤子忙"，最初是宋代林希逸之语，[①] 可见佛教在宋代已经引起了理学家的强烈反抗，陈栎借后村刘公之口，道出此语，当是代表自己心声。终元之世，每帝必先就佛教派来的帝师受戒，然后才登位，可见元人对佛教的重视。但理学鬼神观的假想敌即是佛教[②]，通过陈栎对佛教这样强烈的排斥态度，当可为真。陈栎的这种墓葬祭祀

---

① ［宋］林希逸：《兴化军城山三先生祠记》，载《兴化府分册》，第 44 号，第 44—46 页。转引自郑振满《莆田平原的宗族与宗教——福建兴化府历代碑铭解析》，《历史人类学学刊》第四卷第一期。

② 章毅：《理学社会化与元代徽州宗族观念的兴起》，《中国社会历史评论》第九卷，2008 年。

不用佛事可能是个例，但元代徽州家谱中多记录墓葬祭祀信息却是普遍的，故它们当是家谱定型的代表。

第四节　家谱分期划分与徽州元代定型期家谱论

一、元代徽州可作家谱定型区域代表论

（一）安徽师大谱牒库藏元代谱序见徽州区域家谱定型

安徽师大徽州文化研究中心谱牒库中，笔者收集了徽州毕、查、陈、程、戴、方、冯、葛、洪、胡、黄、江、金、李、吕、罗、佘、舒、宋、苏、孙、吴、王、汪、项、谢、徐、许、姚、余、詹、张、郑、周、朱35个姓氏的元代谱序共133篇，其中涉及墓葬祭祀信息的有61篇，占总数的46%。其中笔者注意到，毕氏元代谱序2篇，其中涉墓1篇；洪姓谱序4篇，其中涉墓2篇；江姓谱序2篇，其中涉墓1篇；李姓4篇，涉墓4篇；孙姓1篇，涉墓1篇；吴姓2篇，涉墓2篇；王姓4篇，涉墓1篇；项姓4篇，涉墓3篇；许姓2篇，涉墓2篇；余姓2篇，涉墓1篇；詹姓6篇，涉墓5篇；周姓2篇，涉墓2篇；朱姓2篇，涉墓1篇（这些具体情况见附录2），由于谱牒库中收集的这些姓氏的家谱少，故元代留存的谱序也少。不过虽然谱序少，但从上面所列可见其涉墓的比重却很高。虽没有程、汪、方、胡的篇数多，但恰恰是这些篇数少的谱序最可代表元代当时对墓葬祭祀等信息要编入家谱的理念已经深入人心。我们以汪氏为例，汪氏在宋代谱序有21篇，其中涉及墓葬的有4篇；而经过元代的发展，短短不到一百年的时间，元代汪氏谱序巧合又有21篇，但其中却有10篇涉及墓葬祭祀信息。其从宋代由篇数少到元代发展最多的历程，足可见在徽州有元一代，家谱中当记录家族成员死后哀荣内容观念发展得逐步之深入。

故从笔者在谱牒库中收集到的徽州谱序看，徽州家谱在元代已经达到了定型标准。

（二）四库文集所见元代徽州可作家谱定型区域代表论

据常先生推算，四库共有172篇元代谱序[①]，笔者统计其中涉及徽州地区

---

① 常建华：《元人文集族谱序跋数量及反映的谱名与地区分布》，《中国史研究》，2008年第6期。

的谱序有25篇^①，占总数的15%左右。笔者统计的元代谱序中，含有墓葬信息的如下：

郑玉《方氏族谱序》^②、舒頔《章氏族谱序》^③、舒頔《北门张氏族谱序》^④、陈栎《陈氏谱略》^⑤、陈栎《汪溪金氏族谱序》^⑥、陈栎《徐氏族谱跋》^⑦、程龙《书婺源龙陂程氏谱》^⑧、戴表元《题婺源武口王氏世系》^⑨、郑玉《郑氏石谱序》^⑩、郑千龄《鲍屯鲍氏族谱序》^⑪、程文《书河南上程氏宜振录后》^⑫、朱升《石门陈氏族谱序》^⑬、朱升《重修本宗族谱序》^⑭、朱升《詹田孙氏家录序》^⑮。

以上有十四篇谱序分别涉及墓葬信息，占总数25篇徽州谱序的56%。

---

① 1郑玉《方氏族谱序》；2吴海《新安吴氏家谱叙》；3舒頔《胡氏族谱序》；4舒頔《戴氏族谱序》；5舒頔《章氏族谱序》；6舒頔《北门张氏族谱序》；7李祁《俞氏族谱序》；8李祁《汪氏族谱序》；9陈栎《陈氏谱略》；10陈栎《族谱赞》；11陈栎《谢曹弘斋撰族谱序启》；12陈栎《汪溪金氏族谱序》；13陈栎《跋五城黄氏族谱》；14陈栎《徐氏族谱跋》；15唐元《李氏族谱序》；16程龙《书婺源龙陂程氏谱》；17程文海《题程氏谱系》；18戴表元《题婺源武口王氏世系》；19郑玉《郑氏石谱序》；20郑千龄《鲍屯鲍氏族谱序》；21程文《书河南上程氏宜振录后》；22朱升《石门陈氏族谱序》；23朱升《重修本宗族谱序》；24朱升《苦竹朱氏族谱序》；25朱升《詹田孙氏家录序》。按：笔者从陆峻岭《元人文集篇目分类索引》中分类出属于徽州的谱序共21篇，和陆所统计的最大出入在舒頔《贞素斋家藏集黄氏族谱序》一文，但此家藏集实在追寻不到踪迹，见陆峻岭《元人文集篇目分类索引》，中华书局，1979年版。

② 〔元〕郑玉：《方氏族谱序》，《师山集》遗文卷一，影印《文渊阁〈四库全书〉》本。

③ 〔元〕舒頔：《章氏族谱序》，《贞素斋集》卷二，影印《文渊阁〈四库全书〉》本。

④ 〔元〕舒頔：《北门张氏族谱序》，《贞素斋集》卷二，影印《文渊阁〈四库全书〉》本。

⑤ 〔元〕陈栎：《陈氏谱略》，《定宇集》卷十五，影印《文渊阁〈四库全书〉》本。

⑥ 〔元〕陈栎：《汪溪金氏族谱序》，《定宇集》卷二，影印《文渊阁〈四库全书〉》本。

⑦ 〔元〕陈栎：《徐氏族谱跋》，《定宇集》卷三，影印《文渊阁〈四库全书〉》本。

⑧ 〔元〕程龙：《书婺源龙陂程氏谱》，见程敏政《新安文献志》卷二十三，影印《文渊阁〈四库全书〉》本。

⑨ 〔元〕戴表元：《题婺源武口王氏世系》，《剡源文集》卷十八，影印《文渊阁〈四库全书〉》本。

⑩ 〔元〕郑玉：《郑氏石谱序集部》，《师山集》遗文卷一，影印《文渊阁〈四库全书〉》本。

⑪ 〔元〕郑千龄：《鲍屯鲍氏族谱序》，见程敏政《新安文献志》卷八十八，影印《文渊阁〈四库全书〉》本。

⑫ 〔元〕程文：《书河南上程氏宜振录后》，见程敏政《新安文献志》卷二十四，影印《文渊阁〈四库全书〉》本。

⑬ 〔元〕朱升：《石门陈氏族谱序》，《朱枫林集》卷之三，四库别集本。

⑭ 〔元〕朱升：《重修本宗族谱序》，《朱枫林集》卷之四，四库别集本。

⑮ 〔元〕朱升：《詹田孙氏家录序》，《朱枫林集》卷之四，四库别集本。

25 篇谱序，其中有 14 篇涉及，可见元代此时修谱已经成规模性地、群体性地如此修谱了。这些只是在谱序中方寸之间即有如此多的反映，在详细内容的家谱之中，想象应该更是记录了更多相应墓葬信息。

如前所论，家谱的功能是在不断变化之中，世官世袭制的先秦时期，家谱的功能主要为纯净血统以世袭官职之用；魏晋到隋唐的士族社会，家谱的功能主要为别选举、辨婚姻之用；入宋后，士族消亡，庶族地主崛起，选官用人制度不再需要家谱，朝廷站在统治阶级的立场上便于统治的需要，也鼓励家谱的收族作用，所以此时家谱的功用又变成了敬宗收族之用。宋前因家谱对于政治的作用，公修家谱和私修家谱一直相伴相生，入宋后因选官制度的变化，政府不再组织谱局编修家谱，从此家谱皆以私修的形式出现。宋前家谱在体例上，表现为整体发展缓慢，甚至编修水平呈下降趋势，因编修内容太过单一，往往只是记录世系；世系的表现主要通过文字叙述，但表格的使用无疑会让世系更简单、更直白、更易观，所以周代谱牒著作《世本》出现了表格，司马迁修《史记》仿其"旁行邪上"而在其著作中用了多处的表格以表帝系；但欧阳修后来真正模仿的其实应该是《汉书》中的王侯功臣世系图表之法，不但上下为父子关系，且出现了六世一提或四世一提的编修手法；《史记》和《汉书》为中国最重要的正史，司马迁和班固真正开创了引谱入史，但其后一直到宋代，正史的编修却不再用图表来表现传记中人物的世系；同样家谱编修也为了适应政治需要而渐趋于简单化，要么单一文字叙述，要么单一表格展现。入宋后，欧阳修作为史学大家，苏洵至少也是精通于历史，此二人在家谱的编修上，当会引起关注，但其二人的谱图之法，定非其二人首创！如果认为欧苏首创谱图之法应该不妥。

家谱的定型，不应以家谱的功能、编修方式及体例为标准，而应以家谱所记录的内容为判断依据。家谱的功能是不断变化的，家谱的编修方式是公修或是私修，只是表面形式，家谱的欧苏体例只是家谱编修的方法之一，我们还可发现众多断代家谱编修法、断代世系家谱编修法、只记本宗家谱编修法、重姓不重亲上下往往非父子关系的氏族之谱编修法等等，所有的这些并不能作为家谱定型的标志。

常建华先生认为：元代族谱的体例有谱序、告身（恩荣录）、家训、世系图、世系录、子孙排行字、科举、传记、墓图、先世考辨、著述等十一项，同元以前的宋代比较，元代族谱增加了告身、家训、子孙排行字、科举、墓图，比宋代族谱丰富。同元以后的清代族谱体例相比，元代族谱未发现像赞、祠堂、祠产、余庆录、五服图、领谱字号六项内容。[①] 不过经过笔者的论述可见，到元代时，特别是徽州地区已经开始甚至大规模的引祠入谱情况出现了（见笔者前小节内容《徽州家谱与引祠入谱》），可见，明清时完整家谱的主要内容，元代时已经基本具备了，后面只是陆续加入像赞、余庆录、五服图、领谱字号等小体例，可以说，元代以徽州为代表的中国家谱已经成熟定型。

家谱从出现到发展到宋代，其发展过程一直是缓慢的，突出表现在内容简单、篇幅小、体例谱图交替、只记生前世系及荣耀，但宋元后，庙制不立，礼制荒疏，家谱编修者们纷纷引墓（丧礼）入谱或引祭（祭礼）入谱，从而大大扩宽了家谱内容记录面，从此让家谱编修成飞跃式发展，并最终使家谱成为一个家族宗族史的百科全书。但综观家谱所记录的这些内容，其实只是分为两大块，一块为世系人物的荣耀，一块为族人死后的哀荣，或者可以说一块记族人的生前荣耀，一块记族人的死后荣耀，宋前家谱只记录族人的生前荣耀，死后荣耀被当时的墓葬系统和祭祀系统所记录，但入宋后，此两系统所记录的内容被家谱编修者们不断记录入自己所编修的家谱之中，由少渐渐增多，而这其中可以说宋元时期是直观重要的时期。

二、元代徽州家谱编修的定型论

元代，科举四十年不兴，同时庙制不立，礼制荒疏，然社会稳定后表现了歌舞升平之势。前文已引李开先之语，"元不戍边，赋税轻而衣食足，衣食足而歌咏作"。在衣食无忧的广大士大夫不能投身科举而又庙制不立，礼制荒疏的时候，则是践行突破以往礼制的时候，于是经朱熹所倡映（非首创）并身体力行的引墓入谱的方法被徽州乃至被整个社会所接受、所认可、所推广。元代时的谱序，笔者从《文渊阁〈四库全书〉》中收集到了25篇，其中有14篇分别涉及墓葬信息，占徽州总数25篇的56%。此数据

---

① 常建华：《元代族谱研究》，《谱牒学研究》第三辑，书目文献出版社，1992年版。

至少说明，徽州地区当时编修家谱，不但注重家族人物生的一面，同时更注重在家谱中表现家族中某些人物死后的一面，且这种编修理念为徽州家族群体而接受认可。无疑，此时已经是家谱编修成熟并定型的表现。

笔者从为数不多的现存元代几部族谱中发现，元代族谱除包含宋代家谱中所有相关信息外，更多出了墓地葬所信息，尤其以元代徽州汪炤《新安旌城汪氏家录》和汪松寿《汪氏渊源录》为代表，汪炤《新安旌城汪氏家录》中汪炤记录的历代小传，从五十二代开始，特别是从五十五代之后，几乎全部记录的是关于墓葬礼仪方面的内容。这种情况在以往还没有出现过。以六十五代祖为例，记录了祖妣项氏之父项父以墓地作为三个女儿的嫁资，并相约，谁先死，则其地就送给最小的女儿。然汪氏祖妣死后，其父项父并没有按照以前的约定把她的地送给老小项三娘，而是可怜她，认为她"不爱其身而爱子孙之贤且贵"，所以就把她埋在当初分给她的那块墓地上；还介绍了有一本姓吴现姓汪的人，想霸占汪氏盘田墓地，被汪氏有名望的先祖喊到墓地，叱责其僭越，并把他之前竖的木牌拔掉砸碎；除此，还记录了汪氏思杰观使在墓葬场建屋的情况，所有的这些内容，在宋前的任何家谱中都不会有相似记录的。

汪松寿《汪氏渊源录》共十卷，第二卷第二部分内容题目为《旧谱叙祖墓》，汪松寿把祖上稍微有名望的祖先之墓，集中在一节，专门阐述，并作了铭、赞。如果说汪炤《新安旌城汪氏家录》中大量关于汪氏墓葬祭祀等内容还是附录于各人小传中的话，则汪松寿《汪氏渊源录》则把它单独列一体例而展示给后人，体例名或可曰"叙祖墓"。汪松寿卷一《颍川辨》曰"人本乎祖，其始祖之邦、丘墓之域，不可不知也"；其在为四十二代汪勋明小传作注释时，专门注释云郎山曰"在今歙县北七里，华墓、庙尚存"；其在为五十二代祖叔和作注释时，引用其父之语曰："上世相传，自起祖旌城殁后，……困顿百年，故枫香林诸祖墓今率埋没，宜其于谱因循不续。"认为家谱要记录的内容即应该祖有墓；在卷之四《汪氏续谱》中汪松寿叙曰："汪氏之书，远有由历，迨夫世变乡迁，代年运易，川途离索，丘墓同荒，谱其可不续乎？"可见到元代的汪松寿即认为，在谱中叙祖墓，是必须的一项内容，不然丘墓同荒，以后再也找不到了。紧接此处，记述了五十三代起祖小传，"殁，与宋氏合葬十三都二保旌城之孔径岭凹，后十七代孙、宋合门宣赞舍人世贤立石表墓。"汪世贤另为六十代祖瑄立石表墓；在卷五《详亲录》中，介绍七十一代祖汪云龙（汪松寿父），"幼名驹，字昂甫，宋纯祐戊申八月初四日亥时生，……父殁，属宋季抢攘，力负艰阻以保庐墓。暨天兵渡浙江，云龙从军，献策取台州有功，用前承节郎、同知徽州路休宁县事。"可见在危难之时，松寿之父不但要保其家，而且也要保护其祖墓，家和墓同等重要。

家住生之人，墓住祖之魂，家很重要，墓同样也很重要，只不过在宋前墓葬祭祀是一套系统，而家谱编修是另一套系统，两系是有交叉重合的地方，即墓碑或墓志等内容经常要引用家谱的内容，这叫引谱入志（墓志），如宋二程父亲程珦《自撰墓志》曰"程姓，珦名，伯温字，姓源世系详于家牒……"①但引墓入谱，或引碑入谱，只是在宋代家谱中才偶有出现，但出现的内容还不多，家谱既记家、又记墓，或者既记生前世系、光辉业绩，又记死后墓葬、祭祀礼仪的情况，并不是一蹴而就的，而是要经过时间的打磨、礼制的逐步突破，才慢慢尝试引墓葬祭祀系统入家谱的正确性。事实证明，礼以义起，当宋代有人有苗头把墓葬信息记录入家谱时，人们对其采取了观望的态度，但当南宋士大夫特别是朱熹等人的倡导、并在自己修谱中大量引墓入谱后，引墓入谱之法很快在社会上得到了群体性的、大规模的认可，并最终在元代奠定了家谱编修的基础模型，即家谱既要记录家的世系，家人的荣誉，也要记录死后的墓葬祭祀礼仪等方面的内容，明清时即按照这两大块编撰了众多家谱，有的鸿篇巨制，卷帙浩繁，皆因引墓（祠）入谱后，可供家谱记录的内容一下拓宽了许多，并迅速使家谱成为家族史的百科全书。由此可见，元代当为家谱的定型期。

三、家谱的分期划分

元代《闻过斋集》的吴海曰："图谱之设，所以辨氏族定世次也，古人甚重焉。自离乱荐更，故家大族能保而存之，盖鲜。夫图以著名必简而易见，谱以记实则备而致详，此图谱之所以异也。"②家谱中"图"就是用来记录名字的，必须简而易见；家谱中的"谱"是用来实录事迹的，必须备而致详。家谱中有谱有图，起于汉代，滥觞于《史记》和《汉书》，可见"古人甚重焉"。但《汉书》之后，不论是官修家谱还是私修家谱，可能出于各种原因，要么光有谱，要么光有图，二者很少再结合在同一部家谱中；当然谱的数量占绝大多数，出现图的家谱很少，欧阳修曰："唐之遗族，往往有藏其旧谱者，时得而见之，而谱皆无图。"① 入宋后，欧阳修和苏洵修谱，身体力行，天下倡导，开创了欧苏体例，既有谱，又有图，为后世提供了较好的编修族谱的方法，但笔者认为此时只是接过了汉代家谱编修传过来的接力棒②，笔者并不否认其是在当时复古运动的背景下发生的，所以其并没有发生什么实质上的变化。无可否认，族谱功能是从"别选举、辨婚姻"而转变成了"敬宗收族"，但体例上并没有多少变化。就记录的内容而言，一开始还是基本上像以前一样全以记录人物的"生"为主，很少涉及"死"后情况，欧阳修虽记录了点，但表现出了徘徊思想状态。随着宋代家谱的向前稳步发展，进入元代后，家谱编修既有谱，又有图；既记生，又记死，且这种记录墓葬祭祀等相关信息，并不是像宋代那样以单个或少部分出现，在元代而是群体的大规模出现，这样无疑是家谱成熟定型期的标志。

笔者认为家谱的发展可分为如下阶段：

按时间	1. 汉前	2. 魏晋南北朝隋唐	3. 宋元	4. 明清
按内容	1. 生前荣耀	2. 生前荣耀	3. 生前荣耀，引入丧祭，定型（宋探索期，元定型期）	4. 承接宋元，成百科全书
按形式	1. 谱图互现	2. 谱占绝大多数	3. 有谱有图，引入丧祭	4. 承接宋元，成百科全书

① ［宋］欧阳修：集本《欧阳氏谱图序 2》，见《欧阳文忠公集》，宋庆元二年周必大刻本，《欧阳氏谱图》为外集卷二十一，《欧阳文忠公集》卷七十一，中国国家图书馆藏。

② 按：欧苏体例之境况，犹如如下文字所形容：项平父评《醉翁亭记》《苏氏族谱序》，皆法《公羊穀梁传》，盖苏明允序族谱亦用也字十九，及曾子开作从兄墓表，又用也字十七。追论本始，古而《易》、后而《三传》《庄子》，又近而韩氏，迄柳仲涂以降，欧王苏曾，各为祖述要知。前古文体已备，虽有作者不能不同也。又董弅闲燕常谈记，世传欧阳公作醉翁亭记，成以示尹师鲁，自谓古无此体。师鲁曰：古已有之。公愕然，师鲁起，取周易杂卦以示公，公无语，果如其说。（见宋代叶寘《爱日斋丛钞》，卷四，影印《文渊阁〈四库全书〉》本）

1. 汉前家谱只记录世系，表现生前荣耀，形式有谱有图，因世官世袭制，世系纯洁简单，有氏族谱、本宗谱。

2. 魏晋至隋唐世系内容，表现生前荣耀，形式单一，要么有谱，要么有图，但谱占绝大多数，只有极少数的家谱用图表现；因别选举、辨婚姻，"别"和"辨"当最主要体现在考证世系上，故当以本宗谱为主；谱虽不直观，但谱中小传等记录能对考辨起巨大帮助作用，故以谱为主，偶见图，体现出发展的变异性。

3. 宋元内容既表现生前荣耀，又体现死后哀荣，形式上谱图回归汉代，引入丧礼和祭礼内容；宋代家谱编修处于探索徘徊期，发展到元代定型。

4. 明清承接宋元家谱编修，体例进一步丰富，成为家族史的百科全书。

结　论

　　由上文可知，中国家谱编修源远流长，自古以来即和墓制系统、祠庙祭祖系统各自按照各自的趋势朝前发展。先秦时期的世官世袭制，要求家谱编修正确简单以纯洁血统好便利于世袭的继承，此期家谱内容含有远古的氏族谱系和本宗谱系，氏族谱系的追溯当反映时人对远古神力的崇拜；周代《世本》的出现，当是谱牒史上的大事，其既有文字叙述谱系，又有表格来直观展现世系，为后世谱牒的编撰起到了很好的示范作用；《史记》和《汉书》记录有众多家谱内容信息，其中《三代世表》《刘肥世系简表》等中的表格"旁行邪上"应取法于《世本》，而《吴太伯世家》《太史公自序》等都含有大量纯文字叙述的谱系内容，对后来的引谱入史有很好的示范作用。魏晋随着九品中正制的逐渐确立，家谱功能转变为以"别选举、辨婚姻"为主，此时敬宗收族的功能处于不是非常显耀的位置，于是此时家谱记录要求简单且要有权威，且家谱记录内容多记录族中有仕宦官职的人，若女方有家世背景，也一块记录，以显示男方的地位；家谱形式有文字叙述，偶尔也有表格，但以文字叙述谱系为主要；后来因为文字叙述谱可加入更多小传的内容，表格直观展示家谱世系的方法则随之逐渐减少，到宋代欧阳修编订自家族谱时，发现所看到的唐代遗留下来的众多家谱，都没有谱图。欧阳修大为感叹，认为家谱编修水平有下降的趋势。魏晋南北朝隋唐时期的家谱，多以编修本宗谱为主，氏族谱可能有不实在的成分，家谱编修时用得少，这也从侧面促成了姓氏专家的大批产生，这些专家以熟知姓氏源流为荣，但家谱编修还是以文字叙述的本宗谱为主，从而少有发展变化。欧阳修在查看了众多家谱后，认为家谱编修水平是下降的，于是其重拾《史记》《汉书》的表格之法，使家谱重新既有谱、又有图，而且关键是其还明文规定了谱例，使以后编修家谱时有章可循，当是有大功于后世。苏洵同样如此，这里就不再赘述。

宋时选官制度发生了根本的变革，家谱功能也随之改变为以"敬宗收族"为主！家族讲究敬宗收族，这样当对国家的统治有利，故朝廷持鼓励士大夫修谱的态度；又因为有宋一代，庙制不立，士大夫生存环境宽松，所以在收族编修家谱时，逐渐尝试其他一些对敬宗收族有好处的内容收录，包括和人们日常生活紧密相关的丧礼内容及祭礼内容等，而族谱渐渐对宗族的教化、劝诫、收族起了越来越重要的作用，"由是以仁率之，而联族属，缀亲疏，谱焉；以义行之，而尚行检，重名教，谱焉；以礼齐之，而崇明祀，敦嘉会，谱焉；以智成之，而比经训，寓劝诫，谱焉。"①

家谱内容在宋代逐渐增多，但是其增入的内容是有讲究的，以前只记录家族成员的荣耀事迹，现在则逐渐加入了墓制系统、祭祀系统等相关方面的内容，家谱的教化功能日益显出。人们在家谱中记录入墓葬信息、祭祀祖宗的信息，不是为了炫耀，而是为了把这些有关祖宗的事情记录下来，以这种方式敬宗，同时也尽量让敬宗的方式规范化，因用文字慎重记载，当有证据记录之功用。

在家谱中记录墓葬方面、祭祀方面的内容，是逐渐增多的，是有一个发展过程的，苏洵没有记录墓葬信息，欧阳修第一次修谱记录了好几处，但第二次修谱又把这些内容舍去了，显示了对家谱到底要记录哪些内容的探索心态。

宋代徽州地区的修谱和欧阳修心态颇有类似之处。北宋王汝舟和南宋王炎修谱不提墓葬祭祀等内容，而北宋程祁、南宋程大昌则在谱序中多次提及，且内容占有很重要的成分；南宋的吴潜、方桂森修谱没有墓葬信息，而两宋之交的黄天衢及南宋中期的朱熹所修之谱则含有大量的墓葬信息，所有的这些充分显示了宋代在家谱内容的编修上还处于探索期，表现了人们编修

---

① ［宋］程若甫：《汪溪金氏族谱序》，《古今图书集成·明伦汇编·氏族典》卷362《金姓部艺文》，影印《文渊阁〈四库全书〉》本。

时的徘徊状态。入元后，随着程祁、程大昌等特别是朱熹的影响，家谱编修在内容的记录上，逐渐增多对墓葬及祠堂祭祖内容的记录，且呈现大规模、群体性记录，标志了家谱在元代以所记录内容为标准的家谱编修的定型，即元代家谱编修记录的内容已经分为两大块：一块记录家族成员生前的荣耀信息，一块记录家族成员死后哀荣的情况，此情况包括丧礼系统和祭礼系统方面的众多内容。当然，元代记录墓葬信息的内容很多，但记录祠堂祭祀方面的内容还不是很多，但以汪松寿《汪氏渊源录》为例，所记关于祠堂方面的已经不少了。明清编修家谱，即是在元代所奠定的编修内容的基础上，继续丰富，最终使家谱成为记录家族史的百科全书。

主要参考文献

一、古籍类

〔南朝宋〕刘义庆：《世说新语》，影印《文渊阁〈四库全书〉》本。

〔西汉〕司马迁：《史记》，中华书局 1982 年版。

〔东汉〕班固：《汉书》，中华书局 1962 年版。

〔北齐〕魏收：《魏书》，中华书局 1974 年版。

〔唐〕杜佑：《通典》，影印《文渊阁〈四库全书〉》本。

〔唐〕林宝：《元和姓纂》，中华书局 1994 年版。

〔唐〕刘知几：《史通》，影印《义渊阁〈四库全书〉》本。

〔五代〕刘昫：《旧唐书》，中华书局 1975 年版。

〔宋〕欧阳修等：《新唐书》，中华书局 1975 年版。

〔宋〕王溥：《唐会要》，影印《文渊阁〈四库全书〉》本。

〔宋〕欧阳修等：《新唐书》，中华书局 1975 年点校本。

〔宋〕李心传：《建炎以来系年要录》，中华书局 1988 年影印本。

〔宋〕黎靖德：《朱子语类》，中华书局 1986 年点校本。

〔宋〕吴儆：《竹洲集》，影印《文渊阁〈四库全书〉》本。

〔宋〕朱熹：《晦庵先生朱文公文集》，安徽人民出版社 2001 年版。

〔宋〕欧阳修：《欧阳文忠公文集》，影印《文渊阁〈四库全书〉》本。

〔宋〕欧阳守道：《巽斋文集》，影印《文渊阁〈四库全书〉》本。

〔宋〕洪迈：《夷坚志》，中华书局 1981 年点校本。

〔宋〕周密：《齐东野语》，中华书局 1997 年点校本。

［宋］罗愿：《新安志》，黄山书社 2001 年版。

［宋］郑樵：《通志》，影印《文渊阁〈四库全书〉》本。

［宋］苏洵：《嘉祐集》，影印《文渊阁〈四库全书〉》本。

［宋］李心传、程荣秀：《道命录》，文海出版社 1981 年版。

［宋］邓名世：《古今姓氏书辩证》，影印《文渊阁〈四库全书〉》本。

［宋］汪藻：《浮溪集》，影印《文渊阁〈四库全书〉》本。

［元］马端临：《文献通考》，中华书局 1999 年影印本。

［元］戴表元：《剡源文集》，影印《文渊阁〈四库全书〉》本。

［元］吴海：《闻过斋集》，影印《文渊阁〈四库全书〉》本。

［元］舒頔：《贞素斋集》，影印《文渊阁〈四库全书〉》本。

［元］朱升：《朱枫林集》，《四库别集》本。

［元］李祁：《云阳集》，影印《文渊阁〈四库全书〉》本。

［元］脱脱等：《宋史》，中华书局 1977 年版。

［元］唐元：《筠轩集》，影印《文渊阁〈四库全书〉》本。

［元］揭傒斯：《文安集》，影印《文渊阁〈四库全书〉》本。

［元］欧阳玄：《圭斋文集》，影印《文渊阁〈四库全书〉》本。

［元］郑玉：《师山集》，影印《文渊阁〈四库全书〉》本。

［明］程敏政：《新安文献志》，影印《文渊阁〈四库全书〉》本。

［明］程敏政：《篁墩文集》，影印《文渊阁〈四库全书〉》本。

［明］戴廷明、程尚宽著，朱万曙等点校《新安名族志》，黄山书社 2004 年版。

［明］宋濂：《元史》，中华书局，1976 年版。

［清］万斯大：《学礼质疑》，清刻本。

［明］戴铣：《朱子实纪》，明正德八年鲍雄刻本。

［清］许承尧：《歙事闲谈》，李明回点校，黄山书社 2001 年版。

［清］赵吉士：《寄园寄所寄》，清康熙三十五年（1696）刻本。

［清］黄宗羲、黄百家、全祖望等：《宋元学案》，中华书局 1986 年点校本。

［清］董诰：《全唐文》，中华书局 1983 年版。

二、谱牒类

宋

方桂森：《汉歙丹阳河南方氏衍庆统宗图谱》，中国国家图书馆藏。

吴浩：《休宁商山吴氏重修族谱》，中国国家图书馆藏。

黄天衢：《祁门左田黄氏宗派图》，中国国家图书馆藏。

吴潜：《宋许国公复修源流世谱》，河北大学图书馆藏。

元

詹晟：《婺源庆源詹氏族谱》不分卷，中国国家图书馆藏。

汪垚：《新安汪氏庆源宗谱》不分卷，中国国家图书馆藏。

汪松寿：《汪氏渊源录》十卷，浙江省图书馆藏。

汪炤：《新安旌城汪氏家录》七卷，安徽省博物馆藏。

陈栎：《陈氏谱略》，影印《文渊阁〈四库全书〉》本。

明

汪奎：《歙县重修汪氏家乘》二十六卷，明正德活字本。

汪镬：《汪氏世纪》，嘉靖三十年（1551）刻本。

程敏政：《新安程氏统宗世谱》，成化十八年（1482）刻本。

程敏政：《休宁陪郭程氏本宗谱》，弘治十年（1497）刻本。

程尚芳：《新安休宁古城程氏宗谱》十一卷，隆庆四年（1570）刻本。

程弘宾：《歙西岩镇百忍程氏本宗信谱》十二卷，明刻本。

程昌：《祁门善和程氏谱》，嘉靖二十四年（1541）刻本。

程景珍：《休宁率口程氏续编本宗谱》，隆庆四年（1570）刻本。

程国维：《歙县新安程氏宗谱》四卷，明刻本。

程孟：《新安程氏诸谱会通》，景泰二年（1451）刻本。

程嗣功：《歙县槐塘程氏家谱》二十卷，明刻本。

程鸣球：《十万程氏会谱》十卷，嘉靖二十八年（1549）刻本。

戴尧天：《休宁戴氏族谱》十五卷，崇祯五年（1632）刻本。

罗汝声：《歙县罗氏宗谱》十卷，明刻本。

毕济川：《新安毕氏族谱》，民国间墨栏钞本。

吕继华：《歙县新安吕氏续修宗谱》，明刻本。

詹贵：《休宁流塘詹氏家谱》，弘治十二年（1499）家刻本。

谢廷谅：《古歙谢氏统宗志》八卷，明万历年间刻本。

洪允温：《婺源重修洪氏统宗谱》不分卷，明刻本。

汪道昆：《歙县汪氏十六族近属家谱》十卷，万历二十年（1592）刻本。

汪尚琳：《新安汪氏重修八公谱》，嘉靖十四年（1535）刻本。

吴以声：《休宁率东程氏家谱》，正统三年（1438）刻本。

王茂介：《泽富王氏宗谱》，成化六年（1470）刻本。

金瑶：《珰溪金氏族谱》，隆庆二年（1568）刻本。

郑之珍：《祁门清溪郑氏家乘》，万历十一年（1583）刻本。

汪道昆：《灵山院汪氏十六族谱》，万历二十二年（1594）刻本。

吴元孝：《临溪吴氏宗谱》，崇祯十四年（1641）刻本。

江珍：《溪南江氏族谱》，明刻本。

佚名：《曹氏统宗世谱》，万历四十三年（1615）刻本。

清

汪立铭：《仙源岑村汪氏族谱》十卷，光绪二十二年（1896）木活字本。

汪立正：《休宁西门汪氏大公房挥金公支谱》九卷，乾隆四年（1739）刻本。

吴月楼：《婺源环溪吴氏家谱》四卷，光绪二十九年（1903）木活字本。

汪国徘：《休宁汪氏世家谱》十卷，乾隆三十七年（1772）刻本。

汪準等：《祁门韩楚二溪汪氏家乘》，宣统二年（1910）木刻活字本。

冯光岱：《祁门中井河东冯氏宗谱》，清刻本。

程佐衡：《歙县新安程氏世谱征文录》十卷首一卷，清刻本。

王应瑞：《新安琅琊王氏四房思茂公统宗谱》八卷，嘉庆九年（1804）活字本。

项茂棋：《婺源汝南项氏宗谱》不分卷，清刻本。

金可玉：《祁门京兆金氏宗谱》十卷，清刻本。

金应礼：《祁门金氏统宗谱》八卷，清刻本。

王之策：《婺源新安太原王氏宗谱》十卷，清刻本。

王魁瘅：《婺源婺南云川王氏世谱》四卷，清刻本。

王文进：《婺源新安武口王氏总谱》十四卷，清刻本。

江廷霖：《婺源济阳江氏宗谱》十卷，光绪六年（1880）木活字本。

许棻逊：《歙县许氏家谱》不分卷，清刻本。

许德辉：《新安许氏家谱》四卷，光绪十七年（1891）活字本。

吴起凤：《新安歙西溪南吴氏统宗志》不分卷，清刻本。

朱彦祥：《婺源桐川朱氏宗谱》，清刻本。

陈宗礼：《祁西桃源陈氏通公家谱》，同治元年（1862）活字本。

李宸藻：《祁门理田李氏宗谱》，清刻本。

吴如彬：《歙县昌溪太湖吴氏宗谱》九卷，光绪二十四年（1898）木活字本。

董桂敷：《婺源仁裹明经胡氏支谱》，清刻本。

詹大衡：《婺源庆源詹氏宗谱》二十四卷，乾隆五十年（1785）木活字本。

程俨：《岩镇程氏家谱》六卷，乾隆十年（1745）刻本。

程天毓：《新安世忠程氏原录琼公支谱》十卷，康熙四十九年（1784）刻本。

程际隆：《祁门善和程氏仁山门支修宗谱》四十一卷，清刻本。

方善祖：《歙县淳安方氏柳山真应庙会宗统谱》二十卷，清刻本。

方盛昱：《祁门方氏宗谱》六卷，清刻本。

黄茂诗：《新安黄氏横槎重修大宗谱》，乾隆十七年（1752）刻本。

黄开簇：《虬川黄氏重修宗谱》，道光十年（1830）刻本。

余天柱：《蓝田余氏统宗世谱》，嘉庆五年（1800）钞本。

余克制：《新安余氏世系像谱》，光绪二年（1876）敦睦堂木刻活字本。

徐景京：《歙县新安徐氏宗谱》，乾隆三年（1738）刻本。

戴鸿儒：《戴氏宗谱》，光绪十五年（1889），木活字本。

江上锦：《歙县重修新安东关济阳江氏宗谱》，清刻本。

洪钊：《祁门桃源洪氏宗谱》，清刻本。

汪永藻：《歙西仙源汪氏族谱》，清刻本。

汪宏佈：《汪氏宗谱纂要》，乾隆四十年刻本。

汪永藻：《歙西仙源汪氏族谱》，清刻本。

汪宝树：《汪氏文献考》，光绪二十五年（1899）木活字本。

胡广植：《金紫胡氏家谱》，光绪三十三年（1907）木活字本。

查荫元：《婺源查氏族谱》，光绪十八年（1892）木活字本。

鲍存良：《歙新馆鲍氏著存堂宗谱》，光绪元年（1875）木活字本。

佚名：《蔡氏族谱》，嘉庆二十二年（1817）蔡佛赐钞本。

佚名：《王氏宗谱》，咸丰六年（1856）刻本。

佚名：《碧山李氏宗派谱》，宣统元年（1909）李培芳钞本。

三、著　述

赵华富：《徽州宗族研究》，安徽大学出版社 2004 年版。

唐力行：《徽州宗族社会》，安徽人民出版社 2005 年版。

王善军：《宋代宗族和宗族制度研究》，石家庄河北教育出版 2000 年版。

杜正胜：《中国古代社会与国家》，台北允晨文化出版公司 1993 年版。

李文治：《中国宗法宗族制和族田义庄》，北京社会科学文献出版社 2000 年版。

钱杭：《中国宗族制度新探》，中华书局 1994 年版。

钱杭：《传统与转型：江西泰和农村宗族形态——一项社会人类学的研究》，上海社会科学院出版社 1995 年版。

丁钢：《近世中国经济生活与宗族教育》，上海教育出版社 1996 年版。

费成康：《中国的家法族规》，上海社会科学院出版社 1998 年版。

陈支平：《福建族谱》，福建人民出版社 1996 年版。

唐力行：《商人与文化的双重变奏——徽商与宗族社会的历史考察》，华中理工大学出版社 1997 年版。

常建华：《宗族志》，上海人民出版社 1998 年版。

汪庆柏：《明清苏南望族文化研究》，南京师范大学出版社 1999 年版。

周荣德：《中国社会的阶层与流动——一个社区中士绅身份的研究》，学林出版社 2000 年版。

吴仁安：《明清江南望族与社会经济文化》，上海人民出版社 2001 年版。

徐建华：《中国的家谱》，百花文艺出版社 2002 年版。

张邦炜：《宋代婚姻家族史论》，人民出版社 2003 年版。

常建华：《明代宗族研究》，上海人民出版社 2005 年版。

黄宽重、刘增贵主编《家族与社会》，中国大百科全书出版社 2005 年版。

王鹤鸣：《中国家谱通论》，上海古籍出版社 2010 年版。

章毅：《理学、士绅和宗族——宋明时期徽州的文化与社会》，中文大学出版社，2013 版。

四、论　文

赵华富：《宋元时期徽州谱牒研究》,《两驿集》，黄山书社 1999 年版。

常建华：《元代族谱研究》,《谱牒学研究》第三辑，书目文献出版社 1992 年版。

常建华：《元人文集族谱序跋数量及反映的谱名与地区分布》,《中国史研究》2008 第 6 期。

林济：《宋元宗族谱系的构造——以徽州程氏为例》,《安徽史学》2014 年第 3 期。

王善军：《宋代谱牒的兴盛及其时代特征》,《中州学刊》1992 年第 1 期。

林振礼：《朱熹谱序发微》,《朱子学与 21 世纪国际学术研讨会论文集》。

［日］森田宪司：《宋元时代的修谱》,《东洋史研究》1979 年。

［日］多贺秋五郎：《中国宗谱的研究》，东京日本学生振兴会 1981 年。

张体云：《论朱熹与徽州宗族文化之间的关系》,《学术》2011 年第 1 期。

陈雷：《宋代徽州汪氏家族研究 》，上海师范大学硕士学位论文，2006 年 4 月。

包伟民：《唐宋家族制度嬗变原因试析》,《暨南史学》第一辑。

常建华：《继往开来：进入新世纪的宋以后宗族研究》,《史林》2007 年 5 月。

常建华：《宋明以来宗族制形成理论辨析》,《安徽史学》2007 年第 1 期。

王善军：《宋代宗族发展的区域差异及其原因》,《安徽史学》2013 年第

主要参考文献

1期。

黄超、王善军:《宋代族谱序跋所涉家族的地域分布》,《大连大学学报》2012年2月。

梅华:《宋代家谱序跋的文化意蕴》,《社会科学家》2012年8月。

周扬波:《宋代家族史研究的创新——并就正于柳立言先生》,《华南师范大学学报》2011年第3期。

邢永川:《试论谱牒序跋的文献价值》,1991年8月山西太原中国谱牒学研究会第二届学术讨论会学术论文。

胡小鹏:《元巩昌汪氏非汪古族考》,《西北师大学报》1994年11月第31卷第6期。

常建华:《谱牒学与徽学离不开徽州谱牒》,《安徽大学学报》2015年6月。

章毅:《元代徽州路的军功家族》,《安徽史学》2015年第3期。

王裕民:《宋元时期的徽州商人》,《安徽史学》2015年第3期。

林济:《徽州祖先谱系的构造与祖、宗、族的观念》,《安徽史学》2011年第3期。

赵华富:《论徽州宗族的繁荣》,《东方论坛》2010年第2期。

翟屯建:《徽州私撰家谱与公修族谱的差异》,《安徽史学》2006年第6期。

郑力民:《安徽宗族历史与徽州宗族社会》,《学术界》1999年第4期。

许斌:《宋代黟县汪勃家族科举仕宦考论》,《淮海工学院学报》2014年第12卷第7期。

吴建华:《徽州叶姓的源流——兼论区域姓氏研究与中华姓氏学、宗族史、谱牒学的关系》,《中国社会历史评论》第十卷,2009年。

董乾坤:《地方政治势力的兴起与历史人物形象重塑——以罗愿〈新安志〉汪华记载为中心的考察》,《安徽大学学报》,2015年第5期。

章毅:《理学社会化与元代徽州宗族观念的兴起》,《中国社会历史评论》第九卷,2008年。

臼井佐之子:《徽州汪氏家族的迁徙与商业活动》,《江淮论坛》1995年第2期。

赵龙:《试析宋代徽州进士的分布特点》,《社会科学论坛》2009 年 12 月。

唐力行:《论徽州宗族社会的变迁与徽商的勃兴》,《中国社会经济史研究》1997 年第 2 期。

常建华:《宋元时期徽州祠庙祭祖的形式及其变化》,《徽学》2000 年卷。

唐力行:《徽州宗族研究概述》,《安徽史学》2003 年第 2 期。

常建华:《近十年明清宗族研究综述》,《安徽史学》2010 年第 1 期。

常建华:《近十年宋辽金元宗族研究综述》,《安徽史学》2011 年第 1 期。

李文胜:《论元代延祐科举的意义》,《北方论坛》2015 年第 1 期。

丁希勤:《唐宋汪华的神话故事与徽州社会变迁——以〈新安忠烈庙神纪实〉为中心》,《安徽史学》,2013 年第 3 期。

陈爽:《出土墓志所见中古谱牒探迹》,《中国史研究》2013 年第 4 期。

朱文慧:《现实与观念:南宋社会"民风好讼"现象再认识》,《中山大学学报》2014 年第 6 期。

陈直:《南北朝谱牒形式的发现及索隐》,《西北大学学报》1980 年第 3 期。

朱开宇:《科举社会、地域秩序与宗族发展——宋明间的徽州(1100—1644)》,硕士论文,2004 年。

张秉权:《中国最早的家谱—— 牛胛骨上的儿氏家谱》,载《第三届亚洲族谱学术研讨会会议记录》,联经出版事业公司 1987 年版。

汪庆元:《〈新安旌城汪氏家录〉初探》,《文献》2003 年第 4 期。

附　录

1. 安徽师范大学徽州文化研究中心谱牒库藏宋元谱序统计表

	谱序名	宋代作者	时间及功名	谱序名	元代作者	时间及功名	所在家谱名
毕7篇	1《长陔族谱序》	毕范	宋淳祐十二年裔孙歙学教喻	1《石耳毕氏谱序》	毕元凤	元贞二年（1296）	［明］毕济川《新安毕氏族谱》民国间墨栏钞本
	2《歙南长陔毕氏续谱序》	吕午	宋淳祐十二年朝议大夫竹坡老人吕午伯可	2《长陔毕氏家谱序》	郑玉	至正甲子	
				3《长陔毕氏重修家谱序》	毕复初	至元二年	
	3《歙南口溪毕氏家谱序》	江松	淳祐辛亥卓轩萧江松	4《上北街毕氏家谱旧序》	毕祥	至正甲午	
查2篇	1《刑部郎中集贤殿修撰周孟阳序》	周孟阳	宋熙宁二年刑部郎中集贤殿修撰				［清］查庆曾《婺源查氏族谱》（光绪壬辰年续辑）
	2《宋滃安教谕裔孙仪韶序》	查仪韶	宋滃安教谕				
陈2篇	1《宋开庆元年谱序》	陈思	宋开庆元年	1《元至正十五年谱序》	陈辰	元至正十五年	［清］陈淦《文堂陈氏宗谱》清道光八年木活字本（祁门）

	谱序名	宋代作者	时间及功名	谱序名	元代作者	时间及功名	所在家谱名
程 49 篇	1《程氏世录序》	承议	庆历三年				[明]程尚芳《新安休宁古城程氏宗谱》十一卷明隆庆四年（1570）刻
	2《程氏世谱后序》	士忠	绍圣丙子				
	3《程氏世谱序》	山阴陆佃农师	尚书左丞致仕崇宁壬午				
	4《重编程氏世谱后序》	凌唐佐	承直郎差知高唐州夏津县事				
	5《程安守序》	安守	绍熙壬子				
	6《程氏源流纪略序》	德崇	宋景定壬戌				
	7《休宁古城程氏谱序》	应新	德祐元年（1275）				
	8《程氏源流纪略跋》	赵象元	景炎丙子（1277）				
	9《程应新序》	应新	景炎丙子京学古城族子				
	10《程祁序》	程祁序	宋				[清]程佐衡《歙县新安程氏世谱征文录》十卷首一卷，光绪十九年刻本。此谱所以宋元谱序同程敏政《程氏统宗世谱》
	11《录程俱序开化北源程氏谱》	程俱	中奉大夫徽猷阁待制新安县开国伯				
	12《录程森黟南山程氏谱序》	程森	宝祐六年宣教郎添差通判抚州军州				
	13《录程大昌休宁会里程氏谱序》	程大昌	龙图阁直学士宣奉大夫权吏部尚书				
	14《录程明远休宁会里程氏续谱序》	程明远	癸卯四月				

续表

	谱序名	宋代作者	时间及功名	谱序名	元代作者	时间及功名	所在家谱名
程49篇	15《录程龙斗德兴新建程氏世谱序》	程龙斗	庚戌				［清］程佐衡《歙县新安程氏世谱征文录》十卷首一卷，光绪十九年刻本。此谱所以宋元谱序同程敏政《程氏统宗世谱》
	16《录朱德婺源长径程氏谱跋》	朱德	景定三年迪功郎武夷书院山长文公从曾孙				
	17《录程复祁门善和程氏续谱序》	程复	景定四年				
	18《录程达可德兴南溪程氏谱系图序》	程达可	绍定五年迪功郎两浙转运使司准备差遣				
	19《录程坦德兴泸口程氏谱序》	程坦	淳熙丁酉				
				1《录程厚得德兴泸口程氏续谱序》	程厚得	元统甲戌	
				2《录程钜夫题程氏谱系》	钜夫	至元十九年集贤直学士中议大夫兼秘书少监宗人	
				3《录吴澂题河南程氏谱》	吴澄	翰林学士资善大夫知制诰同修国史临川	
				4《录程龙书婺源龙陂程氏谱》	程龙	中顺大夫徽州路同知总管府事	
				5《录程时登题乐平长城程氏续谱》	时登	至治壬戌	

续表

	谱序名	宋代作者	时间及功名	谱序名	元代作者	时间及功名	所在家谱名
程49篇				6《录程钜夫跋程氏世谱》	宗人钜夫	皇庆改元二月翰林学士承旨荣禄大夫知制诰兼修国	
				7《录程文书程氏宜振录后》	程文	奉直大夫中书礼部员外郎	
				8《录汪泽民婺源环溪程氏续谱序》	汪泽民	至顺四年嘉议大夫礼部尚书	
				9《录胡南华婺源龙山程氏谱序》	胡南华	至顺癸西	
				10《录朱公迁婺源彰睦程氏续谱序》	鄱阳朱公迁	至正己巳	
				11《录程斗书休宁率口程氏族谱后》	上湖程斗		
				12《录程岘休宁陪郭程氏谱序》	程岘	至正八年休宁陪郭嗣孙	
				13《录金梦岩休宁陪郭程氏续谱跋》	金梦岩伯明	至正八年	
				14《录韩廉婺源凤岭程氏世宝书序》	韩廉	戊申三月	

续表

	谱序名	宋代作者	时间及功名	谱序名	元代作者	时间及功名	所在家谱名
程49篇	20《序富溪程氏迁徙世次》	珌	嘉定十七年吏部侍郎兼权中书舍人中奉大夫				[明]程鸣球《十万程氏会谱》十卷嘉靖二十八年（1549）刻本
	21《叙宣议公建昌派世系》	宗人若庸	咸淳十年				
	22《闵口程氏族谱序》	裔孙明	嘉定甲申歙州学正	15《富溪程氏族谱序》	护都答儿	至正戊子朝散大夫徽州路总管兼管内劝农事	
				16《程氏会通谱序》	鲍宁	景泰二年	[明]程孟《新安程氏诸谱会通》传钞明景泰二年（1451）修本
	23《程氏玑谱序》	裔孙玑	景炎（1276—1278）				[清]程俨《岩镇程氏家谱》六卷 乾隆十年（1745）刻本
	24《新安世忠程氏原录曼公富登夫谱序》	三十八世孙掌书百一	宋嘉熙元年				[清]程天毓《新安世忠程氏原录琼公支谱》十卷 康熙四十九年刻本
	25《德崇公纪略原序》	裔孙德崇	宋景定壬戌				[清]佚名《潜阳程氏支谱》清光绪元年（1875）
	26《程璇序》	程璇	宋				[清]程际隆《祁门善和程氏仁山门支修宗谱》四十一卷，清刻本

	谱序名	宋代作者	时间及功名	谱序名	元代作者	时间及功名	所在家谱名
程49篇				17《祁门善和程氏续谱序》	十四世孙仁寿	天历三年（1330）	
				18《太平弦歌程氏谱序》	裔孙添保	至治元年	
				19《栢溪程氏族谱序》	宗人和溪泰	天顺壬午赐进士第奉政大夫户部郎中	
	27《程氏谱序》	裔孙伯梅	淳熙丁酉				[清]佚名《怀宁程氏支谱》清道光十九年（1839）刻本
				20《族谱前序》	梦各	元大德二年	[明]程景珍《安徽休宁率口程氏续编本宗谱》六卷，明隆庆四年（1570）刻本
				21《族谱后序》	梦文	元大德四年	
				22《程君选序》	君选	元大德六年	
戴13篇	1《戴氏族谱旧》序	洪迈	宋隆庆癸未翰林学士				[明]戴尧天《休宁戴氏族谱》十五卷明崇祯五年（1632）刻本
	2《戴氏族谱序》	十七世孙仲杞	宋开庆元年				
	3《戴氏开源表序》	裔孙元凯	景定三年				
	4《谯国戴氏族谱原序》	佚名	宋绍熙四年				[清]撰修者不详《永春戴氏宗谱五卷》光绪二十七（1901）活字本
	5《谯国戴氏宗谱原序》	裔孙仲杞	宋开庆元年				

	谱序名	宋代作者	时间及功名	谱序名	元代作者	时间及功名	所在家谱名
戴13篇				1《新安休宁隆阜戴氏纪源序》	十五世孙南山端肃	元大德五年	［清］戴鸿儒《休宁隆阜戴氏荆墩门家谱》光绪十五年（1889）木活字本
				2《隆阜戴氏族谱序》	睦郡童源以青	至正十四年	
				3《朱升序》	朱升	至正十四	
				4《绩溪戴氏重修统宗族谱叙》	通家眷生程荣秀	至元癸卯	
	6《戴氏族谱序》	裔孙濂	大宋大观己丑	5《戴氏宗谱序》	裔孙古梅	元大德	［清］戴国忠《礼村戴氏统宗谱》十卷，清光绪三十四年（1908）木活字本
				6《戴氏谱序》	裔孙友芳	元至正癸巳岁	
				7《戴氏宗谱序》	裔孙昌三	元至治三年	
方23篇				1《方氏族谱序》	贞白里师山郑玉	至治四年	［清］佚名《歙县淳安方氏族谱》不分卷 清刻本
	1《梧冈方氏家乘旧序》	颜	宋元丰元年				
	2《方氏家乘后序》	蛟峰逢辰	宋咸淳戊辰礼部尚书	2《原谱》	汪松寿	大元延祐二年	［民国］方增云《歙县河南方氏宗谱》十卷民国刻
				3《桐冈方氏族铭》	裔孙杰	翰林院直学士	
				4《原姓》	裔孙世荣	元泰定乙丑	
	3《方氏族谱原序》	翰林学士李实	宋天圣元年				［民国］《绩溪城南方氏四修宗谱》24卷 附城南方氏祠谱四卷 民国刻本

续表

	谱序名	宋代作者	时间及功名	谱序名	元代作者	时间及功名	所在家谱名
方23篇	4《方氏族谱后序》	裔孙蒙	宋嘉祐八年	5《黟侯子姓分派序》	佚名	元	［清］方善祖《歙具淳安方氏柳山真应庙会宗统谱》二十卷 清刻本
	5《方氏续修族谱序》	宗人仕燮	宋政和五年	6《方氏族谱图序》	蒙	元祐三年	
	6《方氏家谱序》	裔孙柘源愚	建炎四年				
	7《锦庭方氏家谱序》	裔孙鹏飞	淳祐二年				
	8《方氏源流录序》	程元凤	宝祐六年新安郡古国公				
	9《河南方氏统宗衍庆图序》	裔孙桂森	宋末帝己丑	7《聊墅方氏族谱序》	曹泾	至大戊申	
				8《聊墅方氏源流序》	裔孙巨川	至大元年	
				9《续方氏家谱序》	裔孙巨川	元延祐元年	
				10《方氏族谱序》	师山郑玉	元至治四年	
	10《族谱宗图序》	十三代孙大琮	宋嘉定元年				［民国］佚名《安徽金紫方氏族谱》（民国壬午年三修）
	11《方氏科第世系序》	十三代孙大琮	宋嘉定元年				
	12《方氏族谱序》	李斌	宋天圣元年翰林学士	11《方氏统宗族谱序》	欧阳玄	至正十年翰林侍讲学士中奉大夫	［民国］黄锦显《问政方氏宗谱》（民国二十六年木活字本）

续表

	谱序名	宋代作者	时间及功名	谱序名	元代作者	时间及功名	所在家谱名
冯4篇	1《冯氏宗谱序》	五十六世裔孙誧	咸平己亥				[清]佚名《绩溪冯氏宗谱》十四卷光绪刻本
	2《冯氏宗谱序》	裔孙友龙	淳熙辛丑荆州太守				
	3《尚书冯公像图序》	叶梦得	宣和元年八月之吉，赐进士出身，吏部尚书				
	4《续修冯氏谱序》	矢朝阳	柔兆涒滩（936后晋）				
葛2篇	1《乾兴始修原谱序》	裔孙湘	乾兴元年（1022）				[清]佚名《枢密葛氏宗谱》十六卷（首一卷末一卷）宣统刻本
	2《庆元续修谱序》	朱熹	庆元二年				
洪9篇	1《洪丞相文慧公适渊源序》	裔孙适	绍兴丁卯				[民国]佚名《婺源敦煌郡隐溪洪氏宗谱》民国刻本
	2《枢密文安公遵渊源序》	裔孙遵	绍兴十有一年				
	3《内翰文敏公迈序》	裔孙容齐迈	淳熙甲午	1《直讲君庆源昭穆图序》	裔孙恭	元符改元戊寅	
				2《洪氏谱序》		元延祐五年	
				3《菊泉洪公序》	裔孙遂仁	泰定丁卯	
				4《宗室赵耐菴序》	耐菴赵与阅	至元庚寅主簿	
	4《官源旧序》	提刑王汝舟	熙宁四年				[清]洪钊《祁门桃源洪氏宗谱》清刻本

	谱序名	宋代作者	时间及功名	谱序名	元代作者	时间及功名	所在家谱名
洪9篇	5《录文惠公谱序》	裔孙适	乾道三年				［清］洪先富《洪氏续修族谱》清光绪七年（1881）活字本
胡23篇	1《宋尚书范仲淹序》	范仲淹	兵部尚书节度使				［民国］佚名《江西清华东园胡氏勋贤总谱》三十卷 民国五年木活字版
	2《宋状元王十朋序》	乐清王十朋	隆兴元年				
	3《雪蕙先生序》	雪蕙遗老	建中靖国元年				
	4《樵隐先生序》	师言元龙	乾道九年				
	5《文宗先生序》	文宗	嘉泰四年	1《壶山先生序》	壶山介端	至元壬辰	［民国］胡国华《歙县金川胡氏宗谱》民国二十一年（1932）木活字本
				2《得云先生序》	得云天瑞	至元壬辰	
				3《济鼎先生序》	十世孙济鼎	德祐元年	
				4《双湖先生序》	一桂	大德元年	
				5《玉林先生序》	十一世孙世荣	大德二年	
				6《良骏先生序说》	十三世孙良骏	至元二十九年	

附录

233

续表

	谱序名	宋代作者	时间及功名	谱序名	元代作者	时间及功名	所在家谱名
胡23篇				7《定菴先生序》	嗣孙升	至元十四	［清］董桂敷《婺源仁裏明经胡氏支谱》清刻本
				8《明经先世省墓序》	次焱	元	
				9《明经先世省墓序并规约》	次焱	元	
				10《省墓后序》	次焱	元	
	6《俊杰公谱序》	俊杰	乾道九年	11《炎午公谱序》	十五世孙炎午	大德元年	［清］胡廷琛《祁门胡氏族谱》不分卷清刻本
	7《胡氏族谱系》	裔孙胡行简	（宋）政和三年				［清］胡景《安徽横冈胡氏支谱》二卷清康熙四十三年（1704）木活字本
	8《胡氏序族碑谱》	舒行中	宣和元年				
	9《横冈胡氏谱系》	裔孙胡季丛	宣和四年乡贡进士				
	10《绍兴始修原谱序》	胡舜陟汝明	宋绍兴十二年				［民国］佚名《柳川绩邑胡氏宗谱》民国三十五年版
	11《乾道重修家谱序》	胡舜申	宋乾道元年舒州府判				
	12《淳熙续修谱序》	胡伟元迈	淳熙八年裔孙正奉大夫江西宣抚使				

续表

	谱序名	宋代作者	时间及功名	谱序名	元代作者	时间及功名	所在家谱名
黄21篇	1《新安祁闾左田黄氏源流序》	希逸	宋至和乙未	1《左田黄氏续谱序》	林邑玉溪吴观万	元大德丙午杭州山长	[清]黄茂诗《新安黄氏横槎重修大宗谱》清乾隆十七年（1752）刻本
	2《休宁西坑黄氏族谱序》	祁门姻生冯式	宋庆历五年屯田员外郎	2《新安祁闾左田黄氏家乘后序》	十八世孙显乡	元大德丙午	
	3《左田黄氏续谱序》	天衢	宋政和五年	3《休宁古林黄氏重编族谱序》	立	元皇庆癸丑婺源州儒学学正	
	4《休宁黄村黄氏族谱序》	同郡汪雄图	宋庆元丁巳秀水县令	4《西坑黄氏续谱序》	朱克正	元至正十三年	
	5《左田黄氏重修谱序》	鼎	宋嘉泰甲子	5《休宁黄村续谱序》	后学俞秀	至元癸巳	
	6《休宁古林黄氏世系图序》	二十八世孙文益	宋淳熙丁未	6《休宁半琅黄氏家乘族谱序》	静斋朱克正	大元至正甲午婺州州判	
	7《左田黄氏宗谱序》	遇龙	宋咸淳八年	7《黄何谱跋》	何	皇庆元年朝议大夫	
	8《黄氏世谱序》	参知政事吴育	宋庆历乙酉	8《黄行叟谱跋》	嗣孙行叟	皇庆元年	
	9《黄氏宗谱图序》	元之	钧州判官				
	10《休宁五城黄氏家谱序》	裔侃子和	绍熙四年				
	11《虬川黄氏宗谱序》	吕祖谦	淳熙元年国史院编修				[清]黄开簇《虬川黄氏重修宗谱》清道光十年（1830）刻本
	12《黄氏族序》	枢密吕端	宋宝庆二年	9《黄氏重修宗谱序》	赵时春	大元至正三年	[民国]佚名《安徽绩溪双井黄氏宗谱》（民国刻本）

	谱序名	宋代作者	时间及功名	谱序名	元代作者	时间及功名	所在家谱名
江3篇	1《宋绍定癸巳谱序》	佚名	宋	2《元至正丁亥族思明序》	明行祥一思明	至正七年侍郎十三世裔孙	[清] 江廷霖《婺源济阳江氏宗谱》十卷 清光绪 六 年（1880）木活字本
				3《元至正庚寅族祖元序》	北窗逸士祖元	至正七年	
金7篇	1《金氏家谱序》	十世孙杰	淳熙甲午	1《金氏家谱序》	虞集	元统二年同修国史	[清] 金可玉《祁门京兆金氏宗谱》十卷 清刻本
	2《宋进士鄱阳令朋说公序》	裔孙朋说	庆元六年	2《金氏家谱序》	世孙仲温		
	3《宋亚魁黟阳少府若洙公序》	裔孙若洙	景炎丙子	3《元儒定宇先生陈公栎序》	同里定宇陈栎	至大戊申	
	4《宋儒武夷书院山长程公若庸序》	勿斋程若庸	咸淳丁卯				
李11篇	1《李氏宗谱旧序》	建安真德秀	宋嘉定十四年江东转连副使	1《李氏宗谱序》	临川幼清吴澄	大元至元年辛酉翰林学士	[清] 佚名《婺源严田李氏家谱》清光绪二十七年（1901）木活字本
	2《李氏宗谱旧序》	眷生竹山谢琏	宋嘉定十四年	2《李氏宗谱序》	新安定宇陈栎	元治辛酉	
	3《李氏宗谱旧序》	上浣裔孙秀	绍兴五年	3《李氏宗谱序》	裔孙留斋与廉	延祐庚申	
	4《李氏宗谱旧序》	裔孙希置	嘉定十三年	4《李氏宗谱序》	初月	至正十二年	
	5《李氏宗谱旧序》	裔孙大冶	嘉定十三年				
	6《李氏宗谱旧序》	裔孙韶	嘉定十三年				
	7《理田曦公序》	介轩董梦程	宋端平二年				[明] 李宗垣《江西婺源理田李氏宗谱》明木刻活字本

续表

	谱序名	宋代作者	时间及功名	谱序名	元代作者	时间及功名	所在家谱名
吕 7 篇	1《新安吕氏世家族谱序》	裔孙蒙	大宋嘉祐八年	1《吕氏传世录谱序》	十一世孙荣	大元祥兴二十九年翰林院龙图待制学士	[明]吕继华《歙县新安吕氏续修宗谱》明刻本
	2《新安吕氏统宗族谱序》	裔孙吕伯可	宋政和五年增广生员				
	3《吕氏名贤功迹》	佚名	宋政和六年				
	4《新安吕氏世家谱序》	裔孙绍乙	宋建炎四年				
	5《续吕氏举要族谱序》	从谦	皇宋天圣七年				
	6《吕氏世谱序》	裔孙开连	大宋建炎十九年				
罗 6 篇	1《旧叙》	潮晚名朝英	宝庆二年丙戌	1《罗氏谱序》	曹泾	元至大庚戌乡贡进士	[明]罗汝声《歙县罗氏宗谱》十卷明刻本
				2《罗氏谱序》	乡人将师友	至大辛亥	
				3《罗氏谱序》	鲍氏淳祖		
				4《罗氏谱序》	谢庭兰	皇庆癸丑中秋	[明]佚名《歙县罗氏家谱》不分卷 明钞本
				5《重修家谱序》	十三世孙荣族	至大己酉	
佘 2 篇	1《佘氏家世原序》	泗	皇宋元嘉元年	2《佘氏徽谱序》	应	皇元大德三年	[清]佘逸、佘炎《歙县雁门佘氏宗谱》民国九年（1920）木刻活字本

	谱序名	宋代作者	时间及功名	谱序名	元代作者	时间及功名	所在家谱名
舒5篇	1《附录元褒公谱序》	叔宝	宋绍兴三年进士第文林郎乌程令				[民国]编撰者不详《舒氏家谱》不分卷 民国刻本
	2《东峰公原序》	十世孙贺	大宋天佑元年				
	3《东峰公自序》						
	4《尚义公自序》	世崇	大宋太平兴国四年				
	5《录旧谱原序》	文守	宋大观元年赐进士第大中大夫惠州刺史				[清]舒安仁《华阳舒氏统宗谱》清同治九年叙伦堂活字本
宋1篇	1《宋氏族谱序》	钟山黄周星	嘉祐龙纶				[清]宋德泽《歙西金山宋村宋氏族谱》十二卷 清康熙五十九年(1720)秉德堂刻本
苏2篇	1《苏氏世谱序》	苏比	丞相三世孙				[清]苏大《休宁新安苏氏族谱》十五卷 乾隆元年刻本
	2《苏氏分派序》	苏汉	府学教授				
孙4篇	1《宋嘉祐己亥谱序》	裔孙抗	嘉祐四年工部郎中	4《元延祐丙辰谱序》	十二世孙政祖	延祐三年	[清]孙家晖《古筑孙氏家谱》黟县,共6册,清嘉庆十七年(1812)刻本
	2《嘉定壬申谱序》	世孙本梓	嘉定五年				
	3《咸淳丁卯谱序》	程元凤	咸淳三年吉国公				

	谱序名	宋代作者	时间及功名	谱序名	元代作者	时间及功名	所在家谱名
吴5篇	1《证环溪文言公续谱之讹》	新安吴格	宋宝庆三年中书起居舍人兼知右学殿，修撰裔孙				[清]吴月楼《婺源环溪吴氏家谱》四卷，清光绪二十九年（1903）木活字本
	2《六将仕修谱序》	重九三友	嘉定二年				[清]吴铨《休宁璜源吴氏族谱》十卷，清刻本
	3《新安歙西溪吴氏世谱叙》	程元凤	咸淳乙丑新安郡开国公	1《吴叙》	嗣孙梦炎斋沐	泰定二年承务郎徽州路同知婺源州	[清]吴起凤《新安歙西溪南吴氏统宗志》不分卷，清刻本
				2《吴叙》	十四世孙嵩高	至治元年	
王20篇	1《太原郡派婺云川王氏世谱原叙》	廿八世孙湘	宋宣和庚子云川九世孙蕲州司法度譔				[清]佚名《太原郡派新安婺南云川王氏世谱》同治五年钞本
	2《婺源武口王氏九族图序》	王汝舟	嘉祐三年崇仁县尉	1《敬齐翁百世图序》	裔孙叔安	德祐元年	[清]王之策《婺源新安太原王氏宗谱》十卷，清刻本
	3《云溪翁后序》	王汝舟	七世孙，左朝散大夫上柱国，安仁县开国男	2《肇公续谱序》	十五世孙肇	至元二十七年	
	4《双溪居士世系录前序》	王炎	嘉定四年	3《王氏惇叙图引》	十六世孙隆	元	
	5《双溪居士后序》	王炎	宋	4《惇叙图后序》	汪泽民	元至正戊子礼部尚书后学	

续表

	谱序名	宋代作者	时间及功名	谱序名	元代作者	时间及功名	所在家谱名
王20篇	6《耘齐懒翁题族图后》	十一世大中	宋开禧二年				
	7《王氏重修宗谱叙》	昌时	宋景定三年国子监进士，前武岗军新学校授				
	8《王氏续图序》	昌时	宋端平三年国子监进士前武冈军新学校授				
	9《起莘翁续谱序》	十四世孙起莘	宋景定三年				
	10《隆公续郡城派家乘序》	裔孙隆	宋咸淳戊辰				
	11《续修谱序》	十世孙直亨	宋淳熙己亥				［清］王魁瑃《婺源婺南云川王氏世谱》四卷 清刻本
	12《又序》	十一世孙燧	宋				
	13《又序》	十世孙元龟	宋侍郎				
	14《又序》	十二世孙棠	宋嘉定辛巳				
	15《又序》	京兆金孟宣	宋				
	16《宋咸淳甲戌惇叙图引》	十六世孙俏	宋				［清］李振苏《槐溪王氏支谱》六卷 首一卷咸丰六年（1856）木活字本

续表

	谱序名	宋代作者	时间及功名	谱序名	元代作者	时间及功名	所在家谱名
汪42篇	1《汪氏旧谱序》	汪克一七峰	绍兴癸丑	1《渊源录序》	廉希贞	泰定丙寅	[民国]汪宗海《歙县歙西汪氏重辑支谱》四卷 民国八年钞本
	2《重修庆源谱序》	高梧翔凤	咸淳庚午1271年	2《渊源录又序》	松寿正心	泰定丙寅	
				3《谱论》	汪松寿		
				4《庆源宗谱跋》	汪垚子厚	泰定戊辰	
				5《重修谱序》	汪垚子厚	至顺庚午	
	3《坦翁有闻家谱卷首叙》	有闻	咸淳辛未	6《伯卫德馨重编族谱序》	裔孙德馨	泰定改元望日	[明]汪奎《歙县重修汪氏家乘》二十六卷 明正德活字本
				7《龙溪坦头汪氏续谱序》	师山郑玉	大元至正八年	
				8《鲔溪汪氏世乘录序》	泽民	至正戊戌礼部尚书	
	4《汪氏续修世谱叙》	新安朱熹	淳熙戊申秋九月甲戌	9《汪氏宗谱序》	庐陵欧阳玄	至正三年	[清]江立铭《仙源岑村汪氏族谱》十卷 清光绪二十二年（1896）木活字本
				10《续谱》	汪潜仲鲁		[明]汪镬《汪氏世纪》明嘉靖三十年（1551）刻本
	5《汪氏族谱序》	裔孙京	淳祐壬寅孟春望日				[民国]汪嘉锦《绩溪坦川越国汪氏族谱》十六卷，民国刻本

	谱序名	宋代作者	时间及功名	谱序名	元代作者	时间及功名	所在家谱名
汪42篇	6《梧村汪氏支谱序》	裔孙藻彦章	宋前显谟阁学士寓饶之德兴	11《梧村汪氏续修谱序》	裔孙徐孟阳	大德二年	［清］汪国徘《休宁汪氏世家谱》十卷 乾隆三十七年刻本
	7《梧村汪氏续修支谱序》	彦中宗敏	绍兴甲戌				
	8《周村汪氏旧谱序》	宗人藻	宋绍兴十年				
	9《汪氏宗谱序》	吴郡范成大	宋绍兴二十九年				
				12《清流汪氏续修谱序》	眷弟星源俞师鲁	大元大德五年隆兴路教授	［民国］汪顺昌《汪氏世守谱》十卷 民国五年活字本
				13《汪氏世守谱》	思仁	五十八世孙	
				14《楚溪汪氏宗支图序》	汪伿	宣和二年	［清］汪凖《祁门韩楚二溪汪氏家乘》清宣统二年（1910）木刻活字本
	10《姓氏论》	罗愿	宋	15《谱由》	汪斌	至正丙戌	
				16《姓氏续论》	汪斌 号云渡	至正	
	11《宋序》	程珌	宋端平乙未休宁开国男食邑九百户	17《唐模汪氏宗谱原序》	云龙以云	大德二年	［清］汪永藻《歙西仙源汪氏族谱》清刻本
				18《藏溪汪氏本支世系图序》	士良	大德元年丁酉	［明］汪尚琳《新安汪氏重修八公谱》明嘉靖十四年（1535）刻本

	谱序名	宋代作者	时间及功名	谱序名	元代作者	时间及功名	所在家谱名
汪42篇	12《汪氏族谱序》	朱熹序（附录太好）	宋	19《汪氏族谱序》	欧阳玄（附录好）	元	[民国]汪立中《绩溪余川越国汪氏族谱》民国五年木活字本
	13《汪氏族谱序》	周必大序（附录好）	宋				
	14《汪氏族谱序》	汪京（附录好）	淳祐				
	15《汪氏族谱序》	董升龙	宝祐甲寅良月初吉古番				
	16《汪氏家谱世系序》	裔孙楫筠	宋绍兴三十一年赐进士出身承直郎扬州路通判	20《续书家谱》	汪泽民	元至正三年嘉议大夫礼部尚书	[清]汪炳章（祁门）《磻溪汪氏家谱》二十卷首一卷末一卷，1886年刻本
	17《始迁婺源序》	金城黄谏	宋隆兴年二岁尚书司卿兼翰林院传讲	21《元授篾公勅牒》			
	18《迁磻溪序》	张敦颐	宋乾道元年南剑州教授				
	19《宋始迁黟北祖仁雅公原序》	庆堂汪僎先	天禧元年				[清]汪纯粹《黟县弘村汪氏家谱》清乾隆十三年（1747）刻本
	20《宋始迁弘村祖彦济公原序》	汪彦济公楫甫	绍兴庚午				
	21《汪氏旧谱序》	朱熹	淳熙戊申				[明]汪道昆《歙县汪氏十六族近属家谱》十卷万历二十年（1592）刻本

续表

	谱序名	宋代作者	时间及功名	谱序名	元代作者	时间及功名	所在家谱名
项7篇	1《汝南项氏宗谱旧序》	项安世	乾道九年湖南转运判官	1《汝南族谱序跋》	徐明善	延祐乙卯提举江浙等处	［清］项茂棋《婺源汝南项氏宗谱》不分卷，清刻本
	2《绩溪项氏自叙家谱序》	时颐	嘉定十七年	2《汝南项氏宗谱序》	林延宝	延祐二年	
	3《绩溪相氏族谱旧序》	同邑余建	绍定元年进士著作郎	3《绩溪项氏绩修家谱自叙》	十六世孙修职	大元至治三年	
				4《绩溪项氏宗谱序》	四明宋煜	大元至顺池州府学校教授	
谢5篇	1《会稽东山谢氏家谱序》	门婿黄庭坚	大宋元祐四年翰林院太史				［清］撰修者不详《歙县新安谢氏族谱》不分卷，清刻本
	2《东山谢氏家谱序》	彭龟年	绍熙五年中书舍人				
	3《东山谢氏族谱序》	郑清之	淳祐九年右丞相兼枢密使				
	4《新安谢氏族谱序》	方逢辰	咸淳五年兵部侍郎同修国史实录院修撰兼侍读				
	5《谢氏族谱序》	同郡岩寺吕午	宋右文殿修撰				
徐3篇	1《徐氏宗谱序》	庐江金孟博	绍兴二十年同修国史				［明］徐岩护《休宁徐氏家谱》不分卷，清抄本
	2《旧序》	二十四世孙申	宋嘉定十七年	3《徐氏分徙序》	邑人眷生章奭	至正十四年观察使	［清］徐景京《新安徐氏宗谱》乾隆二年（1737）刻本

	谱序名	宋代作者	时间及功名	谱序名	元代作者	时间及功名	所在家谱名
许6篇	1《祖宗世次图序》	裔孙元	宋嘉祐丙申太子中军				[民国]许莘修《迁锡许氏宗谱》民国抄本
	2《许氏世谱序》	王安石	宋	1《修谱记》	新安朱齐禹	元	[清]许德辉《新安许氏家谱》四卷光绪十七年活字本
	3《探访宗派记》	纯	嘉定正月乡贡进士	2《重修族谱序》	宣城冷椽章	廷祐	
	4《祖宗世次图序》	裔孙许元	宋嘉祐丙申				
姚1篇	《云龙公渊源录》	浮梁赖溪云龙	大宋绍熙五年				[清]姚愁诠《江西浮梁婺源吴兴姚氏宗谱》清刻本
余4篇	1《圣田余氏世谱图像记》	仲烨	宋景德四年	1《余氏统宗谱序》	清江范椁	至顺元年翰林修撰	[清]余天柱（歙县）《蓝田余氏统宗世谱》清嘉庆五年（1800）钞本
				2《余氏族谱自序》	荣叔余子	大德三年	[清]余克制《新安余氏世系像谱》不分卷光绪二年（1876）敦睦堂木刻活字印本
	2《余氏族谱序》	裔孙靖	大宋皇祐二年工部尚书				[清]编撰者不详《余氏族谱》十卷，光绪七年岁次辛巳合修本

<table>
<tr><td></td><td>谱序名</td><td>宋代作者</td><td>时间及功名</td><td>谱序名</td><td>元代作者</td><td>时间及功名</td><td>所在家谱名</td></tr>
<tr><td rowspan="9">詹12篇</td><td>1《本源录序》</td><td>裔孙骙</td><td>宋淳熙二年及第状元</td><td>1《詹氏家乘序》</td><td>胡双湖一桂庭芳</td><td>元</td><td rowspan="3">[清]撰修者不详《新安庐源詹氏合修宗谱》乾隆间木活字本</td></tr>
<tr><td>2《本源录序》</td><td>裔孙宝然</td><td>宋承议郎钦差通判漳州事</td><td>2《秋湖谱记》</td><td>裔孙应魁</td><td>元至正九年</td></tr>
<tr><td>3《本源录序》</td><td>裔孙材眉寿氏</td><td>南宋绍兴三十年</td><td></td><td></td><td></td></tr>
<tr><td>4《秋湖谱序》</td><td>十三代孙荣宗</td><td>宋嘉祐元年</td><td></td><td></td><td></td><td rowspan="5">[清]詹大衡《婺源庆源詹氏宗谱》二十四卷，乾隆50年（1785）木活字本</td></tr>
<tr><td>5《婺源庆源宗谱序》</td><td>云溪王汝舟</td><td>宋崇宁四年</td><td>3《婺源庆源集编宋谱序》</td><td>裔孙晟</td><td>至元庚辰</td></tr>
<tr><td></td><td></td><td></td><td>4《婺源庆源家谱序》</td><td>鄱阳董元桂</td><td>元至正改元</td></tr>
<tr><td></td><td></td><td></td><td>5《婺源庆源家谱序》</td><td>古睦宋梦鼎</td><td>元至正元年婺源州事</td></tr>
<tr><td></td><td></td><td></td><td>6《婺源庆源重修家谱序》</td><td>茶陵李祈一初</td><td>元至正元年</td></tr>
<tr><td>6《系序》</td><td>玉山县七代孙拃</td><td>宋大观三年</td><td></td><td></td><td></td><td>[明]詹贵《休宁流塘詹氏家谱》明弘治十二年家刻本</td></tr>
<tr><td rowspan="2">张2篇</td><td>1《至元甲子张氏八派渊源序》</td><td>裔孙实国</td><td>至元甲子</td><td></td><td></td><td></td><td rowspan="2">[清]张沛泽《绩溪北门张氏宗谱》光绪十三年（1887）木活字本</td></tr>
<tr><td>2《甲道统宗旧序》</td><td>昭义字珏</td><td>绍兴丙辰礼部尚书</td><td></td><td></td><td></td></tr>
<tr><td>郑2篇</td><td>1《郑氏宗谱序》</td><td>十三代孙乡进士航</td><td>宋德祐乙亥</td><td>1《郑氏族谱序》</td><td>杨栋</td><td>泰定三年</td><td>[清]郑道选《祁门锦营郑氏宗谱》道光元年（1821）木活字本</td></tr>
</table>

续表

	谱序名	宋代作者	时间及功名	谱序名	元代作者	时间及功名	所在家谱名
周2篇				1《绩溪周氏族谱旧序》	淳安夏生渊	泰定乙丑	［清］撰修者不详《绩溪城西周氏宗谱》二十卷光绪刻本
				2《绩溪周氏族谱旧序》	十三世孙杰	元泰定甲子	
朱5篇				1《朱氏综图序》	长田森	延祐七年	［清］朱彦祥《婺源桐川朱氏宗谱》清刻本
				2《新安婺源朱氏本系序》	邑人汪泽民	至正八年礼部尚书	
	1《本宗族谱序》	七世孙承获	天禧四年				［明］撰修者不详《歙县朱氏世谱》不分卷明钞本
	2《重修本宗族谱序》	伯云	淳熙元年				
	4《徽城朱氏谱序》	莹	宝祐戊午徽州路儒学教谕				

2. 宋元徽州含墓葬（祭祀）信息谱序统计表

	各姓总数	宋篇数	宋含墓	元篇数	元含墓
毕	7	3	3	4	2
查	2	2	0	0	0
陈	2	1	0	1	0
程	49	27	11	22	9
戴	13	6	2	7	1
方	23	12	4	11	4
冯	4	4	1	0	0
葛	2	2	1	0	0
洪	9	5	3	4	2
胡	23	12	7	11	5
黄	21	12	4	9	2

	各姓总数	宋篇数	宋含墓	元篇数	元含墓
江	3	1	0	2	1
金	7	4	1	3	1
李	11	7	2	4	4
吕	7	6	1	1	0
罗	6	1	0	5	0
佘	2	1	0	1	0
舒	5	5	0	0	0
宋	1	1	0	0	0
苏	2	2	0	0	1
孙	3	2	0	1	1
吴	5	3	0	2	2
王	20	16	3	4	1
汪	42	21	4	21	10
项	7	3	1	4	3
谢	5	5	0	0	0
徐	3	2	1	1	0
许	6	4	1	2	2
姚	1	1	1	0	0
余	4	2	0	2	1
詹	12	6	1	6	5
张	2	2	0	0	1
郑	2	1	1	1	0
周	2	0	0	2	2
朱	5	3	1	2	1
总计	318	185	54	133	61
			29%		46%